단재 신채호 평전
민족정신을 정립한 역사가

일러두기

1. 외국 고유 명사의 한글 표기는 국립국어원의 외래어 표기법을 따르는 것을 원칙으로 했음.
2. 본문 내 주석은 독자들의 몰입도를 높이기 위해 미주(후주)로 표기했음.
3. 인용문은 원문을 그대로 싣는 것을 원칙으로 하되, 일부 표현은
   오늘날 독자가 읽기 쉽게 최소한으로 수정했음.

이 저서는 2016년 대한민국 교육부와 한국학중앙연구원(한국학진흥사업단)의
한국학총서 사업의 지원을 받아 수행된 연구임(AKS-2016-KSS-1230009)

단재 신채호 평전

한국근현대학술총서 04
한국 근대 전환기 민족지도자 연구

전상숙 지음

민족정신을 정립한 역사가

신념과 의지의 실천가

도서출판 이조

목차

머리말 ······ 006

제1부 신채호의 역사 주체 인식과 민족주의

제1장 들어가는 말: 서세동점의 '제국주의 세계화'와 한국 사회 ······ 027

제2장 제국주의의 세계화 시대를 살다간 신채호 ······ 035

  제1절 국권 상실기 신채호의 항일 투쟁 의식 ······ 035
  제2절 국권 상실 이후 직접 항일 무장 투쟁과 역사 연구 강화 ······ 045

제3장 신채호의 현실 인식과 민족주의 인식 ······ 054

  제1절 신채호의 '제국주의 세계' 현실 인식 ······ 054
  제2절 신채호의 '제국주의 세계'의 민족주의에 대한 인식 ······ 071

제4장 신채호의 민족 문제 인식과 역사 주체 인식 ······ 079

  제1절 신채호의 민족주의와 민족 문제 인식 ······ 079
  제2절 신채호의 역사 인식과 역사 주체로서의 민족 ······ 115

제2부 신채호의 근대적 주체 인식과 사회혁명론

제1장 들어가는 말: 신채호와 전근대에서 근대로의 '혁명' ······ 139

제2장 1910년 한국병합 이전 신채호의 궤적에 드러난 근대적 개혁의식 ······ 154

  제1절 성균관 박사의 장래를 포기한 신채호의 근대적 개혁 의지 ······ 154
  제2절 신민회 참가를 통한 '공화국'의 정치혁명 지향성 정립 ······ 161

제3장 1919년 3·1운동을 통해 근대적 주체로 재인식된 신채호의 민중 ······ 177

    제1절 공화국 건설의 주체로 규정된 '신국민'과 '국민적 영웅' ······ 177
    제2절 3·1운동을 통해 근대적 혁명의 주체로 재인식된 민중 ······ 200

제4장 1923년 의열단선언과 함께 발전한 신채호의 사회혁명론 ······ 219

    제1절 '조선혁명선언'과 신채호의 민중 직접혁명론 ······ 219
    제2절 무정부주의자가 된 신채호의 사회혁명론 ······ 234

제3부 신채호의 근대적 민족주의와 국가 건설론

제1장 들어가는 말: 근대 민족주의와 민족국가 ······ 253

제2장 1910년 병합 이전 신민회에 참가하며 정립된 신채호의 민족·국가관 ······ 264

    제1절 한국 사회에 대한 비판적 인식과 개혁적 국권 회복 방안 모색 ······ 264
    제2절 신민회 참가를 통해 정립된 근대적 민족·국가 인식 ······ 278

제3장 1919년 3·1운동을 통해 정립된 '민주공화국'의 이상과 현실 ······ 287

    제1절 '대동단결 선언'의 국민주권론과 대한민국임시정부의 민주공화국 이상 ······ 287
    제2절 정치 지도세력과 국가적 정부 조직에 대한 회의 ······ 300

제4장 1923년 국민대표회의 결렬과 의열단선언 이래 국가 인식의 변화 ······ 312

    제1절 국민대표회의의 결렬과 의열단 선언문으로 변화된 국가 인식 ······ 312
    제2절 포기할 수 없었던 민족과 민족의 해방 ······ 329

맺음말 ······ 336

연보 ······ 346
참고 문헌 ······ 350
주석 ······ 354
찾아보기 ······ 361

머리말

　단재 신채호(丹齋 申采浩, 1880~1936)는 일제 식민지 시기의 대표적인 지식인으로 손꼽힌다. 그는 일본이 대한제국을 보호국(保護國)화한 것도 모자라 '병합(倂合)'까지 함으로써 식민지화된 국가와 민족의 문제를 직시하고 현실을 적극적으로 타개하고자 하였다. 또한 서양의 '근대' 국가들이 동진하며 전개된 동아시아의 '근대'화 실상을 파악하고 이에 대처할 수 있는 실질적인 방안을 모색하고자 하였다.
　그의 항일 독립을 위한 실천은 단순히 민족독립운동에 그치지 않았다. 한국을 총체적으로 일본화하려는 시도를 근대 제국주의의 세계화라는 차원에서 정확하게 파악하는 한편으로 '제국주의'로 전개된 서양적 근대화의 거스를 수 없는 현실을 직시하고 천착하였다. 또한 서양의 근대 '민족국가'와 자본주의 발전 및 일본제국주의의 실상을 고찰하고 한반도를 터전으로 삼아 역사적으로 형성된 한국인의 공동체의식을 역사 연구를 통해 정립하고자 하였다. 이를 바탕으로 한국인의 민족적 정체성과 자긍심을 일깨워 서양 열강의 근대 민족주의에 버금가는 한민족의 민족주의를 정립하고자 하였다. 나아가 한민족의 말살을 꾀하는 일본제국주의에 대항하여 국가의 독립을 이루고 민족이 주체가 되는 근대 민족국가를 이루고자 하였다.

신채호는 가장 먼저 전통적인 중화사상에서 벗어나 한국인·한민족이 역사의 주체가 되어야 한다고 생각하였다. 그리하여 한민족이 주체가 된 한국 역사(通史) 체계를 정립하고자 하였다. 그럼으로써 한국인의 민족의식과 민족주의를 정립하는 바탕을 구축하고자 하였다. 그가 한국 역사를 연구한 것은 일본이 한국사(朝鮮史)를 일본사의 체계 속에 끼워 넣어 한국인을 일본제국의 신민(臣民)이자 이등 국민으로 격하시키려 했기 때문이었다. 한국사를 일본제국의 '지역 조선사'로 설정하여 한국 민족의 정체성과 역사를 폄하·왜곡·말살하는 일제에 대한 저항이었다. 동시에 민족적 정체성을 정립하려는 실천이었다. 신채호는 아직 정립되어 있지 않은 우리 민족의 동질성과 고유성에 대한 인식을 역사적 궤적을 통해 체계적으로 정립하고자 하였다. 민족적 정체성과 자긍심을 일깨우고자 한 것이다. 또한 그는 이를 바탕으로 한민족의 국가적 독립을 꾀하였다. 서양 근대 민족국가들과 같은 독립 민족국가를 건설하고자 하였다.

신채호는 한반도에서 터를 잡고 공동체를 이루며 생활해 온 한국인의 기원과 그 생장 과정을 실증적으로 고찰하는 거시적인 안목으로 한민족의 통사(通史) 체계를 구축하면서 정리하는 방식으로 역사를 연구하였다. 그는 서양 근대 민족국가의 역사 서술 체계와 같은 방식으로 한국 민족의 통사를 집필하여 근대 민족국가 시대에 걸맞은 한민족 고유의 정체성을 드러내고자 하였다. 이러한 그의 노력은 민족적 자긍심을 일깨워 민족적 독립과 독립 민족국가를 이루는 민족주의의 바탕을 구축하는 것이었다. 그리하여 그의 역사 연구는 한국 근대 역사학의 기본 체계를 구축하고 민족주의 역사학을 체계화한 것으로 평가받는다.[1]

신채호가 한국 민족사를 연구한 것은 대한제국(大韓帝國, 1897. 10. 12. ~1910. 8. 29.)이 일본에게 보호국화된 이래 전개된 자주(自主)·민권(民權)·자강(自强) 운동에 참여하면서 지속한 항일 민족독립운동의 일환이었다. 그는 일본이 한국통감부(韓國統監府)를 설치하여 제국주의 역사교육을 본격적으로 시행하기 위한 준비를 체계적으로 갖추어 가자 한국 민족이 주체가 되는 한민족의 정체성과 정통성을 확립하여 국권을 확립하기 위해 노력하였다.

신채호는 역사 연구와 역사교육을 병행하였다. 그의 역사 연구는 한국인의 민족적 정체성을 확립하고 민족의식을 고취하여 제국주의 일본에 저항하는 저항적 민족독립운동의 바탕을 공고히 하는 독립운동이었다. 이러한 의미에서 그의 항일 민족독립운동과 병행된 한국사 연구는 적극적인 항일 민족독립운동의 하나였다고 할 수 있다. 그의 역사 연구 체계는 결과적으로 한국 근대 역사학의 기본 바탕을 구축하여 오늘날까지 큰 영향을 미치고 있다.

신채호는 일본이 러일전쟁을 도발하면서 한국에 대한 침략을 본격화하기 시작하자 국권이 상실될 수 있다는 위기의식을 가졌다. 그리하여 국가적인 실존의 문제를 민족적 생존의 문제로서 고민하였다. 그는 이 과제를 민족적 정체성을 확립하여 해결하려 하였다. 한국 민족이 민족의 생활 터전인 한반도의 한국(韓國, 大韓國, 大韓帝國)을 수호하는 국권 수호의 의지를 공고히 함으로써 해결하고자 하였다.

일본은 결국 한국을 강제로 병합하여 한국은 국권을 상실하고 말았다. 이에 신채호는 그간 매진하던 애국계몽운동(愛國啓蒙運動)의 한계를 절감하였다. 단지 민중에게 민족과 애국(愛國)을 역설하면서 계몽운동을 하는 데 머물 것이 아니라 적극적으로 항일 무장 투쟁을 전개하여 직접 일본과 투쟁하고자 하였다. 그는 그 와중에도 민족적 정체성을 확립하기 위한 역사 연구와 역사교육을 계속하였다. 그는 한국 역사와 역사 연구의 체계를 구축하는 노력을 멈추지 않았다. 이는 한국인을 신민(臣民)화한 일제의 역사체계와 역사교육에 대항하여 민족적인 독립을 이루기 위해서는 한민족이 자기 정체성을 잃지 않고 공고히 하지 않으면 안 된다는 문제의식이 그의 마음속에 자리잡고 있었기 때문이었다.

일제하 신채호의 행적은 한국인의 항일 민족 저항과 민족 정체성을 확립하려는 의지를 실천한 것이었다. 그리하여 '한국 민족의 독립과 독립 민족국가의 건설'을 이루려는 것이었다. 이는 곧 근대적인 사회혁명을 민족적 실존과 국권 회복의 과제로 삼아 헌신한 것이었다고 할 수 있다.

일본제국주의의 한국병합으로 식민지화되어 일본국의 '지역 조선'이 된 우리나라는 국가주권을 상실하여 국제적으로 무존재(無存在)한 상태가 되고 말았다. 일본제국주의가 대외적으로 한국을 대신하게 되었다. 국제관계에서 '일본'이 '한국인·한민족의 국가'가 된 것이다. 그는 이러한 국권 상실의 문제를 직시하였다. 비록 국제법적으로 국가가 없어지고 말았지만 여전히 한반도에는 종래와 같이 한반도를 생활 터전으로 삼아 생활하고 있는 한인 생활공동체가 존재하고 있다는 사실에 주목하였다.

반만년 동안 한반도에서 생활하면서 역사를 이루어온 한국인의 민족적 실존 그 자체를 역사적 사실로서 중시한 것이다. 그는 이를 민족사 체계를 구성하고 민족의 정체성을 정립하는 기본으로 삼았다. 바로 이러한 역사적 사실에서 한반도에서 생활하고 있는 한민족의 실존과 생존을 민족적 독립과 독립 민족국가 건설의 과제로 설정하였다.

신채호는 민족적 실존을 민족적 생존의 과제로 삼아 민족의식과 민족주의, 민족의 독립과 독립 민족국가 건설로 연계하였다. 그는 한민족이 독립하여 이룬 민족국가가 근대화한 제국주의 일본을 비롯한 서양 열강의 근대 민족국가와 같이 근대화되어야 한다고 생각하였다. 그의 근대적인 독립 민족국가에 대한 상(象)은 전근대적인 신분제적 위계질서를 타파하고 각 민족 구성원의 인권(人權)이 존중되는 근대적인 사회혁명을 이룬 국가였다.

서양 민족국가와 같은 방식으로 근대적인 한국 역사, 한민족에 관한 통사를 체계화하고자 한 그의 역사 연구는 이러한 '혁명적'인 민족적 과제를 실현하는 초석을 다지는 것이었다. 그는 한민족의 역사를 연구하여 민족을 역사의 주체로 정립하고자 하였다. 한국 민중이 서양 민족국가의 민족과 같이 독립된 한 국가의 국민을 이루는 하나의 결집된 '민족'으로서 정신적·물리적으로 결집되어야 한다고 생각하였다. 그는 한민족 개개인이 역사 연구와 역사교육을 통해 근대적인 주체로 거듭나 민족적 과제를 수행해야 한다고 역설하였다.

신채호의 이러한 기본적인 문제의식이 잘 드러난 것이 『조선상고사』였다. 본래 이 책은 『조선사』의 일부로 기획되어 1931년 『조선일보』 학예란에 상고사 부분(단군 시대부터 백제의 멸망과 부흥운동까지)이 연재된 것이었다. 이것이 해방 이후 1948년 종로서원에서 단행본으로 발행되어 『조선상고사』로 불리게 되었다.

신채호는 이 책의 총론에서 한국인 대다수가 민족적 주체성을 결여했고 사대주의적이라고 비판하였다. 그의 비판은 한민족의 기원에서 현재에 이르는 한국사 통사 연구와 체계화를 통해 한국인의 민족적 정체성과 주체성을 정립하고 자긍심을 북돋아 민족적 실존 의지를 강화해야 한다는 신념에서 비롯된 것이었다. 그는 민족적 정체성과 자긍심 토대로 민족적 실존의지를 강화하여 민족의 독립과 독립 민족국가 건설로 확장해 나가야 한다고 생각하였다.

신채호는 강화도사건 이후 전개되기 시작한 한국 사회의 근대적인 변혁과 국권 상실의 현실을 체험하면서 전근대적인 중화체제 속에 안주하여 사대주의적인 '조선'의 지도층과 민중의 현실을 성찰하고 스스로 자아비판(自我批判)하였다. 이러한 민족적인 자성(自省)을 바탕으로 민족(韓民族)이 주체가 되는 자주적인 관점에서 중화사상(中華思想) 속에서 쓰인 전통적인 역사와 서술의 문제를 지적하고 이를 극복하고자 하였다.

신채호는 서양 근대 민족국가들이 시작한 전 지구적인 근대적 변환과 함께 전개된 한반도의 국가적 위기를 극복하는 방법을 서양 근대 민족국가의 핵심을 자주적으로 습득하여 당면 위기를 극복하는 데 적용하였다. 다시 말해 그는 서양 열강의 근대 민족국가 수립을 가능하게 한 서양 근대 민족주의와 민족국가 정립의 의미와 영향을 이해하고, 그 방법을 자주적으로 습득하여 체계화하고자 하였다. 그 시작이 바로 한반도에서 유구한 역사를 통하여 일정한 문화를 일구며 생존하고 있는 한민족에 대한 역사를 그 시원(始原)에서 현재까지 자주적인 관점에서 체계적으로 정립하는 것이었다. 이는 한국 민중이 하나의 민족으로서 공통적으로 공유하고 있는 역사와 정체성에 대한 의식을 각성하고 분명하게 인식하게 하려는 것이었다.

신채호는 '서세동점(西勢東漸)'하여 제국주의적 근대화가 세계적으로 일어나고 있는 국제 질서를 고찰하였다. 세계적인 근대화와 연동하여 전개된 동아시아 한국·중국·일본 간 국제 질서의 변혁과 한국에서 자행되고 있는 국권 침탈의 현실을 중층적으로 살펴보았다. 이러한 환경 속에서 전개되는 한국 사회 내부의 변화와 그 방향 및 그에 따른 문제 등을 파악하였다.

그는 한국 사회의 위기와 근대적인 변화를 대자(對自)적인 관점에서 고찰하면서 서양 근대 역사 서술 방식을 차용하였다. 이른바 '객관적이고 합리적'인 역사 인식 체계를 실증적으로 구축하여 민족적 정체성을 확립하고자 하였다. 이를 통해 타자의 지배에서 벗어나는 한민족의 민족주의를 공고히 하고자 하였다. 이는 한민족의 생활 터전인 한반도를 바탕으로 한민족이 살아온 생활의 궤적을 실증적으로 찾아내 그 역사성을 살리는 통시적인 역사체계를 정립하는 일이었다. 민족이 주체가 된 역사 인식을 공고히 함으로써 민족적 주체성과 정체성을 확립하여 민족주의로 승화해 민족의 독립과 독립 국가의 주권을 확보하고자 하였다. 그리하여 한민족의 뿌리와 연혁을 일본제국주의에 의하여 국권이 침탈되기 이전의 삶 속에서 찾아내어고 이를 주체적인 관점에서 복원하고 정립하고자 하였다. 한반도를 터전으로 공동체적으로 생활해 온 한민족 민족 공동체의 뿌리를 밝혀내고 그 삶의 궤적을 서양 민족국가의 역사와 같이 근대적인 역사 체계로 재구성하고자 하였다.

이러한 일련의 사고와 실천은 한반도에서 살고 있는 민중이 역사적으로 한민족 공동체의 주체였다는 사실을 인식하게 하는 일이었다. 한민족이 없었으면 역대 어느 국가도 한반도에서 존재할 수 없었다는 점, 국가의 주체는 바로 민중이라는 점을 한민족 스스로 깨달아 해방된 국가·근대적인 민족국가를 건설해야 한다는 것이었다.

이러한 신채호의 문제의식과 역사 연구를 통한 실천은 1898년 독립협회와 만민공동회에 참여한 이래 지속되었다. 그는 『황성신문』, 『대한매일신보』, 『기호흥학회 월보』, 『권업신문』, 『신대한』, 『천고』 등 대한제국이 보호국화된 이래 전개된 애국계몽운동 시기에 민중의 근대적인 인식을 계몽하고 있던 신문과 잡지를 통하여 많은 논설과 역사관을 게재하였다. 이와 동시에 『독사신론』을 비롯해 『조선상고문화사』, 『조선혁명선언』, 『조선사연구초』, 『조선상고사』 등 한민족을 주체로 한 조선사 연구 성과를 발표하였다. 이러한 그의 활동은 식민지 시기 민족의 현실을 대자적으로 인식하고 자각하여 민족 주체적인 관점에서 민족적 정체성을 확립하여 궁극적으로 민족 독립으로 나가는 실천 운동이었다.

신채호가 고대사 연구에서 조선 역사를 체계화한 목적은 중국이 주체인 중화사상에서 탈피한 한국 민족이 주체가 된 한국 역사를 서술하는 한국사체계를 정립하기 위해서였다. 따라서 그의 국권 상실기 역사 연구와 활동은 민족적 '역사 주체 인식'을 통한 민족주의의 공고화와 그에 기초한 식민지 민족의 정치·사회혁명을 통하여 근대적인 독립 민족국가 건설을 지향한 것이었다고 규정할 수 있다.

신채호가 한국 근대 민족주의 역사학을 체계화한 대표적인 지성이라는 사실은 이미 많은 연구를 통하여 잘 알려져 있다. 최홍규의 『단재 신채호』(태극출판사, 1979)를 비롯하여 단재 신채호 선생 탄생 100주년 기념사업회의 『단재 신채호와 민족사관』(형설출판사, 1980), 임중빈의 『단재 신채호 전기』(단재 신채호 선생 추모사업회, 1980), 신일철의 『신채호의 역사 사상 연구』(고려대학교 출판부, 1981), 신용하의 『신채호의 사회사상 연구』(한길사, 1984), 단재 신채호 선생 기념사업회, 『단재 신채호와 민족사관: (단재) 신채호 선생 탄신 100주년 기념 논집』(형설출판사, 1986), 이만열, 『단재 신채호의 역사학 연구』(문학과지성사, 1990) 등이 선구적인 연구가 되었다. 특히 그의 사회사상과 역사 연구는 1980년에 접어들어 1970년대 권위주의적인 군부 통치의 장기화에 대항한 민주화를 요구하는 사회운동이 다각화되면서 재조명되었다. 정치적인 관제(官制) 민족주의가 아니라 한민족의 역사와 민족주의에 관심을 갖게 된 것이다. 그 결과 그의 사상을 통사적으로 고찰하는 연구 성과들이 나오기 시작하였다. 이후 그의 국가론과 [2] 역사관을[3] 비롯하여 그의 역사 연구가 갖는 사학사적 의미와 현재적인 의미에[4] 이르기까지 그에 대한 연구가 본격적으로 전개되었다.

그리하여 신채호의 학문과 활동이 민족주의 지식인의 실천 활동이라는 사실이 밝혀졌다. 또한 그 역사적인 의미를 되새기게 되었다. 그의 연구는 신채호가 실천적 지식인의 원형이라는 측면에서 조명되었다. 그러나 기존 연구는 그의 논설과 역사 연구를 통해 드러난 민족주의 인식과 독립 민족 국가 건설 구상을 병렬적으로 고찰하면서 이를 동 시대의 지성사적 맥락에서 재고하고, 그것이 한국인 본위의 근대적 공동체(국가) 건설을 모색한 것이라는 맥락과 한국 민족주의 형성과 이념 형성과 관련된 시대적 의미를 갖는다는 다층적인 한국 근현대 통사적인 맥락에서 고찰하는 데는 미흡했다고 할 수 있다.

그러므로 여기서는 기존의 연구 성과를 바탕으로 20세기 전후 세계적인 근대화의 변환과 맞물려 야기된 국권 상실기 저항적 민족의식을 민족 주체적인 역사 연구를 통해 체계화하여 민족주의 사상을 정립하고자 했던 독립운동가, 역사가, 민족주의자였던 신채호를 고찰해 보고자 한다.

먼저, 그가 국권을 상실한 식민지의 현실과 전근대적인 인식체계를 극복하고 한국인 본위의 근대적인 공동체(민족국가) 건설을 모색했던 지식인의 원형이라는 관점에서 그의 연구를 국제정치 변동을 배경으로 전개된 근대 지성사의 흐름 속에서 살펴본다.

둘째, 일국사적인 관점에서 벗어나 19세기 말~20세기 초 세계적인 근대적 전환기 제국주의 대 식민주의로 집약될 수 있는 당대의 지성사와 근대 민족주의·민족국가 형성 및 전개의 의미를 그의 역사 연구와 민족주의·독립운동 사상과 중층적으로 교차하면서 재조명해 보고자 한다. 종래 신채호 연구가 한말 식민지 시기의 민족주의와 사회사상사적인 측면에서 민족·국가·역사학과 같은 주요 소재별로 분절적으로 조명되었던 것을 보완하여 고찰한다.

셋째, 신채호의 역사 연구와 독립운동의 의미를 당대의 시대적 변화 속에서 재조명하여 한국 근대 민족국가와 근대화라는 맥락에서 살펴본다. 이를 통해 그의 역사 연구가 국권을 상실한 식민지 조선 사회를 대자적으로 인식하고, 더 나아가 민족의식을 공고히 하여 전근대적인 조선사회의 문제를 극복하고자 한 것었다는 점을 확인하고자 한다. 동시에 독립된 근대 민족국가를 건설하기 위한 대안을 모색하고 실천하고자 했던 지식인으로서의 궤적을 보여 준다는 점도 분명히 하고자 한다. 이러한 궤적을 통해 그의 민족주의가 열린 민족주의로서 현재적인 의미를 갖는다는 사실을 드러내고자 한다.

이와 같이 이 글에서는 신채호가 일본제국주의로 대한제국이 국권을 상실하는 과정을 지켜보면서 이행한 한국 역사 연구와 민족독립운동을 바탕으로 각 장을 구성하였다. 신채호의 근대적인 민족주의와 사회혁명론 및 독립 국가 건설론을 각각 하나의 장으로 나누어 고찰한다.

신채호의 독립운동과 '조선 역사' 연구의 내용을 당시의 시대적인 변화를 배경으로 살펴보면 그가 한국 민족의 '근대적 역사 주체 인식 체계'를 정립하는 데 주력했다는 사실을 알 수 있다. 또한 한민족의 역사를 연구하는 데 그치지 않고 직접 항일무장 투쟁에 나섰던 것이 각 민족 구성원이 근대적인 주체로서 정치의 주체가 되는 시민적 사회혁명을 통하여 근대적인 '독립 민족국가 건설'을 지향했다는 것도 알 수 있다. 이러한 점에서 여기서는 그가 역사를 연구하는 데 기준으로 삼았던 근대적인 역사주체 인식체계와 독립 민족국가건설을 중심으로 지식인으로서의 삶과 사상을 재조명해 보고자 한다. 이를 통해 그의 독립운동과 한국 역사 연구가 식민지 현실에 대한 대자적인 인식 속에서 민족의 독립과 근대적인 독립 민족국가 건설을 목표로 식민지의 현실과 전근대적인 위계적 사회 질서의 문제를 극복하고자 했다는 것을 드러내고자 한다. 다시 말해서 근대적인 사회혁명을 이룬 독립 민족국가를 지향했다는 사실을 역사·정치적으로 조명하여 드러내고자 한다.

이와 같은 방식으로 신채호를 다시 재조명해 보는 이유는 지금까지 그에 관한 연구가 주로 한국 근대 역사학을 정립한 역사가 신채호 또는 일본제국주의 식민지 시기 항일 민족주의 신채호와 같이 신채호의 민족주의나 국가관을 주요 주제별로 분화하여 고찰해 왔던 것에서 벗어나 당대의 시대적인 역사적 변화를 배경으로 고찰 할 필요가 있기 때문이다.

그러므로 이 글은 우선 전 지구적으로 전개된 20세기 전후의 세계사적 근대화를 배경으로 진행된 일본의 제국주의화를 비롯한 동아시아의 정치 변동을 배경으로 신채호의 행적과 사상을 고찰한다. 전 세계적인 제국주의적 팽창과 침탈 그리고 이와 맞물려 전개된 국내의 근대적 변화 및 정치 변동, 그에 따른 근대적인 사회적 변화와 갈등을 총체적으로 살펴보면서 그의 생애와 활동 및 역사 연구를 재조명하여 그것이 갖는 역사적인 의미와 현재적인 의미를 재고찰해 보려는 것이다.

한국이 국권을 상실하던 때 최우선 과제일 수밖에 없었던 한국 국가 주권의 회복과 공고화, 민족의 독립을 향한 열망과 '민족주의' 이념, 민족국가 건설이라는 측면에서 신채호의 민족주의와 독립 국가 건설론을 고찰해 보고자 한다. 이를 통해 해방 이후 근·현대 한국 역사체계와 국가 건설까지 염두에 둔 통시적인 관점에서 역사와 민족을 살펴보고, 민족 공동체의 기본 이념과 민족사를 정립하면서 이를 항일 독립운동으로 구현하고자 했던 지식인 신채호의 '근대적'이고 '혁명적'인 사상과 독립투쟁을 다시 생각해 보고자 한다.

신채호는 아직 근대적인 민족주의 이념이 정립되어 있지 않았던 시기에 근대적인 의미의 '민족'과 '민족주의'를 주창하였다. 민족의 독립과 국제 정세, 독립 민족국가의 건설을 논하였다. 이러한 그의 한국 역사 연구와 민족독립운동은 한국인 본위의 근대적인 민족공동체(국가) 건설을 모색한 민족주의 지식인의 원형을 보여 주는 것이라는 사실을 되새기게 한다. 이와 동시에 오늘날 한국 사회에서 횡행하는 민족주의·'한민족주의'를 재고해 보고, 한국인·한민족으로서의 사상과 실천의 측면을 성찰하고 되새기는 실마리를 제공한다.

신채호의 역사 서술과 민족주의에 대한 논의는 단지 단일 민족·백의(白衣) 민족이라는 폐쇄적인 일민족주의를 주창한 것이 아니었다. 그는 서양 민족국가가 등장한 이래 세계적으로 진출할 수 있었던 서양 근대 민족주의의 위력을 현실적으로 파악하였다. 그리고 이를 한국 민족주의를 정립하는 데 활용하였다. 그의 민족주의는 민중이 근대적인 개인과 개인의 인권을 인식하고 각성할 것을 주창하는 근대적인 혁명의 의미를 지니고 있다. 이러한 내용을 본문 제1, 2, 3

부에서 각각 고찰하였다. 이를 바탕으로 그가 주창한 한국 민족주의와 독립운동이 열린 민족주의였다는 사실을 확인하고자 한다.

제1부에서는 '신채호의 역사 주체 인식과 민족주의'라는 주제로 신채호가 국권 상실기 민족의 실존적 과제를 민족독립과 근대적 사회혁명이라고 본 내용을 고찰한다. 근대적인 역사 연구를 통하여 역사의 주체로서의 민족, 민족으로 결집되어야 할 민중의 주체적인 자각을 촉구하고 이를 결집하고자 한 내용을 고찰하였다. 그가 『독사신론』을 비롯한 역사 연구에서 대한국민 대다수가 민족적 주체성을 결여했다고 지적하며 사대주의를 비판한 것은 한국인의, 한국인에 의한, 한국인을 위한 한국사 연구의 필요성을 역설한 것이었다. 그뿐만 아니라 민족이 주체가 된 민족주의의 정립과 제고를 주창한 것이었다. 이것이 바로 신채호 사회사상의 중심이었음을 살펴본다.

신채호가 만민공동회에 참여한 이래 『황성신문』, 『대한매일신보』, 『기호흥학회월보』, 『권업신문』, 『신대한』, 『천고』 등에서 발표한 그의 논설과 『독사신론』을 비롯한 『조선상고문화사』, 『조선혁명선언』, 『조선사연구초』, 『조선상고사』 등과 같은 연구 성과물들은 국권 상실기 민족의 현실에 대한 대자적인 인식과 자각 속에서 민족의 독립과 독립 민족국가의 건설을 지향한 것이었다. 그가 고대사연구에서 조선의 역사를 체계화하고자 한 이유는 국권 상실기 국제관계의 현실을 제국주의-군국주의-민족주의-자유주의가 상호 맞물리는 민족국가 단위의 무한 경쟁의 세계라고 보았기 때문이다.

신채호는 제국주의적 침략을 확대하고 있는 선진 열강의 근대적인 민족국가들이 국가체제를 신화적인 민족사에 뿌리를 둔 민족주의에 의거하여 통시적으로 체계화하여 민족주의로 결집한 것에 주목하였다. 그리하여 민족주의로 통합된 국민(민족)의 민족의식이 국가적 힘으로 발현된다는 사실에 주목하였다. 그러므로 그는 한민족이 주체가 된 한민족의 근대적 역사 서술체계를 구축하고자 하였다. 이를 바탕으로 한국 국민들이 결집된 민족정신을 발휘함으로써 독립된 민족국가를 건설해야 한다고 하였다.

신채호는 국권 상실기에 한민족의 역사 연구와 직접적인 항일 민족독립운동을 통해서 한민족이 한국사의 주체가 되어야 한다는 인식을 실천에 옮겼다. 이러한 그의 노력은 한국민족주의를 정립하고 한민족 각 구성원이 스스로 주체가 되어 식민지화된 한국 사회를 근대적으로 혁명하는 의미를 갖는다. 이를 통해 자주적인 민족 국가를 건설하고자 했다고 규정할 수 있다. 이와 같은 내용을 Ⅱ장에서는 '신채호의 역사 주체 인식과 민족주의'라는 주제로 고찰한다. 신채호가 국권 상실기 최우선의 과제로 삼았던 '민족의 독립을 위한 민족주의의 정립'과 '독립 민족국가 건설'을 살펴본다.

제2부와 제3부에서는 제1부와 같은 맥락에서 신채호가 1910년 일제의 강제병합과 1919년 3·1운동을 전환점으로 각 민족 구성원을 하나의 근대적인 주체로 인식하는 발전 과정을 거치면서 근대적인 독립 민족 국가와 사회를 건설하기 위한 정치·사회 혁명을 이루고자 한 내용을 단계적으로 살펴본다.

제2부에서는 신채호가 국권을 상실한 식민지 시기에 민족의 실존적 과제를 '민족의 독립'을 통하여 '근대적인 사회혁명'으로 완성하고자 한 내용을 알아본다. 강화도조약 체결 이후 서양 근대 국제 관

계에 편입된 전근대 조선의 국가와 사회는 일본의 직접적인 영향력 아래에서 정치적·사회적 근대화를 추진하게 되었다. 그러나 조선인들의 자주적인 근대화를 위한 노력은 1910년 일본에 의해 좌절되고 말았다. 그리하여 일본의 식민 통치 아래에서 식민 모국 일본의 국가적 발전에 종속된 형태 다시 말해 일본의 국가적 필요에 부응하는 형태로 '식민지 조선' 사회의 식민지적 근대화가 이루어지게 되었다.

따라서 식민지화에 저항한 민족독립운동은 기본적으로 현실의 지배체제인 제국주의 국가의 지배체제를 전복하여 식민지 국가를 독립시켜서 새로운 독립 민족국가 건설을 목적으로 하였다. 이러한 항일민족독립운동은 곧 반제국주의 정치혁명을 이루기 위한 독립혁명 운동이었다. 정치혁명으로서의 민족독립운동은 전근대적인 조선국가로 회귀하는 것이 아니었다. 개항 이후 사회적으로 확산되고 있던 서양 근대 민족국가와 같은 근대적인 민족독립 국가를 지향한 것이었다. 전근대적인 전제 왕정에서 벗어나 근대적인 민권(民權)이 보장되는 국가로 독립 민족국가를 수립하는 것이었다. 바로 근대적인 대한(大韓) 민족국가 건설을 지향한 것이었다. 20세기 초 전근대 피식민 민족의 민족독립운동은 제국주의에 대한 정치혁명인 동시에 근대적인 독립 민족국가를 건설하기 위한 근대적 사회혁명을 내포한 혁명운동이었다고 할 수 있다.

제3부에서는 제1, 2부에서 살펴본 내용을 바탕으로 신채호의 근대적 민족주의와 국가 건설론을 살펴본다. 신채호는 20세기 전후 세계적인 근대화의 변환과 맞물려 야기된 국권 상실기 항일 저항적 민족의식을 민족 주체적인 역사 연구를 통해 체계화하여 민족주의 이

념을 정립하고자 하였다. 신채호는 독립 운동가·역사가·민족주의자였다. 해방 이후 근·현대 한국 역사체계와 국가 건설까지 염두에 둔 통시적인 관점에서 민족공동체의 기본 이념과 민족사를 정립하면서 이를 항일 독립운동을 통해 구현하고자 했던 지식인 신채호를 재고찰한다. 그리하여 그의 '근대적'이고 '혁명적'인 인식과 투쟁을 총체적으로 재조명해 본다. '신채호의 근대적 민족주의와 국가 건설론'이라는 주제로 재고하여 국권 상실기 최우선의 과제일 수밖에 없었던 국가 주권의 회복과 민족이 독립할 수 있는 애국심을 발휘할 민족주의 이념, 그리고 독립 민족국가 건설이라는 측면에서 신채호의 사회사상을 고찰한다.

신채호는 근대적인 의미의 민족과 민족주의를 논리화하면서 민족의 독립과 민족국가 건설을 주창하고 실천하였다. 이러한 신채호의 궤적은 한국인 본위의 근대적인 민족공동체(국가) 건설을 모색한 지식인의 원형을 보여 준다. 정치와 사회에 대한 실천적 지식인의 역할을 재고해 보게 한다.

신채호는 1920년대 후반에 무정부주의를 선언했다. 그렇지만 그의 내면에는 여전히 민족해방에 대한 열망이 뿌리 깊게 각인되어 있었다. 그의 민족과 민족주의에 관한 논의가 구시대적인 유물이 아니라 현재까지도 민족 통합의 이데올로기로 기능할 수 있는 역사적으로 의미 있는 유산이라는 사실을 재고하고, 한국 민족주의와 국가 통합을 성찰하는 계기로 삼고자 한다.

제1부

신채호의 역사 주체 인식과 민족주의

제1장 들어가는 말
서세동점의 '제국주의 세계화'와 한국 사회

　동아시아 삼국인 한국·중국·일본의 근대화는 이른바 '서세동점(西勢東漸)'해 온 서양 근대 국가에 의한 충격에서 시작되었다. 서양 국가들이 세계를 제패하고 압도적으로 우월적인 위치를 차지한 것은 이른바 '근대화' 이후였다. 서양 근대의 기계화는 자본주의 체제를 구축하며 그에 걸맞은 근대 민족국가(nation-state, 국민국가) 체제를 확립하였다. 근대 민족국가의 주체는 시장의 형성과 산업혁명을 통해 자본주의 체제를 형성한 시민(市民, the bourgeoisie)이었다. 제3의 신흥 계급인 시민은 자본주의적 산업화를 통해 경제력을 갖게 되었다. 그들은 '시민혁명(市民革命, a people's revolution)'을 통해서 전제적인 왕권의 횡포와 봉건적인 신분적 속박에서 벗어나 경제 활동을 할 수 있는 자유와 이를 제도적으로 보장해 줄 수 있는 정치에 참여할 수 있는 권한(參政權, political rights)을 요구함으로써 자유 민주주의 정치체제의 창출을 야기하였다.

자본주의 경제체제의 기본은 산업적 상품 생산을 중심으로 한 확대 재생산이다. 인간의 노동력과는 달리 끊임없이 가동될 수 있는 기계화를 통해 상품을 생산하고 어딘가에 파는 순환 과정이 단절되지 않아야 자본주의 체제가 순조롭게 유지될 수 있다. 이러한 자본주의적 산업화는 결국 보다 많은 이윤과 자본을 축적하기 위하여 상품 판매 시장의 확대와 값싼 원료 공급지 및 값싼 노동력을 찾아 대외적으로 팽창하는 '침략적 제국주의'로 발전하였다. 서양 근대 민족국가들의 동아시아 진출은 자본주의 경제체제를 바탕으로 구축된 민족국가들이 세력을 확장하기 위하여 동진한 제국주의의 세계화를 의미하는 것이었다.

유럽 열강은 인도와 중국을 새로운 시장의 표적으로 삼아 동진하였다. 당시 세계 최대 강국이었던 영국은 방대한 영토와 인구를 갖고 있는 중국의 시장성을 높이 평가하였다. 그 결과 아편전쟁(1840~1842)과 난징조약(南京條約, 1942)으로 중국의 문호를 강제로 개방하면서 동아시아의 개국을 이끌어 내는 데 성공하였다. 한편 미국은 1847년 멕시코와 전쟁으로 캘리포니아를 획득한 후 중국 무역에 관심을 갖게 되었다. 미국은 태평양 횡단기선 항로 개설을 기획하면서 이에 필요한 석탄 공급지로 활용할 중간 지점으로 일본에 주목하였다. 남북전쟁 이후 국가체제를 정비한 미국은 일본에 접근하여 시장 개방을 강제하였다. 미국은 일본을 중국과 태평양으로 진출하는 교두보로 삼았다. 미국에서 일본 개국 임무를 맡은 페리 제독(Matthew Calbraith Perry, 1794~1858)은 1853년 쇄국정책을 취하던 에도막부(江戶幕府)에 무력시위로 대응하여 일본의 개국을 이끌어냈다. 에도막부는 중국이 영국에 패한 아편전쟁을 통해 동아시아의 종주국이었던 중국을 무너뜨릴 만큼 강한 서양의 근대적인 군사력을 인지하고 있었다. 페리 제독의 흑선(黑線, 검은 군함)을 앞세운 개국 요구는 일본도 중국과 같은 굴욕적인 처지에 놓이게 될 수 있다는 위기의식을 갖게 하였다. 에도막부는 중국과 같이 서양의 무력에 맞서다 패하는 굴욕을 맛보지 않기 위하여 문호를 자발적으로 개방하였다.

일본은 1854년 미국과 화친조약(和親條約)을 체결하였다. 이후 막부 정권은 1858년 안세이(安政) 5개국 조약을 체결하면서 서양 근대 국제정치 질서에 완전히 편입되었다. 이러한 막부 정권의 개국은 재정 악화와 민생 파탄 등 내부 모순이 격화되는 가운데 이루어졌다. 따라서 미국에 따른 막부 정권의 개국은 국가적인 외교정책이 공론화되는 지경에 이르게 했다. 그 결과 에도막부에서 소외된 도자마 다이묘(外樣 大名)인 사쓰마(薩摩), 조슈(長州), 도사(土佐), 히젠 번(藩) 등의 도자마번 출신 하급 무사(사무라이)들이 중심이 되어 1868년 메이지유신(明治維新)이 일어났다. 지방의 하급 무사들은 국가적 위기에 제대로 대처하지 못한 무능한 막부 정부를 타도하고 국가적 위기를 극복하기 위하여 혁명을 일으켰다.

메이지유신 세력은 중국을 비롯해 일본을 개국하게 한 서양 군사력의 요체가 서양 근대 학술과 산업화라는 사실에 주목하여 전근대적인 신분제의 타파와 의무교육의 실시 및 서양 문물의 적극적인 도입 등 과감한 개혁 정치를 단행하였다. 그리하여 일본이 아시아 최초로 근대화하는 성과를 이루었다.

메이지유신 이후 섬나라 일본은 서양 자본주의 국가들과 마찬가지로 시장 개척과 대륙 진출을 위하여 그동안 눈독을 들이고 있던 반도 조선을 개국시키고자 하였다. 일본은 쇄국정책을 고수하던 흥선 대원군이 1873년에 권력에서 물러나자 자국의 개국 경험을 살려 운요호사건(雲揚號事件)을 일으켰다. 일본은 막강한 근대적 무기로 무장한 운요호를 앞세워 조선을 강제로 개국시켰다. 그리고 1876년 조선 정부와 강화도조약을 체결하여 조선의 문호를 개방시키는 데 성공하였다. 조선 정부가 일본의 무력에 굴복하여 체결한 강화도조약은 전근대적인 조선이 서양 근대 국제법 체제에 따라 체결한 최초의 근대적인 조약이었다. 이씨 왕조의 조선은 중국이 아편전쟁에서 패배하여 문호를 개방한 것을 보면서도 여전히 전통적인 중화체제 속에 안주하면서 쇄국정책을 고수하다 일본에 의해 문호를 개방하게 되었다.

조선 정부는 1866년 고종 3년에 흥선대원군이 천주교를 탄압한 것에 대한 보복으로 침입해온 프랑스군의 침입을 막아냈다(병인양요, 丙寅洋擾). 이후 제너럴셔먼호(General Sherman 號) 사건을 계기로 미국이 조선을 개국시키고자 침입했던 1871년에도 신미양요(辛未洋擾)를 겪으면서 쇄국을 고수하였다. 그러나 조선은 결국 같은 동양의 일본 함선의 위력에 굴복하고 말았다. 그리하여 근대적인 강화도조약을 체결하고 문호를 개방하며 서양 근대의 국제법 질서에 편입되었다.

조선이 문호를 개방하게 된 직접적인 요인이 된 운요호사건은 쇄국을 고수하던 일본이 미국의 페리 제독이 이끄는 흑선의 위력에 눌려 개국했던 경험을 조선의 문호 개방에 활용한 것이다. 그 결과 일본이 조선의 문호를 개방하고 체결한 강화도조약은 서양 열강이 동양으로 진출하면서 문호를 개방하게 하고 국교를 맺는 준거로 활용한 국제법(International law, 萬國公法)을 원용한 근대적인 수교조약이었다.

이와 같이 19세기 중반, 동아시아의 중국과 일본 그리고 한국은 영국과 미국 그리고 일본에 의해 서양 근대 국제법 체제로 편입되었다. 중국은 당시 세계 최대 강국인 영국에 의해서 그리고 일본은 뒤늦게 체제를 정비한 미국에 의해서 각각 근대적인 무력에 굴복하여 문호를 개방하였다. 하지만 한국은 당대 세계 최고의 강국이었던 영국에 비해 상대적으로 후발주자였던 미국에게 문호를 개방한 같은 동양의 국가인 일본에 의해 문호가 개방되었다. 이러한 사실은 동아시아 삼국의 근대화 특히 한국의 근대화에 큰 영향을 미쳤다.

일본은 강화도조약에서 한국이 중국의 속국이 아니라 독립 국가라고 선언하였다. 이는 일본이 전통적으로 한국이 중국과 맺고 있던 조공책봉(租貢册封)의 특수한 관계를 부정한 것이었다. 다시 말해서 더 이상 일본이 중국 중심의 동아시아 국제 질서와 체제를 인정하지 않겠다는 것을 대내외적으로 분명하게 밝힌 것이었다. 또한 이제 한국이 중국이 아닌 일본과 친밀한 관계를 맺게 되었다는 것을 대외적으로 알리는 의미를 갖는 것이기도 하였다.

일본이 한국과 강화도 조약을 맺은 것은 서양 열강이 동아시아로 진출하여 세력을 확대하고 있는 상황에 대비하여 섬나라 일본을 대륙과 잇는 한반도에 대한 영향력을 확보하기 위해서였다. 섬나라 일본을 대륙과 이어주는 반도 조선과 제일 먼저 수교조약을 맺어 한반도에서 일본의 이권을 선점하기 위해서였다. 그리하여 섬나라의 한계를 극복하고 성장할 수 있는 대륙으로 진출하는 기반을 구축하기 위해서였다. 그러므로 일본은 강화도조약에서 한국을 독립국이라고 명시하였다. 그럼으로써 일본과 한국이 친밀한 관계라고 알리는 동시에 중화체제 속에 있던 전통적인 중국과 한국의 특수한 관계를 부정하고 섬나라 일본이 대륙으로 진출하는 데 필수 불가결인 한반도에 대한 영향력을 확보하였다. 강화도조약은 일본이 서양 열강의 동아시아 진출을 견제하면서 자국의 이익을 확장하기 위한 초석이었다.

신채호는 이와 같은 일본의 영향력이 한국 사회에서 본격적으로 확산되면서 전 사회적으로 근대적인 변화가 전개되던 때에 출생하여 일제의 군국주의화가 가속화되던 중일전쟁 직전에 사망하였다. 그가 출생한 1880년은 일본의 영향력이 강화되는 가운데 나름대로 근대적인 전환이 본격화되던 시기였다. 이후 일본이 대한제국을 '보호국'화하고 국권을 찬탈하는 것을 경험하면서 신채호는 한반도에 뿌리를 내리고 역사와 전통·문화를 이루며 살아온 한국인과 한국인의 역사를 연구하여 한국인의 통합적 정체성을 정립하고자 하였다. 그는 정체성의 근거를 '침략자인 제국주의 근대 국가가 민족주의 이데올로기를 구축한 것과 같은 방식으로 정립하면서 항일 민족독립운동을 실천하였다.

신채호는 한국보다 상대적으로 앞선 근대화를 무기로 대한제국의 국권을 박탈한 일본제국주의의 실체를 파악하였다. 재래의 조선왕조를 이른바 '일본제국'의 지역 '조선'으로 만들고 조선인을 핍박하는 '제국주의 일본'을 직시하는 한편, 서양 근대 민족국가와 민족주의 그리고 서양 제국주의와 같은 방식으로 한민족의 민족적 정체성을 정립하고자 하였다. 한국인의 역사와 언어 및 문화를 근간으로 한국인의 근대적인 민족의식을 일깨우고 민족적 정체성을 공고히 하고자 하였다. 따라서 그의 생애는 '근대적인 역사 주체 인식 체계'의 정립과 '근대적인 독립 국가 건설'이라는 두 가지를 중심축으로 이해할 수 있다.

신채호가 식민지 시기 대표적인 실천적 지식인으로 손꼽히는 이유는 그가 직접 독립운동을 실천하며 그 일환으로 조선 역사 연구를 끊임없이 지속했기 때문이다. 그는 일본제국주의의 지배 아래 있던 식민지 민족 공동체의 현실을 직시하였다. 그리하여 제국주의에 대적하기 위한 '민족의 문제'를 명확하게 인식하였다. 그리고 그 해결책을 모색하고 몸소 실천하였다. 그는 국권을 박탈한 일본제국주의와 전 지구적으로 제국주의적 근대화를 이끌고 있는 서양 근대 민족국가의 현실을 간파하였다. 그러므로 한반도에서 유구한 역사를 이루며 생활해 온 한국인의 '우리'라는 '공동체의식'을 하나의 '근대적인 민족'으로서 '근대 민족의식'을 공유하는 '근대 한국 민족주의'로 정립하고자 하였다. 이러한 방식으로 민족적 독립과 독립 민족국가를 건설하기 위한 항일 독립운동의 바탕을 마련하고자 하였다.

신채호는 항일 민족운동을 한반도에서 살고 있는 한국인들의 공동체적인 삶의 역사를 실증적으로 연구하여 정립하는 것에서 시작하였다. 한민족사 연구를 통해 한민족이 한반도에서 하나의 생활공동체로 생활하면서 문화와 국가를 형성하고 구축해 온 공동체의식을 정립하고자 하였다. 제국주의 민족국가들과 같은 '근대적인 민족의식'을 공고히 하여 항일운동의 구심력으로 삼고자 하였다. 공통된 역사를 근거로 민족적 정체성을 확립하고 이를 통하여 민족적 항일 독립과 근대적인 독립 민족국가를 건설하는 의지를 결집하고 실천하는 토대를 마련하고자 하였다.

    신채호에게 한민족사에 대한 연구와 독립운동은 동전의 양면과 같았다. 그는 한민족사 연구를 통해서 항일 독립운동을 실천할 수 있는 역사적 실체로서의 민족의식을 일깨우고자 하였다. 고유한 생활문화를 일구며 국가를 형성해 온 생활·문화공동체이자 정치공동체로서의 민족적 정체성과 자긍심을 각성시키고자 하였다. 한국인들이 한반도와 한민족에 대한 자긍심을 바탕으로 식민지 상태에 처한 현실을 대자적으로 인식하고, 공고한 민족적 정체성과 자긍심을 근거로 항일 민족독립운동을 강고히 실천해야만 근대적인 '자주 독립 민족국가'를 '건설'할 수 있다고 생각하였다.

    2절에서는 서양 제국주의 국가들이 동진하면서 제국주의가 세계화된 시기에 태어나 생을 마친 그의 일생을 간략하게 살펴보고, 이를 바탕으로 그의 현실 인식과 근대적인 민족주의에 대한 인식을 살펴보고자 한다. 이를 통해 근대 민족주의와 민족 문제에 대한 인식이 어떠한 방향으로 전개되었는지 고찰함으로써 그의 민족주의를 역사·정치적으로 드러내 보고자 한다.

제2장
제국주의의 세계화 시대를 살다간 신채호

제1절 국권 상실기 신채호의 항일 투쟁 의식

　신채호의 한국 역사 연구, 민족주의의 의미와 내용을 고찰하기에 앞서 국권 상실기에 실천적 지식인의 삶을 살았던 그의 궤적을 단재 신채호전집 편찬위원회에서 간행한 『단재 신채호전집 제9권 단재론, 연보』[5]를 바탕으로 간략히 살펴보고자 한다.

　신채호는 1880년 충청남도 회덕현 산내면에서 출생하였다. 그가 출생한 1880년대의 한국 사회는 강화도조약 체결 이후 일본의 영향력이 강화되는 가운데 한국 사회가 나름대로 본격적으로 근대적인 변화를 겪기 시작하던 때였다.[6] 한국 사회가 전반적으로 근대적인 전환을 모색하고 추진하던 시기에 유년기를 보낸 그는 어려서부터 문과에 급제하여 정언(正言)을 지낸 할아버지 신성우(申星雨)에게 한학교육을 받았다. 18세가 되던 해 할아버지의 소개로 전 학부대신 신기선(申箕善, 1851~1909)의 사저에 드나들면서 한학에 빠져들었다. 19세 때는 신기선의 주선으로 조선시대 최고의 인재 양성 기관인 성균관에 입학하였다.

당시 성균관은 1895년에 새로 마련된 관제에 따라 개국 이후 전개된 개화의 물결 속에서 전통적인 유학과 도덕을 지켜나가는 동시에 근대화에 대처해 나갈 수 있는 인재를 양성하는 교육기관으로 변화되고 있었다. 학교에서 가르치는 학과도 유학과 같은 전통적인 학과목 외에 본국역사(本國歷史), 만국역사(萬國歷史), 본국지지(本國地誌), 만국지지(萬國地誌), 산술 등 국제 정세를 이해하기 위한 교과목을 가르쳤다. 성균관은 입학시험으로 선발된 20세 이상 40세 사이의 학생들이 졸업시험을 통과하면 졸업증명서를 주어 학력을 보증하였다.

신채호는 성균관에 신설된 경학과(經學科)에 진학하였다. 당시 경학과에서는 전통적인 유교 교육과 근대 교육 간의 절충이 이루어지고 있었다. 고종은 명성황후가 시해된 을미사변(乙未事變)으로 신변의 위협을 느껴 왕세자와 함께 1896년 2월 11일부터 약 1년 간 러시아공사관으로 거처를 옮긴 아관파천(俄館播遷) 이후 구본신참(舊本新參)의 개혁을 추진하였다. 이 방침이 교육정책에도 적용되어 학부령 제4호로 개정된 성균관 경학과 규칙에 따라 성균관에 박사제도가 신설되었다. 성균관은 국가적·사회적으로 요구되던 근대적 변화에 대한 요구를 반영하며 위상이 강화되었다. 특히 성균관의 경학과에서 박사제도를 마치면 관직 진출이 보장되어 특혜의 대상이 되었다. 성균관을 졸업한 사람들에게만 관직에 진출하는 특혜를 명문화하여 관직 등용의 길을 열어 주었다. 다른 근대적인 학교에는 부여되지 않은 국립 성균관만의 특권이었다.

그렇지만 1900년에 성균관 경학과에 진학한 신채호는 당초 예상과는 달리 관직의 길을 택하지 않았다. 그는 성균관에 입학하기 위하여 귀경한 후 독립협회(獨立協會)와 만민공동회(萬民共同會) 등에 참여하면서 인민을 계몽하는 사회개혁운동에 참가하였다. 그는 1901년 성균관 재학생 시절에 신규식(申圭植, 1879~1922)과 함께 인차리(仁次里)에 문동학원(文東學院)을 설립하였다. 당시 신규식은 육군무관학교 재학 중 학교 당국의 부정에 반발하는 모의에 참여했다가 신병으로 고향으로 내려와 있었다. 그들은 문동학원에서 지역 청년들을 대상으로 애국계몽 교육을 하였다. 신채호는 한문무용론을 주장하고 단발(斷髮)을 단행하여 주변의 배척을 당하기도 하였다.

한국 사회에 대한 일본의 영향력이 본격적으로 강화되던 때 성장한 신채호는 성균관 박사제도의 수혜 대상이었지만 개인적인 입신양명(立身揚名)의 길을 마다하고 사회운동의 길을 택하였다. 1904년 신채호는 정부가 황무지 개간권을 일본에 양도하려 하자 조소앙(趙素昻, 1887~1958) 등 성균관 유생들과 함께 성토문을 작성하여 항일민족적 저항의식과 민족 문제 의식을 적극적으로 표출하였다. 그리고 1905년에 성균관을 졸업하여 성균관 박사가 되었지만 관직으로 진출하지 않고 향리로 내려와 신백우(申伯雨, 1888~1962), 신규식 등과 산동학원(山東學院)을 열어 애국계몽운동을 본격적으로 전개하였다.

그 무렵 신채호는 장지연(張志淵, 1864~1921)의 초청으로 『황성신문』의 논설 기자가 되었다. 그는 신문을 통해 일본이 한국통감부를 설치하여 교육제도를 개혁하고 일본 천황 중심의 교육 이념을 한국인에게 적극적으로 적용하기 시작한 사실을 비판하였다. 일본제국주의가 교육을 통하여 한국인에게 일본의 국민정신을 정책적으로 주입하기 시작한 것을 비판하며 한민족의 민족적 정체성을 정립하기 위해서 역사를 연구해야 한다고 주장하였다. 또한 한국 민족의 민족의식을 공고히 하여 항일 민족의 주권을 수호해야 한다고 강조하였다. 한국인의 국가 주권 수호를 주창하는 논설들을 발표하였다.

1905년 『황성신문』의 주필인 장지연이 을사조약이 체결된 데 분개하여 일제의 사전 검열 없이 논설을 게재하였다. 을사조약의 굴욕적인 내용과 일본의 흉계를 통렬히 공박한 논설인 "시일야방성대곡(是日也放聲大哭)"이었다. 그러나 일본제국주의는 신문의 간행을 정지시켰다. 지면을 잃은 신채호는 1906년에 양기탁(梁起鐸, 1871~1938)의 추천으로 『대한매일신보』의 주필로 자리를 옮겨 자신의 논지를 이어갔다. 『대한매일신보』는 당시 언론 매체 중에서 발행 부수가 가장 많았다. 신채호는 이러한 『대한매일신보』를 통해 『황성신문』에서보다 더 소신 있게 항일 구국을 위한 논설을 발표하였다. 그는 일관되게 한국인의 민족적 항일 의식과 '다른 민족의 간섭을 받지 않는 민족주의'의 필요성을 역설하였다. 또한 이에 그치지 않고 민족 문제를 해결하기 위한 연구와 방법론을 모색하고 제시하기 시작하였다.

1905년 일본이 제2차 한일협약(을사조약, 乙巳條約)을 맺어 대한제국의 외교권을 박탈하고 한국을 보호국화하였다. 이에 반발하여 계몽적 지식인들을 중심으로 애국계몽운동이 본격적으로 전개되었다. 이때 신채호는 『황성신문』과 『대한매일신보』의 주필로서 문필 활동을 통해 애국계몽운동을 펼쳤다. 신채호의 문필 활동은 한국인의 공동체적인 민족적 애국심을 고취하기 위한 역사적인 인물을 탐구하여 알리는 작업으로 이어졌다. 그 결과 1907년에 『이태리 삼걸전』, 1908년에 『을지문덕전』과 같은 위인전이 발간되었다.

또한 신채호는 정적인 문필 활동뿐만 아니라 안창호 등이 결성한 비밀조직인 신민회(新民會)와 대한자강회(大韓自强會)에도 가입하여

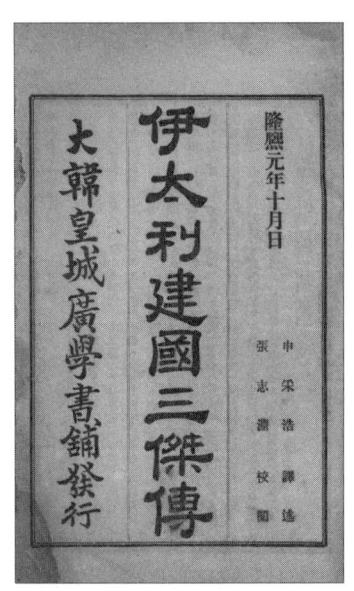

사진 1 『이태리건국삼걸전』 표지.
(출처: 독립기념관)

항일 민족 독립 투쟁 방안을 적극적으로 모색하였다. 신채호가 신민회에 참여한 것은 일본이 러일전쟁의 승기를 잡고 한국을 보호국화한 데서 그치지 않고 내정 간섭을 강화하면서 결국 대한제국 정부에 정미 7조약을 체결케 하여 내정 주권마저 완전히 장악하고 국권 침탈을 본격화한 정세와 밀접한 관계가 있었다. 일본제국주의가 대한제국의 외교권을 박탈한 데 이어 내정 주권까지 침탈하고 차관정치가 시행되자 애국계몽운동의 한계를 절실하게 인식하게 된 것이 큰 요인이었다고 할 수 있다. 신채호가 비밀결사인 신민회에 참여한 것은 그의 항일 민족운동의 방향이 민중을 계몽하는 문필 활동에서 직접적인 항일 무장 투쟁 쪽으로 전환되기 시작한 것을 의미한다.

신민회가 결성된 1907년에 고종은 네덜란드 헤이그에서 개최되

는 제2회 만국평화회의에 사절단을 파견하였다. 일본제국주의가 한국의 주권을 침탈하는 실상과 그 근거가 된 을사조약의 부당성을 알리기 위해서였다. 결국 고종의 계획은 실패하였다. 이에 놀란 일본은 고종을 강제로 황제 자리에서 몰아내고 대한제국 정부와 한일 신협약(정미 7조약, 丁未七條約)을 맺어 대한제국 군대를 해산시켰다. 이 한일신협약은 일본제국주의가 한국을 병합하기 위한 예비조처로 체결한 것이었다. 7개 조항로 이루어진 한일신협약의 주요 내용은 한국군대 해산, 사법권 위임, 일본인 차관(次官) 채용, 경찰권 위임 등이었다. 이 조약으로 일본인 차관정치(次官政治)가 실현되면서 한국은 사실상 일본의 식민지가 되었다. 강제로 해산된 한국군 출신들은 각지로 흩어져 항일 무장투쟁을 전개하였다.

　　일본이 노골적으로 제국주의 식민화 정책을 강행하기 시작하자 이에 대항하여 해산당한 한국군을 중심으로 각지에서 의병이 일어나거나 정치결사가 결성되는 등 항일 투쟁이 격화되었다. 이른바 '차관정치'를 실시하면서 내정 주권마저 장악한 일본제국주의는 본국의 치안경찰법을 모방한 '보안법'을 제정하여 한국인의 저항과 민족운동을 단속하였다. 보안법의 주요 내용은 크게 다섯 가지로 나누어 볼 수 있다. 첫째, 안녕과 질서 유지를 위하여 결사 및 집회를 제한하고 금지 또는 해산한다. 둘째, 안녕 질서 유지를 위하여 기계나 폭발물 등 위험한 물건의 휴대를 금지한다. 셋째, 공공장소에서 안녕 질서를 해칠 우려가 있는 언동을 금지한다. 넷째, 정치에 관한 불온 언동을 할 우려가 있는 자는 거주를 제한하고 정치에 관하여 불온한 언행이나 행동을 한 자는 처분한다는 것 등이었다. 한마디로 보안법의 목적은 '치안 질서 유지'를 명목으로 일본의 한국통감부 통치에 저항하는 일체의 한국인과 한국인의 말과 행동을 단속하고 통제하는 것이었다.

이때 조직된 신민회는 일본의 보호국화를 국가 주권의 멸망으로 인식한 안창호를 필두로 애국계몽운동을 전개하던 지식인들과 전 독립협회 청년 회원들이 중심이 되어서 조직한 지하 비밀 항일운동 단체였다.[7] 신민회는 국권 회복과 자유 독립 국가 건설을 목표로 설정하였다. 그리고 군주제가 아닌 복수의 주권자가 통치하는 정치체제를 의미하는 공화정(共和政)을 정치체제(政體)로 설정하였다. 이러한 신민회의 지향은 당시 애국계몽운동에서 근대적인 정치체제 개혁론의 주류를 이루었던 입헌군주제보다[8] 한층 진보적인 국가관과 정치체제론을 주창한 것이었다.

신민회는 "국권을 회복하기 위해서는 근대적인 실력을 양성해야 한다고 주장하였다. 이 점은 종래의 애국계몽운동계 지식인들의 입장과 다르지 않았다. 하지만 신민회는 지식인의 계몽적인 역할에 머물지 않고 '민중'의 의미와 중요성을 역설하면서 민중의 각성을 강조하였다. 이는 궁극적으로 민중이 항일 투쟁은 물론, 독립 국가를 건설하는 주체가 되어야 한다는 것을 전제로 한 것이었다. 이 점에서 신민회는 과거 애국계몽운동과는 차이가 있었다. 이러한 점에서 매우 진보적이었다. 신민회는 실력을 양성하기 위해서는 '국민'이 새로워져야 한다고 강조하였다. 신민(新民)은 바로 이러한 뜻을 내포한 것이었다. 신민은 민중 개개인이 각각 자신의 힘으로 새로운 민(民)으로 거듭나야 한다고 하였다. 다시 말해서 새로운 국가의 국민(國民)

으로 거듭나야 한다고 강조하였다. 선진 열강 민족국가의 국민과 같은 국민이 되어야 한다고 역설하였다. 신민회는 스스로 새롭게 깨어나야 할 것(自新)을 주창하였다. 그리하여 자신을 위한 새로운 사상인 신사상과 신윤리, 신학술, 신개혁을 이루어야 한다고 주창하였다.

신민회원들은 자신들의 역할을 다른 애국계몽운동단체의 지도자들처럼 민중을 계몽하여 독립적인 입헌군주국을 이루어 의회정치를 이끌어가는 지도자로 설정하지 않았다. 그들은 민중이 스스로 '신민'이 되어 항일 독립운동을 펼쳐야 한다고 하였다. 새로운 국가가 될 공화국을 건설하는 주인인 국민이 될 것을 주창하였다. 이와 같이 신민회는 당시로서는 매우 진보적인 비밀결사조직이었다. 신민회에 신채호가 참여하게 된 것은 이후 그의 항일 독립운동과 독립운동의 방법을 모색하는 이념과 사상을 형성하는 데 큰 영향을 미쳤다.

신민회와 신채호의 활동에서 주목해야 할 점은 신민회의 '독립군 양성운동'이다. 신민회는 국권을 회복하기 위해서는 의병운동이 필요하다고 보았다. 항일무장 투쟁을 전개하는 의병과 함께 의병운동을 현대화하기 위하여 일본제국주의의 탄압이 직접적으로 미치지 않는 국외에 무관학교를 설립하고, 독립군 기지를 창설하여 독립전쟁을 일으키고자 하였다. 이는 '신민'이 직접 항일 독립투쟁을 통해서 국가의 독립을 이루고 새로운 국가(신국가)를 건설해야 한다는 신민회의 취지에 따른 것이었다. 결국 이 계획은 실현되지 못했지만 1910년 8월 29일 일본이 한국을 병합(倂合)한 이후 회의를 통해 '독립전쟁론'으로 귀결되었다. 1910년 가을 만주 일대에 후보지를 선정하고 1911년 봄 만주 봉천성 유하현(柳河縣)에 신한민촌(新韓民村)이 건설되며 신흥무관학교 설립이 구체화되었다. 이러한 신민회의 기획과 실천 활동은 일본제국주의가 한국을 병합한 후 만주와 중국에서 독립군이 일어나 투쟁하는데 실질적인 밑거름이 되었다.

신채호는 일본제국주의의 식민지화가 본격화되자 애국계몽운동의 한계를 절감하고 신민회 활동을 통해 직접 항일 무장 투쟁으로 독립운동의 방향을 바꾸었다. 그리고 1910년 4월 신민회의 국외 독립운동 기지 건설 계획을 실천하기 위하여 중국으로 향하였다. 신채호는 신민회가 독립운동 기지를 건설할 곳으로 설정한 러시아와 만주의 국경 지대인 지린성(吉林省) 밀산부(密山府)에 마련한 무관학교에서 국사와 한문을 가르쳤다. 그러다 자금 문제로 독립운동 기지 건설이 무산되자 다시 블라디보스톡으로 가서 독립운동 방안을 모색하였다.

1910년 8월 29일 신채호는 블라디보스톡에서 일본의 한국 '병합(倂合)' 소식을 들었다. 일본제국주의가 대한제국을 '병합'한 것은 한국이 완전히 폐멸하여 영구히 일본제국 영토의 일부가 되게 하기 위해서였다.[9] 한반도를 영구히 복속하여 섬나라를 대륙과 직결시키고자 한 것이었다. 그리하여 한국을 '병합'한 일본은 오백년 역사를 가진 '조선(朝鮮)'의 뒤를 이은 대한제국을 일본제국의 한 지방을 의미하는 '지역명 조선(朝鮮)'이라고 변경하였다. 일본제국주의는 '대한제국'을 병합하여 한국인의 자주적 근대화 의지를 말살하였다. 그리고 한반도를 영구히 일본의 한 지역으로 귀속시키려는 의도에서 조선왕조를 형해화하였다. 전근대적이었던 조선이라는 500년 역사를 가진 국가의 이름을 일본에 귀속된 한 지역인 반도를 의미하는 지역 명칭으로 바꾸어 공식화한 것이다. 이렇게 일본제국주의는 한반도의 유구한 역사를 잇는 조선의 역사와 한반도에서 실존하고 있는 대한제국과 한국인을 폄하하는 의도와 목적을 만천하에 드러냈다.[10]

일본은 '식민지'라는 용어 대신 '병합'이라는 용어를 사용하였다. 한국인들로 하여금 부지불식간에 조선이 일본의 일부라는 사실을 인식시키고자 하였다. 동시에 일본은 조선을 일본제국의 헌법이 적용되지 않는 곳 다시 말해서 일본제국 헌법의 영역 밖에 있는 지역으로 설정하였다. 조선은 일본국 헌법이 적용되는 '법역(法域)'을 의미하는 '내지(內地)'와 구별하는 의미에서 '법역 외(法域 外)' 지역을 의미하는 '외지(外地)'로 설정되었다. 일제의 외지가 된 조선은 형식적으로는 일본국 헌법이 아닌 일본 천황(日本 天皇)이 직접 통치하는 곳이라고 적시되었다. 외지 조선은 이른바 천황에 직예(直隸)한 현역 무관(武官) 조선총독(朝鮮總督)이 일본천황의 대권(代權)으로 통치하는 곳이 되었다. 일본천황의 통치권을 위임받은 조선총독은 조선 통치의 입법·사법·행정권을 일원적으로 장악하여 전제적으로 통치하는 권한을 부여받았다. 그리하여 조선은 전제적인 현역 무관 조선총독이 '조선민족'을 완전히 폐멸시켜 영구히 복속하려는 무단통치체제 아래에 놓이게 되었다.[11]

그러므로 블라디보스톡에서 일본제국주의의 국권 침탈 소식을 들은 신채호는 항일 투쟁 의지를 다지면서 우리나라가 일본의 지배에서 독립할 수 있는 방법을 다각적으로 모색하였다.

제2절 국권 상실 이후 직접적 항일 무장 투쟁과 역사 연구 강화

신채호는 1911년 신한촌(新韓村)에서 최재형(崔才亨, 1860~1920), 홍범도(洪範圖, 1868~1943), 이상설(李相卨, 1870~1917) 등과 함께 권업회(勸業會)를 결성하였다. 권업회는 '실업을 장려한다'고 표방하였다. 그렇지만 이는 일본제국주의와 러시아 당국의 탄압을 피하기 위한 명분이었다. 권업회는 항일운동 기관이었다. 권업회는 1910년대 초 연해 주 지역 항일 독립운동의 중심 기관이었다. 민족정신 고취와 항일 독립운동 전개, 교민의 단결과 지위 향상 등에 주력하였다. 권업회는 효과적인 활동을 위하여 1912년에 기관지인 『권업신문』을 발간하였다. 『권업신문』은 연해 주 한인의 대변지 역할을 하면서 항일 민족정신을 높이는 데 큰 역할을 하였다.

신채호는 『권업신문』의 주필 겸 신문부 부장으로 활동하였다. 동시에 청년권업회의 기관지인 『대양보』의 주필도 겸하였다. 당시 러시아 한인사회는 러시아의 정치 변동과 연동된 러시아의 한인 귀화정책 때문에 갈등하고 있었다. 러시아로 귀화한 한인과 귀화하지 않고 한국 국적을 유지하고 있는 비귀화 한인 간의 갈등이 고조되었다. 러시아 귀화 여부를 둘러싼 한인사회의 갈등은 볼세비키의 정책과 직결된 볼세비키 공산주의와 민족주의에 대한 태도 등 러시아 내외 정세와 한인사회의 문제가 접합되어 상존하였다. 이러한 러시아 한인사회의 정치적, 이념적 갈등에 어려움을 느낀 신채호는 1913년에 블라디보스톡을 떠났다.

1913년 중국으로 간 신채호는 8월에 신규식의 초청으로 상해에서 동제사(同濟社, 재상해 한인공제회)에 가담하였다. 동제사는 신규식이 한국에서 망명한 독립운동가와 일본에서 건너온 한국인 유학생들을 규합하여 만든 단체였다. 동제사는 상해에 거류하는 한인의 상조 기관처럼 활동하면서 실질적으로는 독립운동을 하였다. 동제사는 서양 각지에 사무실을 만들었다. 중국의 혁명 지도자들과 관계를 맺어 한국독립운동에 대한 중국의 지지를 얻고자 하였다.

그리고 1913년 12월에 독립운동을 위한 청년을 교육하기 위하여 박달학원(博達學院)이 설립되었다. 신채호는 박달학원의 교사가 되어 박은식(朴殷植, 1859~1925), 조소앙, 문일평(文一平, 1888~1939), 홍명희(洪命憙, 1888~?) 등과 교류하면서 김규식(金奎植, 1881~1950)과 이광수(李光洙, 1892~1950)에게 영어를 배웠다. 신채호의 영어 실력은 당시 기번(Edward Gibbon, 1737~1794)이 쓴 『로마흥망사(The History of the Decline and Fall of the Roman Empire)(1776~1788)』와 칼라일(Thomas Carlyle, 1795~1881)의 『영웅숭배론(On Heroes, Hero-Worship and the Heroic in History)』을 영문판으로 읽을 정도였다고 한다.

1914년에 신채호는 대종교(大倧敎)의 3대 교주인 윤세복(尹世復, 1881~1960)과 윤세용(尹世茸, 1868~1941) 형제의 초대를 받아 만주로 갔다. 거기서 대종교에 입교하였다. 대종교(大倧敎)는 나철(羅喆, 1863~1916)이 경술국치(庚戌國恥)로 한국이 보호국화되자 민족정기(民族精氣)를 수호하기 위하여 1909년 1월 15일에 단군대황조 신위(檀君大皇祖 神位)를 모시고 단군교를 민족종교로 선포했던 것을 1910년 8월에 개명한 것이었다.

대종교의 '종(倧)'은 상고신인(上古神人), 한배님이란 뜻으로 '한인'·'한웅'·'한검'이 혼연일체라는 것을 의미한다. 한반도를 터전으로 살아온(定住) 한민족의 정체성과 한반도가 한민족과 분리될 수 없는 것이라고 주창하면서 민족적 항일 독립운동의 정신적 기반이 되고자 한 것이다. 1910년에 일본이 한국을 병합한 후 대종교는 교단을 만주로 이전하여 국외에서 교세를 확장하며 동지를 규합하는 데 주력하였다. 그리고 민족의식을 고취하기 위하여 1911년 5월에 동창학교(東昌學校)를 설립하였다. 동창학교는 독립운동을 성공적으로 수행하기 위한 인재 양성 기관이었다. '동창(東昌)'이라는 이름은 나라의 무궁한 발전과 국권의 회복을 기약한다는 의미이다.

대종교에 입단한 신채호는 동창학교(東昌學校)에서 국사를 가르치며 국사 교재로 사용하기 위하여 『조선사』를 저술하였다. 그 내용이 이후 『조선상고문화사』로 간행된 것으로 여겨진다. 그는 만주에서 옛 고구려와 발해의 유적지를 답사하였다. 이것이 그의 고대사 저술에 영향을 미친 것으로 보인다. 또한 영어를 배운 것이 서양의 역사서를 원서로 읽어 서양 근대 민족국가들의 역사 연구 방법을 습득하는 데 활용된 것으로 여겨진다. 서양사 원서를 통해 습득한 역사 연구 방법이 신채호가 한국사의 체계를 구축하는 데 많은 도움이 되었을 것으로 추정된다. 이와 같이 그는 애국계몽운동기에 민족독립투

사진 2 조선사.
(출처: 조선일보 1931년 6월 10일 자)

쟁 활동과 민족적 정체성을 근대적인 이념체제로 확립하기 위한 역사 연구를 부단히 지속하였다. 그의 한국 역사 연구는 신민회에 가담하면서 직접적인 항일 무장 투쟁으로 민족독립운동의 방향을 바꾼 후에도 계속되었다.

1917년 7월, 신채호는 박은식, 신규식, 윤세복, 조소앙 등 14명과 '대동단결 선언(大同團結 宣言)'을 하였다. 이를 통해 해외에서 활동하고 있는 독립운동자의 대동단결과 '임시정부'의 수립을 촉구하였다. 이 선언의 핵심 내용은 국가의 주권을 행사하는 의무와 권리는 국민에게 있고, 현재 한민족의 주권은 일본제국주의의 통치로부터 벗어나 국외로 나와 항일투쟁 활동을 하는 동지가 국민주권의 담지자라는 것이었다. 그러므로 일제 지배의 밖인 국외에서 국민주권을 담지하고 항일독립운동을 하는 사람들이 민족의 '통일기관'인 '통일국가' 곧 '원만한 국가'를 만들어야 한다는 것이었다. 대동단결 선언은 한인 국민주권과 이에 입각한 독립 통일국가의 수립을 선언한 것이었다. 국제정세가 러시아혁명과 폴란드의 독립선언 및 아일랜드와 모로코 등의 독립운동 등 항일독립에 유리하게 변화되고 있다고 보고 주창한 것이었다. 그 후 반전(反戰)과 '민족자결' 등 제1차 세계대전으로 전개된 자본주의의 제국주의에 대한 비판과 러시아혁명의 성공 등을 배경으로 반제국주의 민족운동과 종전 분위기가 고조되었다. 이에 따라 음력 무오년(戊午年) 1919년 2월 1일에 만주와 러시아 지역의 항일 독립운동 지도자들이 무오 독립선언(大韓獨立宣言)을 하였다. 이는 조국의 독립을 최초로 선언한 것이었다. 이 선언은 조소앙이 초안을 마련하고, 박은식과 신채호 등 독립 운동가들이 함께한 것이었다. 무오독립선언은 이후 2·8독립선언과 3·1독립선언의 기폭제가 되었다.

제1차 세계대전이 발발하자 제국주의로 발전된 자본주의에 대한 비판이 전세계적으로 고조되고 전쟁 반대(反戰)를 핵심으로 한 개조(改造) 사조가 확산되었다. 한편 러시아혁명을 성공시킨 볼세비키 정부는 약소민족의 자결을 선언하였다. 이에 대하여 자유주의 진영의 미국 대통령 윌슨이 자유주의 세계를 대표하여 민족자결이 포함된 14개조 선언을 발표하였다. 이와 같이 진행 중인 세계대전을 끝내야 한다는 필요성이 적극적으로 제기되고 국제 정세가 변하고 있었다. 신채호를 비롯한 국외 항일 독립운동가들은 이러한 국제 정세 변화가 항일 독립운동에 긍정적으로 작용할 것이라고 판단하였다. 이러한 낙관적인 인식이 1919년 3·1운동으로 이어졌다.

신채호는 이미 대동단결 선언과 무오 독립선언을 통하여 국가적 통일 기구의 수립을 촉구한 바 있었다. 그러므로 그는 3·1운동 이후에 본격화된 국가적 민족통합 정부 기구 수립 운동에 동참하였다. 신채호는 대한민국임시정부를 수립하기 위한 임시의정원의 일원이 되었다. 그러나 신채호의 대한민국임시정부 활동은 미국에 한국의 위임통치를 제안했던 이승만의 외교 노선 때문에 그리 오래 지속되지 못하였다.

신채호는 국외에서 항일 무장 투쟁을 전개하면서 일제의 한국 병합 이후 개별적으로 국외로 망명하여 항일 민족운동을 하고 있는 세력들을 규합하여 민족운동을 전개해야 한다고 생각하였다. 이러한 생각을 바탕으로 한인 민족운동의 중추가 될 국가적 정부 기구의 수립을 주창하였다. 이는 곧 국외 한민족 임시정부의 수립을 의미하는 것이었다. 신채호가 3·1운동 이후 대한민국임시정부 수립에 동참했지만 적극적인 무장 독립운동을 통해 독립을 이루어야 한다는 입장이 바뀐 것은 아니었다. 그러나 신채호는 민족적 열망을 담아 수립된 대한민국임시정부의 거점인 상해에는 오지도 않으면서 미국에서 외교적 독립운동을 명분으로 국제연맹에 독립 한국의 위임통치를 청원한 이승만을 용납할 수 없었다. 결국, 이승만이 초대 대한민국임시정부의 대통령으로 취임하게 되자 신채호는 대한민국임시정부와 결별하였다.

대한민국임시정부와 결별한 신채호는 이승만을 비롯한 임시정부의 외교 노선을 비판하는 선봉에 섰다. 1919년 10월 남형우 등과 상해에서 『신대한』을 발간하고 임시정부를 비판하는 논설을 발표하였다. 신채호는 박은식과 김창숙(金昌淑, 1879~1962) 등의 지원을 받아 이승만에게 위임통치 청원을 취소하라는 편지를 보내기도 하였다.[12] 그 결과 『신대한』은 임시정부 측의 거센 반발로 발행이 중지되었다. 그러자 신채호는 1920년 6월 노령 연해 주로 갔다. 연해주에서 그는 국외 무장 독립투쟁을 전개하고 있던 박용만(朴容萬, 1881~1928), 문창범(文昌範, 1870~1938) 등과 같은 항일운동 동지들과 함께 군사통일촉성회를 조직하였다.

한편 1922년 12월 의열단 의백 김원봉(金元鳳, 1898~1958)이 신채호에게 의열단(義烈團) 선언문의 집필을 의뢰하였다. 이는 신채호가 무장 투쟁을 통한 항일 민족독립운동을 실행에 옮기는 데 많은 영향을 미쳤다. 의열단은 1919년 11월 만주 지린성(吉林省)에서 신흥무관학교 출신들이 중심이 되어 요인의 암살과 파괴·폭파와 같은 과격한 직접 투쟁을 실천하는 항일운동단체였다. 무정부주의적 성격의 항일 무장 독립운동단체였다.[13] 김원봉은 신채호에게 의열단의 독립 투쟁 노선과 행동강령을 체계화한 '의열단 선언문'의 작성을 의뢰하였다. 그는 무정부주의자 유자명(柳子明, 1894~1985)을 신채호에게 소개하여 함께 선언문 작성을 하게 하였다. 유자명(본명 유흥식, 柳興湜)은 대한민국임시정부 학무부 차장, 대한민국 임시의정원 충청도 대표의원을 역임한 독립운동가로 의열단 단장 김원봉의 참모였다. 신채호는 유자명과 합숙하면서 의열단 선언문을 작성하였다. 무정부주의자 유자명과 의열단 선언문을 작성하며 신채호의 독립운동 실천 방식이 무정부주의적으로 바뀌었다. 유자명과 생활하며 의열단 선언문을 작성한 것이 영향을 미친 것으로 보인다.

신채호는 의열단의 선언문인 「조선혁명선언」에서 엘리트나 지배세력이 아닌 '민중의, 민중에 의한, 민중을 위한 직접 혁명'을 통하여 민족의 독립과 독립 민족 국가를 건설해야 한다고 선언하였다. 여기서 민중의 직접 혁명에 대한 신채호의 생각은 이후 유자명·이회영(李會榮, 1867~1932) 과 같은 무정부주의자들과 폭넓게 교류하면서 러시아의 프로포트킨(Pyotr Alekseyevich Kropotkin, 1842 1921)이나 중국의 이석증(李石曾, 1881~1973) 그리고 일본의 고오토쿠(幸德秋水, 1871~1911) 등 저명한 무정부주의자들의 글을 읽고 민중이 혁명의 주체가 되어야 한다는 각성으로 발전되었다. 그 후 그는 민중이 주체가 되어 국가와 민족을 초월한 정치·사회 혁명을 이루어야 한다는 무정부주의 혁명주의자가 되었다.

1926년에 신채호는 중국무정부주의자연맹에 가입하여 활동하기 시작하였다. 1928년 4월 베이징(北京)에서 한국인을 중심으로 무정부주의동방연맹회의를 개최하고 무정부주의 활동을 적극적으로 전개하였다. 그러나 같은 해 5월 활동 자금을 마련하기 위하여 일본을 거쳐 대만에 도착했을 때 일본 경찰에 체포되어 수감되고 말았다. 그리고 수감 중이던 1936년 2월 21일 뤼순(旅順) 감옥에서 생을 마감하였다. 신채호는 수감생활을 하면서도 『조선사연구초』, 『조선사』와 같은 조선사 연구를 지속하여 조선사의 체계를 완성하고자 하였다.

　이상 간략히 살펴본 바와 같이, 신채호는 유교 집안에서 태어나 일찍이 한학 교육을 받고 부모의 뜻대로 관료가 되기 위하여 관료로서의 장래를 보장하는 성균관에 진학하였다. 그러나 신채호는 성균관 경학과를 졸업하여 박사가 되었지만 관료의 길로 나서지 않았다. 오히려 귀경하여 성균관에 진학하여 국가적 위기의 현실을 마주하였다. 그는 주체적이고 현실적으로 국가적 위기를 파악하면서 구국 교육운동에 참여하며 애국계몽운동을 실천하였다. 신채호는 성균관 재학 시절에 설립한 문동학원을 비롯하여 동제사의 박달학원, 대종교의 동창학교, 무관학교 등을 통하여 지속적으로 청년을 교육하는 데 주력하였다. 그리고 그들에게 한국인의 민족적 정체성과 자긍심을 일깨우기 위한 역사 연구를 시작하였다. 신채호의 한국사 연구는 국권 상실기 그의 항일 민족의식과 독립운동을 대변한다.

　신채호는 지식인으로서 항일 독립운동을 실천하는 교육과 연구가 지닌 한계와 그 장기적인 효과나 의미를 잘 알고 있었다. 그가 청년 민족독립운동가를 양성하기 위한 교육과 한국 역사 연구를 부단히 지속한 것이 이를 대변한다. 그러면서도 그는 직접적으로 일본에 저항하는 한국인의 민족적 통합 의지를 강화하는 효과가 있는 항일 무장 투쟁에도 나섰다.

신채호가 신민회에 가입한 것이 독립운동의 방법을 애국계몽운동과 같은 간접적 항일운동에서 직접적인 항일 무장 투쟁으로 바꾸는 전기가 되었다. 하지만 그는 항일 무장 투쟁에 머물지 않고 항일운동과 독립 민족국가를 건설하기 위한 한국인의 민족적 공동체의식과 항일 저항의식을 통해 민족적 정체성을 확립하고자 하였다. 그가 고대사로부터 체계적인 한국 역사를 지속한 이유였다. 신채호의 항일 투쟁과 역사 연구는 그의 실천적 독립운동이었다. 이를 통해서 민족적 정체성을 구축하고자 하였다. 이러한 신채호의 노력은 무엇보다 그가 민족이 처한 현실을 직시하고 민족문제를 실질적으로 해결하고자 한 것이었다.

제3장
신채호의 현실 인식과 민족주의 인식

제1절 신채호의 '제국주의세계' 현실 인식

　신채호는 1904년 성균관에서 학습할 당시부터 조소앙과 함께 러일전쟁 이후 더욱 심해지고 있던 일본의 경제 침투를 성토하였다. 그는 일본의 침략성을 정치적인 면에서 뿐만 아니라 경제·사회적인 면에서도 일찍이 간파하였다. 당시 신채호도 지식인 사회에서 광범위하게 수용되고 있던 사회진화론과 자강주의의 영향을 받았다. 근대적인 실력을 양성하여 국가의 위기를 극복해야 한다는 입장이었다.[14] 그렇지만 그의 국가적 위기에 대한 인식은 누구보다 현실적이었다고 할 수 있다. 따라서 국가적 위기에 대한 의식 또한 누구보다 강할 수밖에 없었다.

　을사조약이 체결된 이후 한국 사회에서는 국권 상실의 위기의식이 고조되었다. 애국계몽운동이 전개되는 한편 보호국의 실태에 대한 논의가 분분하였다. 기본적으로 한 국가가 보호국화 된다는 것은 대외적으로 국가의 주권을 대표하는 외교권을 박탈당해 박탈자의 보호 아래 들어가게 된 것을 의미한다. 대외적으로 그 국가의 독립성 곧 주권을 대표할 수 없는 피주권 상태가 곧 보호국화였다. 이는 식민지화와 다름이 없었다. 하지만 당시 한국 사회는 일본에 의한 개국 이래 일본의 강력한 영향력 아래서 일본화된 서양 근대의 지식체계와 문물을 접하면서 근대화를 추구하고 있었다. 당시 대다수 한국의 지식인들과 지도자들은 그 실정을 제대로 인지하지 못하였다.

한국 사회의 지식인은 대부분 '보호국'의 실상과 의미를 일본인들이 논하는 바에 의거하여 이해하고 해석하였다. 한국인들이 보호국의 실상을 인식하는 데 가장 큰 영향을 미친 것이 아리가 나가오(有賀長雄)와 오가키 다케오(大垣丈夫)의 『보호국론』이었다. 이 책에는 '보호국은 외교권과 내정권을 분리하는 것이고, 내치(內治)의 권한을 지니므로 식민지가 아니라 독립국'이라는 궤변이 담겨 있었다. 또한 당시 『황성신문』과 『태극학보』 등에 소개된 일본 국제법학계의 권위자 아리가(有賀長雄)의 보호론도 한국인들이 보호국 체제를 인식하는 데 매우 큰 영향을 미쳤다.[15] 아리가의 보호국론은 보호국을 일종의 국제정치적 현상 내지 원리로 체계화한 것으로 피보호국의 침략성을 미화하였다.

이와 같이 외교권과 국내 정치의 권한을 분리하는 논리로 일본 제국주의의 한국 보호국화가 한국인들을 위한 것이라고 설파하는 것이 당시 일본인들의 일반적인 입장이었다. 대한자강회의 고문이자 『대한자강회월보』의 핵심 필자였던 오가키(大垣丈夫) 역시 마찬가지였다. 오가키는 한국인들에게 일본에 대한 패배적인 정서를 스스로 인정하게 하면서 통감부의 지배와 외교권 박탈을 마치 일본이 한국을 배려하는 것처럼 호도하였다. 그는 일본이 한국을 보호국화한 것은 일본이 한국을 대신해 외교 문제를 해결해 주기 위한 것이라고 강조하였다. 그러므로 내정 주권을 갖고 있는 한국은 외교 문제는 걱정하지 말고 실력 양성에만 힘을 쏟으라는 말로 보호국화를 정당화하였다.[16] 오가키는 당시 대부분의 침략주의자들과 달리 '화평당' 또는 일본 내 온건한 '동맹파'라고 여겨진 인물이었다. 이러한 오가키와 아리가의 보호국 논리가 여과 없이 한국 사회에 소개되어 받아들여졌다.

일본의 한국 보호국화를 미화한 보호국론은 한국인들에게 많은 영향을 미쳤다. 1906년 3월에 일본의 한국통감부가 설치되어 일본인 통감이 한국의 내정을 본격적으로 장악해 나갔다. 그런데도 한국인들의 위기의식은 국권 상실의 위기로 직결되지 않았다. 한국인들이 수용한 일본의 보호국론은 국권 상실의 위기를 심각하게 받아들이지 않게 만드는 결과를 초래하였다. 심지어 한국은 '내정 주권'을 갖고 있으므로 대한제국은 여전히 독립국이고 국권을 상실한 것이 아니라고 생각하는 사람들이 있었다.

장지연의 '시일야방성대곡'을 게재하였다는 이유로 정간당했던 『황성신문』조차 국가의 보전을 주장하는 보국론(保國論)과 민족의 보존을 강조하는 보종론(保種論)을 연재하면서 사실상 일본제국주의의 보호국 체제를 현실로 받아들였다.[17] 대부분의 지식인들은 보호국의 실정을 정확하게 파악하지 못하였다. 오히려 메이지유신 이래 독일의 국가학을 채용하여 일본 국가학의 체계와 전통을 구축해 온 일본에서 정리된 보호국 이론과 사례를 수용하였다. 이와 같이 일본의 보호국 체제를 이해할 정도였으므로[18] 국권 상실의 위기를 심각하게 여기지 않았다.

지식인들조차 일본의 한국통감은 단지 내정에 충고만 할 뿐이고 직접 통치하는 것은 아니라고 받아들였다.[19] 따라서 정부 관료들이 분발하여 정치를 쇄신하면 국권은 다시 회복할 수 있다고 생각하였다. 보호국 체제를 국권 상실의 직전 단계라기보다는 일종의 국제정치 원리의 하나로 이해하였다.[20] 시일야방성대곡으로 을사조약의 부당성을 비판했던 장지연조차 보호국화 이후 사회가 진보하고 국민의 사상이 점점 바뀌고 있다고 하였다. 이것이 자연히 기본이 되어 국권을 회복할 수 있을 것이라고 말할 정도였다.[21] 당시 보호국화로 야기된 국권 상실의 위기의식은 내정(內政) 내치(內治)의 권한을 갖는다는 논리로 해소되고 있었다.

그러나 일찍이 일본의 경제·사회적 침투를 우려했던 신채호는 일본인들의 보호국 논리와 거리를 두었다. 그는 『대한매일신보』에 실린 글에서 국가와 민족이 따로 보존되는 것이 아닌데 이를 알지 못하고 보국과 보종을 분리하여 논하고 있다고 비판하였다. 그러면서 그는 굳이 "자신에게 어느 쪽이 나으냐고 묻는다면, 보호국론의 흐름과 결을 같이 하는 보종론보다 보국론이 낫다"고 대답할 것이라고 하였다.[22] 앞에서 보았듯이 한반도에 정주(定住)한 한민족의 정체성과 한반도가 한민족과 분리될 수 없는 것이라고 했던 신채호는 대내외적으로 국가의 주권을 지켜내는 것이 곧 민족을 보존하는 것이라는 냉정한 국제정치의 현실을 분명하게 인지하고 있었던 것이다. 다시 말해 대내적인 국가의 주권을 의미하는 내정 자치권과 그것을 대외적으로 대표할 수 없는 대외적인 독립성이 분리될 수 없는 것이라는 사실을 인지했다고 할 수 있다. 독립 국가의 대내적 통합성과 대외적 대표성이 절대 분리될 수 있는 것이 아니라는 사실을 분명히 하였다. 당시 세간에서 유포되어 받아들여지고 있던 일본제국주의자들이 말하는 이른바 보호국론의 허구를 적시한 것이다.

실제로 신채호의 보호국론에 대한 우려와 일본인들의 보호국론이 갖는 기만성이 1907년 정미 7조약(丁未 七條約, 한일신협약)이 체결됨으로써 현실로 드러났다. 한국군대의 해산, 사법권의 위임, 일본인 차관(次官)의 채용, 경찰권의 위임 등 을사조약 때보다 강력한 일본 통감의 권한과 일본인 관리의 채용 등 한국의 내정에 관한 권리가 이른바 한일신협약으로 일본에 넘어갔다. 특히 한국군대의 해산에 항거하여 각지에서 무장 항일운동이 전개되는 가운데 신채호의 국권 상실에 대한 위기의식은 더욱 강해졌다. 그는 보호국 상태에서 내치의 권한마저 사실상 상실되어 사실상 식민지 상태로 전락한 현실을 한탄하였다.

"오호라, 오늘 우리 대한에 무엇이 있는가. 국가는 있건마는 국권이 없는 나라이며, 인민은 있건마는 자유가 없는 백성이며, 화폐는 있건마는 주조권(鑄造權)이 없으며, 법률은 있건마는 사법권이 없으며, 삼림이 있건마는 우리 것이 아니며, 광산이 있건마는 우리 것이 아니며, 우전(郵電)이 있건마는 우리 것이 아니며, 철도가 있건마는 우리의 소유가 아니니, 그렇다면 교육에 열심하여 미래 인물을 제조할 대교육가가 있는가 이것도 없으며, 그렇다면 식견이 우월하여 전국 民智를 계발할 대신문가가 있는가 이것도 없으며, 대철학가·대문학가도 없으며, 대이상가·대모험가도 없는지라… 오늘 우리 한국민의 소유가 무엇이라 말할꼬."[23]

신채호는 대한제국이 처한 국권 상실의 실상을 총체적이고 거시적인 관점에서 현실적으로 인식하였다. 당시 한국 지식인들 대부분이 보호국화된 국가의 주권 상실에 대한 위기의식을 일본인들이 논하는 형식적인 내정권 유지로 해소시키고 말았던 것과는 대조적이었다. 또한 신채호는 그러한 상황에 놓인 한국의 실태를 객관적으로 비판하였다.

보호국화 이후 신채호의 국권 상실에 대한 위기의식은 앉아서 한탄만 하면서 현상을 비판하거나 계몽을 설파하는 것이 아니라 직접적으로 구국 활동에 참가하는 것으로 이어졌다. 그의 실천적 구국 활동은 독립운동을 통해 국권 상실의 위기를 극복할 수 있다는 희망을 전하는 방향으로 전개되었다. 신채호는 무엇보다 '대한의 희망'을 논하였다. 국권 상실의 위기를 극복하고 독립 국가를 건설할 수 있다는 희망을 잃지 말아야 한다고 역설하였다.

신채호는 대한제국이 처한 현실이 국권도, 인민의 자유도, 경제권도, 사법권도, 산업권도 없고, 미래를 꿈꿀 만한 본보기가 되는 교육가도, 철학도, 지조 있는 신문 잡지나 이상가도, 모험가도 없다는 사실을 정확히 지적하였다. 하지만 그렇다고 하여 위기에 처한 현실에 안주하고 있으면 결국 위기는 현실이 되고 말 것이라고 강조하였다. 따라서 무엇보다 중요한 것은 스스로 힘을 북돋워 새로 일어서는 것이라고 역설하였다. 스스로, 자주적으로, 우리끼리 서로 희망을 북돋워야 한다고 강조하였다. 서로 희망을 독려하여 힘을 고취함으로써 위기를 극복하기 위한 사업을 추진하고 국가를 일으킬 수 있도록 해야 한다는 것이었다. 현실에 매몰되어 주권을 박탈당하고 말아서는 안 된다는 것이 신채호의 요지였다. 희망을 갖고, 국가의 현실을 직시하여 국가를 마치 남의 나라 보듯이 방관하지 말아야 한다는 것이었다. 개개인이 속하여 뿌리내린 역사와 문화를 가진 국가와 나 자신의 존재를 함께 같이 확실하게 인식하고 잘 알아야 한다고 강조하였다. 그렇게 함으로써 나의 생존을 위하여 국가를 유지하고 국민으로서 공동체를 영위할 책임과 의무를 다하자고 역설하였다.

이러한 신채호의 인식은 곧 국민공동체로서의 국가가 국가를 구성하는 개개인이 오랜 역사를 거치면서 뿌리를 내리고 문화를 일구어 국가라는 공동체를 형성하여 하나의 국민이 되었으므로 나 자신을 지키는 것이 곧 국가를 지키는 것이라는 바였다. 이러한 신채호의 국가와 국민에 대한 인식은 곧 국민을 구성하는 한국인 개개인에게 주체적인 생존의 희망을 잃지 말자고 한 것과 같았다.

이와 같은 신채호의 국가와 국권 회복을 위한 희망에 대한 주창은 서양 열강의 동점(西勢東漸)으로 야기된 동아시아의 개국 이래 전개된 국제정치의 현실이 '제국주의의 세계'라는 인식 위에 형성된 것이었다.

"此世界는 帝國主義의 세계라. 强이 弱을 食하며 大가 小를 倂함은 원시 시대에 已有한 바라. 然이나 근세 이래로 此가 일층 激烈하여 필경 제국주의의 大演이 우주를 동하니 御是乎 歐洲 列强이 長鞭으로 세계에 橫行하여 東으로 아세아를 略하며 南으로 阿非利加를 割하며 東南으로 大洋州를 占하며 歐人의 足이 到하는 處에 山河가 震하고 歐人의 旗가 飜하는 處에 天地가 變하는도다."[24]

신채호는 당시 세계를 '제국주의의 세계'라고 표현하였다. 강한 국가가 약한 국가를 복속하고 큰 국가가 작은 국가를 병합한 것과 같이 강자가 약자를 지배하는 패권의 세계는 이미 원시 시대부터 존재했지만, 당대의 '제국주의 세계'는 이전의 약육강식과는 다르다고 하였다. 그가 말하는 '제국주의 세계'는 근세 이래 전개된 도시화와 산업화로 성장한 서양 열강이 우승열패·약육강식과 같은 사회진화론에 입각하여 전 세계적으로 패권을 확장하고 있는 현실을 나타낸다. 서양 열강이 세계를 종횡으로 누비고 다니며 동양으로 진출하여 침략하고, 남으로 진출하여 영토를 분할하고, 동남으로 진출하여 대양주를 점하는 등 서양인의 발이 닿은 곳은 산하가 흔들리고 천지가 바뀌는 변화를 맞이하고 있고, 자본주의적 산업화에 힘입은 제국주의 국가의 식민지화로 전 세계에 근대적인 변동이 일어나고 있다는 것이었다.

신채호는 산업혁명 이래 서양 열강이 자본주의적 산업화를 이루면서 민족국가체제를 수립하고 유럽 중심의 근대 국제법 체제를 구축하여, 자신들만의 평화적 공존과 지속적인 성장을 위한 힘의 균형을 이루어 유럽 밖의 지역으로 패권을 확장하고 있는 사실을 인지했던 것이다. 그는 서양 근대 민족국가들이 자본주의적 산업화를 바탕으로 구축되어 자신들이 존속하는 데 필요한 산업화를 지속하기 위하여 유럽 밖의 지역을 무주공산으로 상정하고 전쟁도 불사하면서 패권을 확장하고 있다고 주장하였다. 그는 제국주의적 팽창이 전 지구적으로 진행되고 있던 20세기 전후의 국제정치를 정확하게 인지하였다.

서양 유럽의 열강들은 산업혁명과 경제성장을 이루면서 잉여 자본을 축적하고 값싼 상품을 지속적으로 생산할 수 있는 노동력과 원료 공급지 및 상품 판매 시장을 이미 포화된 유럽의 외부에서 찾았다. 이는 선진 자본주의 국가들의 제국주의적 식민지 쟁탈전을 통해 자본주의의 세계화 곧 제국주의의 세계화와 근대화의 병행을 선도하는 것이다.

서양 열강 각국이 추구하는 국가적 이익은 일정한 영토 안에서 공통된 역사와 문화를 이루고 한 국가를 구성한 하나의 국민이 하나의 민족으로서 공통된 정체성을 갖고 국민 국가체제를 이룬 것이었다. 그리하여 국가의 이익이 곧 국민의 이익이고 민족의 번영을 위한 것이라는 근대 민족주의 이념을 바탕으로 한 것이었다. 근대 민족주의는 서양 열강이 대외적으로 식민지를 확장하기 위한 제국주의정책의 정신적 지주였다. 사상적으로는 찰스 다윈(Charles Darwin, 1809~1882)의 『종의 기원』에서 영향을 받아 약육강식, 적자생존, 사회진화론 등과 같은 공격적인 논의가 확산되고 있었다.

신채호가 현실을 '제국주의 세계'라고 인식한 것은 당시 국제정치의 현실을 정확하게 인지한 것이었다. 그 역시 당시 지성계를 풍미하고 있던 사회진화론적인 세계관에 기초하고 있었음을 알 수 있다. 그는 사회진화론적인 인식 위에 자본주의적 산업화를 이룬 서양 열강이 근대화된 힘을 앞세워 덜 개발되고 약한 국가와 지역을 침략하여 자국의 이익을 확충하고 있는 현실을 직시하였다. 열강이 다시 그 확충된 이익과 힘으로 자국의 영토를 팽창시키면서 전 세계로 진출하여 결국 동양에까지 이르게 된 사실을 직시하였다. 이러한 서양 근대 국가들이 전통적인 동양의 국제 질서를 무시하고 문호를 개방하게 하여 자본주의적 근대화가 불가결하게 세계화되고 있던 현실을 '제국주의의 세계'라고 표현하였다. 그가 현실을 제국주의의 세계라고 본 것은 서양 열강의 근대화가 동양으로 진출하여 제국주의적인 침략을 통해 국익을 확충하고 있던 사실을 분명하게 인지한 것이었다. 사회진화론에 따라 '약육강식의 원리'로 영토와 국권을 확장하는 주의를 '제국주의 세계'라고 한 것이다.[25]

그러므로 신채호는 제국주의 국가가 근대적인 무력을 앞세워 약소국을 침략하고, 패권을 장악하고 있는 현상 또한 간과하지 않았다.

"이십 세기의 세계는 軍國世界라. 強兵이 향하는 處에 正義가 不靈하며 대포가 倒하는 處에 公法이 無用하여 오직 強權이 有할 뿐이니 慘懷하도다.

斯世여 試看하라. 彼 六大強國이 揚揚한 意氣로 宇宙에 橫行함은 何故오. 日 武力이 強한 所以며, 彼 亞綱亞 阿弗利加 中 衆邦이 他人의 笞打를 甘受함은 武力이 弱한 所以니, 嗚呼라. 此 軍國世界에 生한 者 어찌 此를 不思하리오. 是以로 目下 列國이 所謂 武裝平和設을 籍하고 軍

備에 汲汲하여 惑 戰艦이 數百雙에 達하며 惑 精兵이 數百萬에 達하는 지라."[26]

또한 신채호는 위와 같이 이십 세기의 세계를 '군국세계'라고 표현하였다. 이는 강력한 병사가 향하는 곳에는 정의가 아무 의미가 없고, 대포가 닿는 곳에는 공법(公法)이 적용될 여지가 없이 오직 강력한 군사적인 권력만이 힘을 갖고 행세하는 현실을 지적한 것이었다. 근대적인 무력으로 무장한 서양 열강이 의기양양하게 전 세계를 횡행하면서 패권을 휘두르고, 서양과 견줄 만한 근대적인 무력을 갖추지 못한 아시아와 아프리카의 민중은 그 무력의 위력을 감수해야 하므로 이것이 바로 '군국주의 세계'라는 것이었다. 그는 강·약을 막론하고 세계 각국이 소위 '무장평화설'을 논하면서 군비를 확충하기 위하여 경쟁적을 전함과 군사를 만드는 데 급급한 현실을 한탄하였다.

이러한 신채호의 군국주의적 국제정치의 현실에 대한 판단과 탄식은 약육강식의 제국주의 세력이 강대국 제국주의의 근대적인 무력과 자본을 바탕으로 약소국을 침략하여 식민지화하고, 이에 맞서 약소국 또한 군국주의적인 무장에 급급한 현실을 정확하게 인식한 것이었다. 신채호의 군국주의적 제국주의 세계에 대한 현실 인식은 일본에도 예외 없이 적용되었다.

신채호는 일본이 제국주의의 세계화에 부응하여 근대화한 사실에 주목하였다. 일본이 서양 제국주의 열강과 같아지고자 노력하고 있다는 사실을 직시하였다. 이를 "일본이 제국주의의 虛榮을 貪한다"고[27] 비판하였다. 서양 열강의 제국주의 위력에 굴복하여 문호를 개방하고 서양 열강을 모델로 메이지유신을 일으킨 후 근대화를 추진한 동양의 일본이 서양과 같은 제국주의 열강이 되고자 한다고 질타하였다.

신채호는 일본이 서양 열강과 같이 될 수 없다고 보았다. 일본은 단지 동양의 제국주의 국가가 되어 한국보다 조금 앞서서 산업화를 한 것에 불과하다고 하였다. 일본이 '동양평화'를 말하지만 제국주의 열강과 같이 무력을 앞세워 한국을 식민지화하면서 서양 열강 따라잡기를 하고 있는 실상을 비난하였다.

이와 같이 신채호가 군국주의적 제국주의가 확산되고 있고 일본이 이를 쫓아가는 것을 비판적으로 인식한 것은 현실적인 관점에서 국제정치와 한·일 관계를 고찰한 것이었다고 할 수 있다. 이러한 신채호의 인식은 한국의 지식인 일반이 국가가 일본의 보호국이 되어 국권상실이 가시화되고 있는데도 이를 직시하지 않은 것과는 대조적이었다. 한국 사회에서 이른바 '내정 권한'이 논의되며 국권 박탈이 직접적으로 현재화될 때까지 국권 상실의 위기의식을 유보하여 일본에 실제적으로 대처하지 못하고 안이했던 것과는 전혀 다른 것이었다.

일찍이 일본의 제국주의적 침략 야욕을 간파한 신채호가 일본의 제국주의적 진출을 '허영'을 탐한다고 비난한 것은 당시 한국 사회에 팽배했던 일본의 근대화에 대한 동경과 이를 바탕으로 일본을 동양 국가가 근대화할 수 있는 이상적인 모델로 보던 경향과는[28] 거리가 있는 것이었다. 신채호는 일본의 근대화와 한국에 대한 제국주의적 침투를 '제국주의 세계'에 대한 현실 인식에 입각하여 선진 서양 근대 국가와 상대적으로 비교하는 관점에서 파악하고 문제점을 지적했다는 것을 알 수 있다.

1868년 메이지유신 이후 일본은 당시 동양 국가들 중에서 유일하게 근대화에 성공한 국가였다. 일본은 1854년 미일 화친조약을 체결하여 문호를 개방하면서 자국을 서양 열강 국가와 대자적인 관점에서 그들과 같은 '제국(帝國, Empire)'으로 표상화하기 시작하였다. 메이지유신 이후 새로운 근대적인 천황제 국가체제를 구축하는 데 박차를 가하여 메이지헌법을 반포하고, 서양 열강과 맺은 불평등조약을 개정하였다. 이러한 노력과 함께 1890년대 이래 스스로 표상한 '제국'의 위상을 갖추기 위하여 제국주의적 팽창을 본격화하기 시작하였다.

일본은 중국이 아편전쟁에서 패배한 것을 타산지석으로 삼았다. 그리하여 근대적 무력을 앞세운 서양 열강과 맞서지 않고 문호를 개방하였다. 그리고 전통적인 중화체제와는 다른 새로운 세계상을 찾아 동아시아의 화이(華夷) 관념에서 벗어나 자신들이 우월한 '황국(皇國)'이라는 발상을 낳았다. 일본은 에도 시대에 경제적으로 자급하게 되면서 관념적으로도 일본 중심의 발상을 하기 시작하였다. 그리고 막부의 말기 이래 긴장관계에 놓여 있던 서양에서 민족적으로 자립하는 원리를 모색하였다. 실질적으로 자립할 수 있는 서양 열강과 같은 이른바 '문명'의 원리를 모색하면서 '근대화'를 추진하였다. 일본에게 '제국'이라는 용어는 근대 세계를 지배하는 서양 열강의 존재 방식과 서양의 우월한 문명을 의미한다.[29] 이와 동시에 일본이 새로운 '동양의 제국', 동양의 패권국가가 되어야 한다는 제국주의적 팽창 의지를 내포한 것이었다. 이 점을 두고 신채호가 '제국주의의 허영을 탐한다'라고 했던 것이다.

일본에서 이러한 '제국(帝國)'이라는 개념이 처음 만들어진 것은 18세기 말에서 19세기 초 서양 문물을 받아들인 이른바 난학파(蘭學派) 지식인들에 의해서였다. 그들은 영어의 엠파이어(empire)와 케이제레이크(kei'zeriijk)와 같은 서양 개념을 한자어로 번역하면서 '제국(帝國)'이라고 표현하였다. 이 한자어 '제국'이 메이지 정부가 1886년 '제국대학령'을 공포하면서 자기정체성을 나타내는 용어로 확립되었다. 제국대학령은 당시 '제국'을 지향한 일본이 제국에 걸맞은 인재를 양성하기 위하여 최고의 교육을 실시하는 국립대학을 설치하기 위하여 제정한 규정이었다. 제국대학령은 메이지 천황의 칙령으로 서양과 견줄 수 있는 국가적인 인재를 양성할 것을 선언한 것이었다. 제국대학령에 따른 '제국대학'의 설치는 동쪽으로 세력을 확장하면서 진격해 오는 서양 제국주의 열강에 대항하는 대결의 관점에서 이루어진 것이었다.

메이지 정부는 제국대학을 설치한 것과 같은 맥락에서 오랫동안 점령했던 오키나와(沖繩)와 홋카이도(北海道)를 일본 국가의 일부로 편입시켰다. 메이지 일본이 제국대학을 설치하고 오키나와와 홋카이도를 일본 영토의 일부로 공식화한 것은 서양 제국과의 대결적 관점에서 메이지유신 이래 추구한 근대적인 국가 일본, 천황제 '일본제국'의 영토에 대한 경계를 명확히 하는 동시에 서양 제국과 같은 영토 확장의 의지를 드러낸 것이었다. 이러한 메이지일본의 국내외 정치의 흐름 속에서 1880년부터 일본 사회에서도 흥아(興亞)·동종동문(同種同文)·순치보거(脣齒輔車) 등이 주창되며 '아시아연대론'이 제창되었다. 1880년대 일본 사회의 제국주의적 확장의 논리는 1885년 후쿠자와(福澤諭吉)가 '탈아론(脫亞論)'을 통해 '제국 일본'이라는 국가의 상을 정립하는 것으로 이어졌다.

이와 같은 일본의 국가관은 서양 제국주의 열강과 같은 문명사관을 통하여 문명화된 아시아의 맹주 일본, 서양의 제국과 나란히 하는 동양의 제국 일본을 상징했다. 이러한 일본 사회의 제국 일본에 대한 비전은 국가 시책으로 실행되어 정치적·사회적으로 수용되었다. 메이지 정부는 1871년 폐번치현(廢藩置縣)을 단행하여 중앙집권적인 국가체제를 구축한 후 문부성(文部省)과 병무성(兵務省)을 병렬적으로 설치하였다. 메이지 정부는 교육행정권을 확립하여 통일적인 교육정책을 실시하는 동시에 병무성을 통하여 아시아에 대한 지식을 축적해 나갔다. 이렇게 일본은 메이지유신 이후 국가와 사회 양 측면에서 서양 제국주의 국가의 '제국'을 대자적으로 인식하고 그에 필적하는 문명화·근대화된 제국 일본이라는 국가관을 정립해 갔다.

그리고 1890년에 국가 정책으로 결의된 이른바 '이익선론'을 통하여 대륙으로 진출하기 위한 기본적인 정책적 바탕을 마련하였다. 여기서 이익선론은 국가의 영토를 '주권선'으로 설정하고 일본 정부가 일본의 안보를 위하여 일본영토와 같이 안전하게 확보해야 할 지역으로 설정한 영역을 말한다. '한국병합'은 러시아의 남하를 염두에 둔 이익선론에 입각하여 이루어졌다. 일본은 제국대학령을 선포한 해에 메이지 천황의 이름으로 일본인들의 수신(修身)과 도덕 교육의 기본 규범인 '교육칙어'를 공포하였다. 이는 국가 이익과 국력(國力)이라는 관점에서 적극적으로 대외적인 '발전' 꾀하기 시작한 것이었다. 서양 제국의 국민에 버금가는 일본 국민으로서의 기본 행동 강령을 국가적 차원에서 규범화하기 시작한 것이었다.

그렇지만 일본이 추구하는 제국의 국제정치 현실은 메이지 정부가 생각하는 바와는 많이 달랐다. 서세동점으로 개국하여 근대화한 동양 국가 일본의 근대화는 동양 국가들과의 상대적 관점에서 성공한 근대화였을 뿐이었다. 일본의 근대화 수준은 서양 제국주의 열강에 비하면 약자에 불과하였다. 일본은 친서양 외교정책 특히 영국과 미국을 중심으로 한 친서양 외교정책을 통하여 그들에게 기술과 원자재를 구하면서 근대화하고 있었다. 청일전쟁에서 승리하여 대만을 식민지를 영유하게 된 일본은 동양 삼국에서 가장 근대화된 '제국 일본'의 위상에 자긍심을 가졌다. 또한 누구도 예측하지 못했던 대국 러시아와 전쟁을 일으켜서 승리하였다. 그러나 러일전쟁의 승리는 서양 열강을 놀라게 하는 동시에 서양 제국을 패퇴시켜서 자신만만한 일본에 대한 경계심을 갖게 하였다.

서양 열강 일각에서 러일전쟁에서 승리한 일본에 놀라 '황화론'이 제기되었다. 이는 서양 열강이 결코 일본을 자신들과 동등하게 보지도 대우하려고도 하지 않는다는 사실을 드러냈다. 단지 일본을 서양 대륙과 멀리 떨어져 있는 서양 제국의 '동양의 헌병' 정도로 규정하여 더 이상 커지는 것을 경계한다는 사실을 인지하게 하였다. 결국 서양 열강의 삼국간섭으로 청일전쟁의 성과로 획득한 중국에 대한 이권을 내놓아야 했던 일본은 삼국간섭의 일원이었던 러시아와 전쟁하여 승리했지만 서양 사회에서 '황화론(Yellow Peril)'이 확산되는 것을 목도할 수밖에 없었다. 이러한 일본의 경험은 서양 백인 제국의 비서양·비백인에 대한 차별적인 문명관과 국제정치적인 힘의 격차를 통렬하게 느끼지 않을 수 없게 하였다. 일본은 이러한 경험으로 서양 열강과 대자적이고 대결적인 관점에서 제국을 표방한 자국의 국제정치적 위상과 입지를 깨달았다. 그리고 서양 열강의 제국주의에 대한 '제국' 일본의 위상을 제고하고자 하였다. 이는 궁극적으로 일본이 서양 제국주의 열강으로부터 국제정치적으로 동등한 열강의 일원으로 인정받아야 하는 것이었다. 이러한 의미의 독립성을 확보하고자 일본이 제국주의적 팽창을 촉진하는 자극제가 되었다.[30]

신채호는 일본의 행태를 서양 제국주의 열강과 상대적인 관점에서 바라보고 그 상대적인 약세와 열등감을 인지하였던 것이다. 섬나라 일본이 자신들과 제국주의 서양 열강을 비교했을 때 드러나는 문제를 극복하고 서양 열강과 같아지기 위하여 한반도를 비롯한 대륙으로의 진출을 꾀하고 있다는 사실을 간파했다고 할 수 있다. 일본이 겉으로는 반도 대한제국의 '독립'과 '동양의 평화'를 주창하는 아시아연대를 표방하지만, 실상은 제국주의적 영토 확장을 통하여 국익의 확충을 도모하고 있다는 사실을 인지하고 있었던 것이다.

신채호는 이러한 서양 열강의 제국주의적 동진과 그에 대응한 메이지 일본의 근대화와 제국주의적 한국침략의 현실을 '제국주의의 세계'라고 파악하였다. 또한 그는 제국주의적인 침략이 군국주의의 형태로 근대적인 무력을 통해 현재화되고 있는 사실도 간과하지 않았다. 또한 제국주의 세계에서는 각국이 그 구성원을 하나의 공통된

'민족'으로서 결집하는 이른바 '민족주의' 이념을 중심으로 국민국가를 형성한 민족의 생존과 번영을 위하여 자주 독립과 국가적 확충을 도모하고 있다는 사실을 핵심으로 인식하였다.

제2절 신채호의 '제국주의 세계'의 민족주의에 대한 인식

신채호에게 제국주의 세계는 곧 군국주의 세계이자 민족주의 세계이기도 하였다.

"此 世界는 民族主義의 世界라. 同族이면 合하고 異族이면 爭함은 亦 太古時代부터 已有한 바라. 中古 以降으로 其 競爭이 愈多하며 其 競爭이 愈慘하여 勝者는 威勢를 愈張하고 敗者는 衰亡에 永墜하니, 以是로 白人이 美洲에 專橫하매 紅人은 淘汰를 被하고 以是로 白人이 大洋州에 占入하매 黑人은 漸滅에 陷하고, 以是로 露人 鞭下에 猶太人·波蘭人이 虐焰을 遭하고, 其他 何族이 何族을 服하든지 優勝劣敗의 劇이 慘絶怪絶하나니, 嗚呼라, 斯世의 民族主義여 어찌 此에 到하는가."[31]

신채호가 이 세계를 민족주의의 세계라고 한 것은 서양 열강이 근대에 이르러 민족을 단위로 결집된 민족국가 체제를 이루어 공존하면서도 상호 경쟁하면서 비서구 민족과 국가에 대하여는 제국주의적 침략을 통해 자국의 이익 확충을 도모하고 있는 현실을 파악한 것이었다. 그리하여 민족이면 단합하여 힘을 합치고, 다른 민족과는 투쟁한다고 하였다.

    신채호는 공동체적인 경쟁은 이미 오래전부터 있었지만 중세 이래 그 경쟁이 더 치열해지고 더 참혹해져서 승자는 위세를 떨치고 패자는 쇠망하여 나락으로 떨어진다고 하였다. 그 결과로 공동체적 경쟁의 실태가 종래와는 다른 양상으로 전개된다는 사실에 주목하였다. 신채호는 백인이 북미대륙에서 전횡하자 홍색인인 아메리카 원주민이 도태될 지경에 이르렀고, 백인이 대양주를 점거해 오자 흑인이 점멸할 지경에 이르렀다고 하였다. 러시아인의 핍박으로 유태인과 폴란드인이 짓밟히는 등 어느 민족이 어느 민족을 정복하든 우승열패의 현장이 유례가 없이 참혹하고 기괴해졌다고 하였다. 이를 민족주의가 극단에 이르게 되었다고 표현하였다.

    이러한 신채호의 인식은 나폴레옹 전쟁 이래 유럽을 중심으로 전개되고 있던 근대 민족주의와 민족국가의 형성이 제국주의로 발전하면서 제국주의의 세계화로 전개된 실상을 말한 것이었다. 곧 무한 경쟁하는 자유주의를 바탕으로 한 자본주의의 세계화로 전개되고 있는 현실을 감지한 것이었다고 할 수 있다. 이와 같이 신채호는 국제 정세의 현실을 제국주의의 세계에서 군국주의의 세계로 그리고 민족주의의 세계로 나타나는 물리적인 현실과 그 이면에서 작동하고 있는 실체를 파악하였다. 그리하여 정신적·정치적인 이념의 측면까지 구조적으로 인식하였다.

    신채호의 현실 인식은 근대적인 강대국을 움직이는 힘의 원천을 단지 물질적인 것에만 국한하지 않고 국민이 한 국가의 국민으로 단결하는 원천을 파악하는 것으로 전개되었다. 그 결과 민족국가의 형태로 체제화된 서양 열강의 민족주의의 실체와 의미를 파악하였다. 그리하여 한국이 처한 현실에 반추하여 대자적인 관점에서 자기 성찰적으로 고찰하게 되었다. 신채호가 '제국주의 세계는 곧 군국주의 세계이고, 그것은 곧 민족주의 세계'라고 인식한 것이 바로 그것이었다. 궁극적으로 자국의 이익을 위하여 약소국의 국권과 약소민족의 주권을 무단적으로 탈취하는 제국주의적 팽창을 일삼고 있는 서양 열강 근대 민족국가와 민족주의의 실체와 의미를 이해한 것이었다. 그리고 이를 한국의 실상에 반추하여 위기를 극복할 수 있는 방안을 모색하였다.

신채호는 앞의 인용문에서 드러난 바와 같이 제국주의가 극단적인 군국주의로 전개되며 국익을 확충하고 있는 사실을 간파하였다. 또한 제국주의 세계의 주체가 각 민족을 중심으로 형성된 근대 민족국가라는 사실도 분명히 인식하였다. 신채호는 근대적인 생산 양식과 근대적인 변화를 뒷받침한 사회진화론에 입각한 우승열패의 제국주의 세계를 직시했다고 할 수 있다. 그 결과 민족국가의 경쟁에서 승자의 지위를 차지한 것이 제국주의라고 했던 것이다. 그 제국주의는 같은 민족(同族)이 힘을 합하여 다른 민족(異族)과 경쟁하여 이긴 것이라고 하였다. 민족이 힘을 합쳐서 힘을 갖게 된 것이 민족주의라고 하였다. 따라서 근대 제국주의 세계에서 부강한 국가는 민족주의를 바탕으로 성장한 민족국가라고 하였다.

그리하여 신채호는 민족주의를 "他民族의 干涉을 不受하는 主義"라고 규정하였다. 이는 민족주의의 개념을 제국주의와 반대편에 있는 피침략 식민지를 상대적인 관점에서 바라본 것이었다. 민족주의를 바탕으로 제국주의로 성장한 민족은 다른 민족의 간섭을 받지 않는다. 이는 어느 누구도 간섭할 수 없도록 스스로 주권을 지킬 수 있다는 의미였다. 이와는 반대로 민족주의를 정립하지 못하고 제국주의로 성장하지 못한 약소민족이나 국가는 스스로 주권을 지키지 못하여 결국 다른 민족의 간섭을 막지 못하고 지배받게 된다고 하였다. 따라서 다른 민족의 간섭을 받지 않으려면 제국주의 국가와 같이 민족주의를 공고히 하여 주권을 지켜야 한다는 것이었다. 이것이 신채호가 말하는 민족주의의 중요한 핵심이다. 우승열패의 경쟁적 제국주의의 세계에서 승리한 군국주의적인 제국주의 곧 민족주의 침략에 맞서는 것 또한 민족주의를 강화함으로써 가능하다는 것이었다.

"然則 帝國主義에 抵抗하는 方法은 何인가. 曰 民族主義(他 民族의 干涉을 不受하는 主義)를 奮發함이 是이니라.

此 民族主義는 實로 民族 保全의 不二的 法問이라. 此 民族主義가 强健하면 拿破崙 같은 大英雄으로도 露都殘陷에 窮鬼를 作하고, 民族主義가 薄弱하면 亞刺飛 같은 大傑男으로도 錫蘭孤島에 離黍를 哭 하였나니, 嗚呼라 民族을 保全코자 하는 者가 此 民族主義를 捨하고 何를 當取하리오. 是故로 民族主義가 膨脹的, 雄壯的, 堅忍的의 光輝를 揚하면, 如何한 極烈的 怪惡的의 帝國主義라도 敢히 參入치 못하나니, 要컨대 帝國主義는 民族主義가 薄弱한 國에만 參入하나니라."[32]

신채호는 제국주의 국가가 민족주의로 단결되어 근대화를 이룬 힘으로 군국주의적으로 침략해 오고 있는 상황에서 이에 저항할 수 있는 것이 무엇인지 자문하였다. 그리고 그것은 바로 다른 민족(국가)의 간섭(침략)을 받지 않는(허용하지 않을 수 있는) 주의 곧 민족주의라고 하였다. 민족국가인 제국주의에 대항하여 약소민족이 민족을 보전하고 지키는 것은 침략자들과 같이 민족주의를 강건히 하는 방법밖에 없다는 것이었다. 다시 말해서 민족주의야말로 민족을 지킬 수 있는 유일한 방법이라는 것이었다. 신채호는 민족주의가 강건하면 어떤 상대와도 대적할 수 있고, 민족주의가 박약하면 누구와 대항해도 이길 수 없다고 하였다. 민족을 보전하는 유일한 방법은 민족주의밖에 없다고 하였다. 민족주의를 견고하게 하여 팽창적인 힘을 발휘한다면 그 어떤 제국주의도 감히 침입할 수 없게 막아 낼 수 있다고 하였다. 그러므로 제국주의는 민족주의가 박약한 국가에만 침입한다고 하였다.

신채호에게 민족주의는 강자의 민족주의인 제국주의의 침략적 민족주의와 약자의 민족주의인 제국주의에 대항하는 민족주의라는 '양면성'을 갖는 것이었다.[33] 다시 말해 강자의 민족주의와 약자의 방어적 민족주의라는 이중성을 갖는 것이었다. 침략과 방어의 민족주의는 모두 '실질적인 힘'을 요구하는 것이었다.

이러한 신채호의 민족주의에 대한 인식은 산업혁명 이래 전개된 서양 근대 사회의 변화에 대한 이해를 전제로 한다. 산업적 근대화와 이를 이끌어가는 근대적 시민의식을 갖춘 국민(민족)을 상정한 것이었다. 다시 말하면, 민중이 스스로 민족의식이 공고한 하나의 민족으로서 민족주의를 공고히 하여 국가와 민족을 지켜 냄으로써 자유로운 생활을 영위할 수 있는 민족국가를 이루어야 한다는 것이었다.

신채호가 민족주의를 '다른 민족의 간섭을 받지 않는 주의'라고 규정한 것은 이러한 의미를 갖는다고 말할 수 있다. 민족주의가 발달한 제국주의 강대국은 국민이 합심하여 자주적으로 생활하고, 자국의 영토와 국권을 확장하면서 민족주의가 발달하지 못한 다른 민족을 침략하여 간섭하고 지배한다는 것이었다.

그러므로 신채호는 근대 민족국가에서 민족주의가 갖는 공동체 이데올로기로서의 응집력과 통합성을 간파했다고 하겠다. 또한 그러한 민족주의가 민족국가라는 이름으로 '대외적인 침략과 팽창'의 이데올로기 역할을 하는 것으로 파악하였다. 따라서 제국주의 강대국의 민족주의적 팽창에 피침략 식민지 약소 국가가 맞서서 침략을 막고 간섭과 지배를 받지 않으려면 제국주의의 강한 민족주의와 대결할 수 있을 정도로 민족주의를 강화해야 한다는 것이었다. 이러한 점에서 신채호의 민족주의는 일반적인 식민지·약소민족의 민족주의와 마찬가지로 제국주의의 침략에 저항하는 저항적 민족주의라고 할 수 있다.

이와 같이 신채호는 현실 세계를 제국주의-군국주의-민족주의가 서로 맞물린 세계로 인식하였다. 이러한 현실 인식은 제국주의적 침략의 실상을 다각적으로 파악하고 그에 대응할 수 있는 한국인의 민족적 실존 방식을 재고하게 하였다. 그 귀결이 역사적으로 형성된 한국인의 공동체의식을 민족의식과 민족주의로 공고히 하여 제국주의의 침략에 맞서는 것이었다. 이는 곧 저항적 민족주의를 정립하여 한국 민족의 역사적 실존과 정체성을 공고히 하는 동시에 민족적 실존을 위하여 국권을 회복하는 것이었다.

이렇게 신채호가 제국주의 세계의 민족주의를 인식한 것은 민족주의를 단지 외적에 저항하여 실존을 수호하기 위한 통합적 구심력이 될 이념으로서 대자적인 저항성만 강조한 것은 아니었다. 신채호는 민족주의를 바탕으로 구축된 민족국가의 힘, 군국주의적으로 제국주의의 세계화를 선도하는 서양 근대 민족국가의 힘에 대적할 수 있을 만한 힘을 키우는 근대적인 민족국가의 수립을 지향하였다. 신채호의 제국주의-군국주의-민족주의가 맞물린 현실 세계 인식은 궁극적으로 서양 제국주의 근대 민족국가처럼 민족주의를 공고히 하여 근대화된 한민족의 국가 수립을 목적으로 하는 것이었다.

신채호는 중세 이래 공동체적 경쟁이 더욱 치열하고 참혹해져서 그 실상이 종래와 다른 양상으로 전개되고 있는 사실에 주목하여 극단에 이른 민족주의의 실상을 적시하였다. 하지만 그는 군국주의와 제국주의로 현재화된 민족주의의 문제를 지적하고 비판만 하기보다는 그 민족주의의 다른 이름이라고 할 수 있는 군국주의와 제국주의의 힘에서 스스로 보호하기 위한 방법을 발견하였다. 그리하여 군국주의적 제국주의의 피침략자도 자신의 민족주의를 침략자의 민족주의처럼 강고하고 함으로써 타 민족국가의 침략에 굴복하지 않고 대적하여 실존할 수 있도록 해야 한다고 역설하였다.

피침략국도 민족주의를 단단하고 견고하게 하여 단결된 힘으로 팽창력을 발휘한다면 어떤 제국주의도 감히 주권을 침탈하고 간섭할 수 없게 방어할 수 있다는 것이었다. 제국주의가 침략하는 것은 피침략자의 민족주의가 박약하여 응집된 힘을 발휘하지 못하기 때문이라는 것이었다. 신채호에게 민족주의는 무엇보다도 국가적 공동체가 자신을 지키기 위하여 하나로 단결하여 힘을 발휘할 수 있는 통합적 정체성을 발휘하는 능력을 의미하는 것이었다고 할 수 있다. 따라서 그의 '제국주의 세계'의 민족주의에 대한 인식은 한국 민족주의를 제국주의와 맞설 정도로 강화해야 한다고 역설하면서 그 실천 방안을 모색하고 실천하는 것으로 이어졌다.

제4장
신채호의 민족 문제 인식과 역사 주체 인식

제1절 신채호의 민족주의와 민족 문제 인식

신채호는 제국주의의 침략을 우승열패의 사회진화론에 따라 경쟁에서 승리한 강대국의 민족주의가 국가적으로 팽창하고 있는 것으로 보았다. 약소국이 강대국의 제국주의적 팽창에 몰락하여 식민지가 된 것은 민족주의가 박약하기 때문이라고 하였다. 따라서 신채호는 강대국의 강력한 민족주의에 대응하기 위한 방법을 강대국의 민족주의에 대응할 수 있을 정도로 피침략 약소국의 박약한 민족주의를 강화하는 것에서 찾았다. 그리하여 신채호는 다음과 같이 한국 동포가 민족주의를 분발할 것을 역설하였다.

"韓國同胞는 民族主義를 大奮發하여 '我族의 國은 我族이 主張한다'는 一句로 護身符를 作하여 民族을 保全할지어다."[34]

신채호는 "우리 민족의 국가는 우리 민족이 우리 뜻대로 운영한다"라는 문장을 마치 주술문처럼 삼아 박약한 한국 동포의 민족주의를 분발하고 강화하여 민족을 보호하고 지켜야 한다고 하였다. 다른 민족의 간섭을 받지 않으려면 한국인들이 동포애를 민족의식으로 민족주의로 강화해야 한다고 하였다.

　이렇게 신채호가 민족주의 강화를 역설한 것은 "오늘 우리 대한에 무엇이 있는가"[35] 자문하고 성찰한 결과였다. 그는 되돌아보니 국가 주권과 자유는 물론이고 경제적으로도, 더욱이 미래의 인물을 육성할 수 있는 '대교육가'나 '대철학가'도 '대문학가'도 없다고 하였다. 하물며 '대이상가'나 '대모험가'조차 없으니 이러한 현실을 타개할 수 있는 기본 방침을 제시한 것이었다고 할 수 있다.

　신채호는 을사보호조약 이후 이른바 '보종(保種)'과 '보국(保國)'이 논란이 될 때 국가와 민족이 따로 보존될 수 있는 것이 아니라면서 굳이 선택해야 한다면 보국, 곧 국가를 보존하는 것이 우선되어야 한다고 하였다. 그는 각 민족 구성원이 물리적으로 생존한다고 해서 그것이 민족적으로 존재하는 것이 아니라는 사실을 직시하였다. 다시 말해서 국가가 없으면 민족의 생존이 민족공동체로서 존재할 수 없다고 하였다. 국가 없는 각 민족 구성원은 결국 시간이 흐르면 물리적으로 속하게 된 공동체의 일원이 되어 종래의 민족적 정체성이 약화되어간다는 사실을 지적하였다. 그러므로 각 민족 구성원의 실존이 아니라 하나의 민족 공동체로서 민족적으로 생존하려면 무엇보다 국권을 가진 국가가 실존해야만 한다고 하였다. 이러한 신채호의 민족 문제에 대한 인식은 기본적으로 '절대 국가 독립론'이었다고 할 수 있다.

따라서 신채호에게 국가의 '독립'은 한국인의 생존을 위하여 한국 민족으로서 당연하고 필수적인 목적이 되어야 하는 것이었다. 국가가 독립하지 않는다면 다른 한민족이 타 국가에 종속되어 타 국가의 국민으로서 생존하게 되어서 한국인의 민족적 생존은 기대하기 어렵다고 하였다. 국가적으로 독립하여 국가의 주권을 회복하는 것만이 한국인이 한국 국민이자 한국 민족으로서 자유로워지는 것이다. 현실적으로 국가가 없는 상태에서 다른 국가의 지배를 받으며 한민족이 '보종', 생활하는 것은 민족적인 생존의 자유를 박탈당한 것이다. 결국 민족적 생존 자체가 유명무실해져서 없어지게 된다는 것이었다. 신채호에게 국가의 독립은 곧 민족의 보전을 의미하였다. 국가의 독립은 '국가의 정신을 발휘하고' 모든 사업을 국가에 기여하게 하여 민족을 위한 '신성한 국가'를 갖게 하는 것이었다.

신채호가 민족주의를 강화해야 한다고 역설한 것은 바로 '대한(大韓) 국(國)'이 국가의 주권을 회복하여 '대한국(大韓國) 민(民)'이 민족적으로 자유를 획득하기 위한 기본 방침을 제시한 것이었다.

"此四千載 不明歷史를 擁하며 八萬二千方里 膏腴土地를 據하고 聰明慧智의 二千萬 同胞가 有한 大韓國民이여 其目的地를 求知하는가.

黃金이 璀璨하며 錦繡가 燦爛한 者ㅣ 大韓國民의 目的地며, 奇花가 馥郁하며 天香이 爛漫한 者ㅣ 大韓國民의 目的地라.

其門은 獨立이며 其路는 自由니 國家의 精神을 發揮하고 萬有의 事業을 國家에 供하여 神聖한 國家를 保有함이 大韓國民의 目的地니라."[36]

신채호에게 이천만 대한의 국민은 사천여 년의 역사와 이천만 리의 비옥한 토지를 가진, 총명하고 지혜로운 동포였다. 이 '대한 국민'이 국가 주권을 박탈당했으니 대한 국민으로서 궁극적으로 취해야 할 목적은 국가를 다시 갖는 것이어야 한다고 하였다. 국가는 찬란하게 빛나는 황금이나 비단 수와 같은 대한의 국가가 되어야 한다. 특별한 꽃향기가 가득하고 천상의 향기가 가득한 국가를 가져야 할 것이었다. 그리하여 자유로운 민족이 자유의지로 민족을 위하여 일하여 번영하는 국가를 만들어야 할 것이었다. 이러한 국가를 신채호는 '신성한 국가'라고 하였다. 신성한 국가는 자유로운 민족이 국가의 정신을 발휘하여 모든 사업이 국가에 기여하게 함으로써 찬란하게 빛나는 국가였다. 신성한 국가를 이루는 목적을 달성하기 위하여 먼저 해야 할 것이 '독립'이라는 문을 여는 것이었다. 이 문은 곧 민족이 자유로워지는 길이자 '대한국민의 목적지'인 '신성한 국가'를 갖게 하는 것이었다.

신채호에게 '대한국가의 국민'이 궁극적인 목적으로 삼아야 하는 '신성한 국가'는 자유로운 민족이 자유의지로 민족을 위하여 기여함으로써 번영하는 국가였다. 이를 위해서는 무엇보다 민족이 독립해야 하였다. 독립하여 자유로워진 민족이 스스로 민족을 위하여 수립하는 민족국가가 곧 신성한 국가라고 하였다. 이렇게 신채호는 민족이 자유로워야 민족국가를 이루고 번영할 수 있다고 하였다. 자유로운 민족이 국가 정신을 발휘하여 모든 일을 민족국가에 기여하게 하여야 국가가 번성한다는 것이었다. 신채호는 이러한 국가를 만드는 것이 대한 국민이 해야 할 최종 목적지라고 하였다. 이렇게 볼 때 신채호가 말하는 '신성한 국가'의 기본이자 출발점은 '민족의 자유' 곧 '국가적 독립'이었다.

신채호가 보종론보다 보국론의 입장을 취한 것은 민족 공동체가 하나의 민족으로서 민족답게 생활할 수 있는 민족적 생존을 위한 것이었다. 민족적 생존은 그저 살아있기만 하면 되는 것이 아니라 기본적으로 민족이 자유로워야 가능하다는 것이었다. 따라서 국권을 회복하는 일은 민족이 하나의 공동체로서 생존하기 위한 것이자 공동체인 민족 구성원 하나하나가 자유로워지기 위한 것이었다. 다시 말하면 민족이 자유로워지기 위해서는 제국주의에 예속된 민족이 독립을 이루어야 하는 것이었다. 그러므로 국가가 독립하는 것은 민족 구성원이 자유로워지기 위한 첫걸음이었다. 곧 독립의 '문(門)'을 여는 것이었다. 이 문이 '민족의 자유로 이끄는 길(路)'이었다. 이렇게 민족이 독립하여 자유로운 독립 민족국가를 이루기 위해서는 민족정신을 발휘해야 한다는 것이었다.

신채호는 한민족이 대한의 국가 곧 근대 민족국가로 '대한국'을 수립하기 위하여는 한민족이 하나의 국민정신을 발휘할 수 있는 강건한 민족주의가 무엇보다 중요하다고 보았다. 그가 본 현실은 민족주의 세계와 군국주의 세계 그리고 제국주의 세계가 상호 복합적으로 교착되어 있었기 때문이다. 신채호는 근대 세계체제는 민족을 하나의 단위로 하나의 국가를 형성하여 각 국이 그 민족의 생존과 번영을 위하여 격렬하게 경쟁하고 있는 사실을 직시하였다. 그러므로 군국주의적 제국주의의 민족주의에 맞서 독립할 수 있을 정도로 민족주의를 굳건히 해야만 한다고 하였다. 한민족이 민족주의로 하나로 뭉쳐서 힘을 발휘하면 다른 민족의 간섭을 받지 않고 민족을 보존할 수 있다고 하였다. 이러한 신채호의 민족주의 인식은 곧 민족의 독립이 곧 민족국가의 독립이라는 것이었다. 신채호에게 민족주의는 국가가 독립하기 위한 전제이자 토대였다.

이때 민족은 다른 민족(국가)의 간섭을 받지 않는 민족주의의 주체이자 다른 민족(국가)의 간섭을 받지 않을 수 있도록 침략자의 민족주의에 저항하는 주체적인 민족이 되어야 하는 것이었다. 신채호는 "한국 동포는 민족주의를 대분발하여 '아족의 국은 아족이 주장한다'는 하나의 구호로 호신부를 만들어 민족을 보전해야 한다"라고 강조하였다. 이를 위해서는 "신성한 국가를 보유함이 대한국민의 목적지"가 되어야 한다고 하였다. "이 사천여 년의 역사를 가진 이천만 동포가 있는 대한국민, 대한국가가 민족이 주체가 되어 강건하게 분발하는 민족주의의 목적이 되어야 한다"라고 하였다. 신채호는 "이 목적을 이루기 위하여 반드시 통과해야 하는 것은 독립이며, 그 길은 자유이므로 국가의 정신을 발휘"하는 것이라고 역설하였다. 신채호에게 민족주의는 '대한' '국가'의 독립과 '대한국' '국민'의 자유를 획득하기 위한 기본 방침이자 정체성을 공고히 하기 위한 바탕으로 제시된 것이었다. 그에게 민족주의는 근대적인 대한국민의 독립 민족국가를 완성하기 위한 문이었다.

이와 같은 신채호의 민족주의와 대한 국가의 국민으로서의 대한국민, 대한민족에 대한 인식은 현실 세계를 민족주의의 세계라고 본 것이었다. 그리하여 "同族이면 合하고 異族이면 爭함은 亦 太古 時代부터 已有한 바라"고[37] 하였다. 또한 "아족의 국"이라고 한 것에서 알 수 있는 바와 같이 당대의 지식인 대부분과 같이 민족을 종족적으로 인식하였다.

사실 한국 사회에서 근대적인 의미의 '민족(民族)'이라는 용어가 사용되기 시작한 것은 러일전쟁으로 일본의 침략이 본격화되면서였다. 민족이라는 한자어는 일본에서 민족과 국민 모두를 의미하는 영어의 '네이션(nation)'이라는 용어를 수용하면서 '국민(國民)'이라는 개념으로 번역되어 사용되기 시작한 것이었다. 그것이 메이지유신 이후 통일 메이지 제국 일본 국가체제가 정립되면서 국가적 통합을 위한 국민적 정신이 필요해졌다. 그리하여 1880년대 후반에 영어 '네이션'에 내포된 또 하나의 측면인 '고유한 에스니시티(Ethnicity)'라는 요소가 주목을 받았다. 그 결과 일본에서 영어 '네이션'의 번역어인 한자어 '국민'이 종족적인 의미를 내포한 한자어 '민족(民族)'으로 사용되기 시작하였다.

이러한 민족이라는 한자어가 한국 사회에서 직접적으로 사용되기 시작한 것은 중국의 양계초(梁啓超 Liang qi-chao, 1873·1929)를 통해서였다. 양계초는 중국에서 변법자강 운동인 무술정변(戊戌政變)이 실패한 후 일본으로 망명하여 체류할 때 '민족'이라는 한자어를 접하였다. 그는 이 용어를 자신이 중국 상황에 필요한 정치 과제에 응하는 논리를 재정립하는 데 사용하였다. 양계초는 반식민지 상태에 있던 중국 민족의 처지를 극복하기 위하여 '민족'이라는 한자어를 채용하였다. 이것이 그의 저술을 통하여 중국과 유사한 상황에 놓여 있던 한국으로 전해져 한국 사회에서도 사용되기 시작하였다. 처음에 민족이라는 용어는 일본이 주창한 백인종 대 황인종이라는 서양 제국주의에 대항한 동양 황인종을 의미하는 '반(反)서양 반제국주의'라는 대항적인 인종 개념으로 사용되었다. '백인민족'에 대한 '동방민족'을 의미하는 것이었다. 동아시아에서 민족이라는 용어는 인종적으로 다른 서양과의 차이를 의미하는 것으로 사용되기 시작하였다. 아편전쟁 이래 동점해 온 서양 백인종에게 유린된 동양의 황인종을 뜻하는 것이었다. 따라서 '민족'이라는 한자 번역어에는 백인종 서양 제국주의에 대한 위기의식과 적대감이 내포되어 있었다.[38]

한자어로 번역된 '민족'이라는 단어가 이와 같은 의미로 사용된 데는 1893년 일본에서 간행된 『대동합방론(大東合邦論)』의 영향이 컸다. 일본의 아시아주의자 다루이 도키치(樽井藤吉, 1850~1922)가 1891년 잡지 『일본인(日本人)』에 연재한 글을 단행본으로 발간한 이 책의 주요 내용은 서양의 침략을 막기 위해서는 한국·중국·일본이 연대해야 한다는 것이었다. 이를 실현하기 위하여 한국과 일본이 나라를 합하여 대동국(大東國)을 세우고, 대동국이 중국과 동맹을 맺어 다시 동아시아와 연대하여 일본을 맹주로 한 대아시아 연방국을 이루어야 한다는 것이었다.

이 책은 유교의 윤리관이 서양보다 우월하다고 주장하면서 동아시아 유교 지식인들이 공감할 수 있는 유교적 언술과 한문으로 작성되었다. 조선은 원래 일본과 같은 민족이었는데, 백제가 멸망한 이후 갈라진 것이므로 조선과 일본의 '합방'은 역사적으로 볼 때 당연하다고 역설하였다. 이 책의 내용은 1898년 중국의 분할이 본격화될 때 양치차오가 출판한 『대동합방신의(大東合邦新義)』와 함께 유통되면서 한국 지식인들에게 큰 영향을 미쳤다.

'아시아연대론'·'아시아주의'로 받아들여져 한국과 중국에 보급된 『대동합방론』이 미친 영향은 컸다. 아시아연대론은 서양 열강의 아시아 침략에 저항하기 위하여 아시아의 민족들이 일본을 맹주로 단결해야 한다는 주장이었다. 아시아 각국이 일본을 중심으로 연대하여 서양 열강의 제국주의 침략에 대응해야 한다는 아시아연대론은 아시아 각국의 위기의식과 인종적 동질성을 이용하여 이질적인 인종 서양에 대한 경계심을 고조시켰다. 그리하여 연대의 필요를 주창하였다. 이에 반하여 아시아연대를 주창하는 일본의 패권주의, 특히 일본이 한국의 역사를 왜곡하면서 '병합'을 동등한 국가 간의 '합방'으로 포장하였다. 자국의 제국주의적 팽창욕을 은폐하고 '일본맹주론'으로 미화한 것이었다. 아시아주의는 이후 일본제국주의의 북진 팽창이 본격화되면서 대아시아주의와 대동아공영권 논리로 전개되었다.

아시아주의는 처음에는 일본이 다른 동양의 국가들과 마찬가지로 서양 근대국가들에 대해 피압박 민족이라는 동질성을 강조하였다. 그러면서 아시아 민족들의 연대를 호소하면서 점차 일본이 맹주가 되어야 한다는 일본 중심주의를 드러내었다. 아시아주의의 실상은 서양의 강대국 제국주의에 대항하여 일본이 강력한 제국이 되고자 하는 메이지 정부의 대륙 침략 야심을 은폐하는 것이었다. 그리하여 아시아주의에서 나아간 대아시아주의는 19세기 중엽 이후 급변한 정치·사회적 조건을 배경으로 새롭게 변화된 이데올로기적인 인종주의를 결합하여 백인종 서양에 대항하는 황인종 동양의 힘을 의미하는 것이 되었다. 동양으로 진출하여 국익을 확장하고 있는 서양을 이질적인 침략자로 규정하고 서양에 대하여 피침략자인 동양의 동질성을 전제로 함으로써, 서양 백인종에 대한 동양 황인종의 승리라는 이항 대립적(二項 對立的) 대결 구도를 구축하였다. 곧 서양과 맞설 만한 근대화 곧 문명화를 이룬 선진 일본이 중심이 되어 서양에 맞서는 동양의 독립과 자주권 보호를 주창하였다. 이때 '황인종 동양'은 '백인종 서양'에 대항하는 하나의 인종적 공동체로 설정된 것이었다.[39] 이러한 아시아주의의 영향 속에서 '민족'이라는 한자 번역어에 대한 범인종론적인 인식이 확산되었던 것이다.

1904년 1월 23일 대한제국은 러시아와 일본의 관계가 악화되자 그들 사이의 갈등에 얽히지 않으려고 대외적으로 국가 중립을 선언하였다. 그러나 일본은 이를 완전히 무시하였다. 2월에 일본은 러시아와 국교를 단절하고 일본군을 인천에 상륙시킨 후 서울로 들어와 러시아에 선전포고를 하였다. 일본은 강화도조약 체결 이래 대외적으로 한국이 독립국이라는 것을 강조하였다. 한국에 대하여는 서양 열강의 침략으로부터 한국을 지켜주고 보호하여 독립을 유지해 주겠다고 주창하였다. 보호국화조차도 한국이 독립할 수 있는 능력을 강화할 수 있도록 복잡한 외교 문제를 대신해 주는 것일 뿐이라고 호도하였다. 일본이 한국을 보호국화한 것은 도와주기 위한 것이지, 국권을 박탈하려는 것이 아니라는 궤변을 토로하였다. 그렇지만 이제 일본은 이익선을 국책으로 설정한 이래 '아시아연대'와 '합방'이나 '외교 문제의 해결' 등 한국의 국권을 피탈하기 위하여 위장하던 수사어구 이면에 내재된 제국주의의 팽창 의지를 드러내기 시작하였다.

일본은 대한제국의 대외 중립 선언을 무시하는 데 그치지 않고 한반도를 기점으로 하여 러일전쟁을 수행하였다. 한국 정부에 대일 협력을 강요하였다. 그리하여 1904년 2월 23일 공수동맹(攻守同盟)을 전제로 한 '한일의정서(韓日議政書)'가 양국 사이에 강제로 체결되었다. 이러한 일본의 언행 불일치와 이율배반적인 침략적 주권 훼손 행위 때문에 한국인들은 일본을 다시 보기 시작하였다. 러일전쟁으로 드러난 일본의 한국과 한국인들에 대한 무례함에 한국인들은 일본이 하는 말을 이전과 같이 곧이곧대로만 받아들이지는 않게 되었다. 한국과 일본의 관계를 '아시아'라고 하는 하나의 인종적 공동체로 보던 것에서 벗어나 일본을 상대적이고 대자적인 관점에서 인식하기 시작하였다.

일본이 러일전쟁을 도발하면서 '한일의정서'를 강제로 체결하게 함으로써 러일전쟁은 실질적으로는 한국과 일본이 러시아와 전쟁하는 것이 되었다. 일찍이 청일전쟁이라고 하는 중국과 일본이 한반도에서 한반도에서의 이권을 놓고 전쟁을 한 적이 있었다. 그렇지만 당시 한국인들은 일본의 침략성을 분명하게 대자적으로 인식하지 못하였다. 일본이 강화도조약에서와 같이 전쟁의 명분을 전근대적인 중국의 조선에 대한 종주국의식을 청산하는 조선의 독립을 위한 것이라고 호도했기 때문이다. 하지만 그로부터 근대화의 변화를 겪은 한국인들은 일본이 대 서양 인종주의적 연대를 주창한 아시아연대론의 맹주를 자처하면서 한국에 강압적으로 공수동맹을 체결하여 전쟁을 치르게 하는 일본의 아시아연대에 의문을 갖기 시작하였다. 러일전쟁은 아시아연대론에 은폐된 일본의 침략성을 고찰하는 계기가 되었다. 한국인들은 강제로 문호 개방을 요구하면서 침략해 온 이질적인 서양 국가들에 비하여 일찍이 서양 국가들과 같은 근대화를 이룬 동질적인 동양의 일본이 앞장서서 동아시아 각국이 연대하여 국가의 주권과 독립을 수호하자는 데 기대를 걸었다. 그러나 한일의정서의 체결은 이미 언론과 풍문을 통해 회자되고 있던 일본의 침략성과 이것을 표출하고 있던 보호국화에 대하여 일본의 진의를 되돌아보게 하였다. 일본의 침략성을 분명히 자각하게 되었다.

일본에 대한 대자적이고 자주적인 인식이 각성되면서 '민족'이라는 한자 번역어의 사용에도 변화가 생겼다. 민족이라는 말은 백인종에 대한 황인종이라는 인종적인 의미에서 한반도에서 생활하고 있는 주민인 한국인을 지칭하는 용어로 그 의미가 바뀌어 사용되기 시작하였다. 범 황인종을 의미하는 것이 아니라 황인종 가운데서도 한반도라는 지역에서 하나의 공동체가 되어 역사적으로 생활해 온 '우리' 한민족을 의미하는 용어로 사용되기 시작하였다. 민족이라는 용어는 러일전쟁을 거치며 한반도를 터전으로 생활해 온 인류공동체로서의 한민족 개별의 역사·문화 공동체를 의미하는 용어가 되었다. 종의 개념이 아닌 지역공동체로서의 역사·문화적 공동체로서의 '민족' 개념이라는 한국인들의 인식 변화는 한국인들이 국제정치를 보는 관점에도 변화를 가져왔다.

이와 같이 러일전쟁은 한국인들이 종래 일본이 유포했던 세계관을 한민족의 세계관으로 정립하는 동인이 되었다. 한국인들은 세계를 백인종 대 황인종의 경쟁 곧 서양에 대한 동양의 경쟁으로 보던 것에서 독자적인 '민족 경쟁 세계'·'민족들이 상호 경쟁하는 시대'로 보기 시작하였다. 민족을 지역공동체로서 역사와 문화를 공유하는 일정한 문화적 공동체를 의미하는 것으로 인식하게 되자 국제정세가 하나의 민족을 단위로 이루어진 하나의 국가가 세계를 무대로 하나의 단위로서 서로 경쟁하고 있다고 인식하게 되었다. 따라서 같은 백인종이라고 하더라도 영국과 러시아가 서로 경쟁하는 것처럼 각국을 구성하는 민족이 다르다는 것을 인식하게 되었다. 마찬가지로 한국과 일본이 다르듯이 한민족이 일본민족과 같을 수 없고 같아서도 안된다는 사실을 자각하였다. 그리하여 '민족'이라는 용어는 '대한'국 '국민'을 지칭하는 의미로 한민족을 의미하게 되었다. '민족'은 한반도에서 살아온 역사적 운명공동체로서 공유하게 된 주민 집단을 의미하였다. 민족은 같은 강토에서 나고 자라서 죽으며 수 백세에 걸쳐서 살아온 집단 곧 '역사적인 공동 운명체'로 정의되었다. 이와 같이 러일전쟁을 계기로 한국인들은 서양의 근대적인 민족 개념과 같은 용례로 민족이라는 단어를 사용하기 시작하였다.[40]

 그리하여 '대한민족'이나 '한국국가'라는 용어가 사용되었다. 이들 용어는 한반도를 터전으로 한 역사적인 운명공동체를 의미하였다. '대한민족'이나 '대한국민' 또는 '한국국가'라는 용어는 국제 정세를 대자적으로 인식하기 시작하면서 이와 함께 민족에 대해서도 다른 나라와의 상대적 비교 속에서 대자적으로 인식한 것이었다. 대한민족·대한국민·대한국가라는 용어를 사용하게 된 것은 한민족을 하나의 운명 공동체로 인식한 것을 의미하는 것이었다. 한반도에서 역사적으로 생활해 온 공동체를 '대한민족'이라고 각성한 것이었다. 이는 대한민족이 한반도에서 국가를 형성하고 생활해 왔다는 것을 타민족국가와 대자적으로 인식하여 민족과 민족을 단위로 한 국가적 독립과 보존을 역설하는 바탕이 되었다. 그리하여 1908년에 이르면 '네이션'이 처음 번역되어 사용되었던 번역어 '국민'이라는 용어와는 차별되는 의미에서 근대 민족국가를 구성하는 문화·역사·생활 공동체로서 근대적인 민족 개념으로 정립되기에 이르렀다.

이때 신채호가 보종과 보국의 논리를 비판하면서 굳이 선택해야 한다면 보국을 선택한다고 하여 국가 주권의 수호를 강조한 것은 매우 중요한 의미를 갖는다. 신채호는 『대한매일신보』를 중심으로 '국수'보존론을 주장하면서 전통적인 중화사상과 사대주의적인 사고를 본격적으로 비판하였다. 그리고 민족적인 주체성과 정체성을 공고히 해야 한다고 역설하였다. 신채호는 '국수(國粹)'란 곧 "그 국가에 역사적으로 전래하는 풍속, 습관, 법률, 제도 등의 정신"[1]을 말하는 것이라고 강조하였다.

신채호는 이러한 '국수'가 바로 '애국'하게 되는 중요한 동인이였다.

"國家에도 國家의 美가 있나니 自國의 風俗이며 言語이며 習慣이며 歷史며 宗敎며 政治며 風土며 氣候며 外他 온갖 것에 그 特有한 美點을 뽑아 이름한 바 國粹가 곧 國家의 美니, 이 美를 모르고 愛國한다 하면 빈 愛國이라."[2]

신채호는 국가에도 국가 고유의 아름다움(특성)이 있다고 하였다. 자기 국가의 풍속과 언어 및 관습과 역사, 종교, 정치, 풍토, 기후 등 다양한 특유의 특색과 특성이 있다는 것이다. 신채호는 이렇게 각 국가 고유의 자연과 환경을 배경으로 하여 살아온 삶의 궤적인 역사의 전개 과정에서 사람들이 하나의 공동체를 이루며 형성해 온 모든 특유한 것을 총체적으로 '국수'라고 하였다. 이것이 바로 국가 고유의 특성이자 고유한 아름다움이고 장점이라고 하였다. 따라서 그 특성과 그것이 갖는 장점과 아름다움을 알지 못하면 애국을 논할 수 없다고 역설하였다. 자신의 특성과 아름다움도 알지 못하면서 '애국'을 논한다면 그것은 정신은 없는 껍데기만 강조하는 공허한 빈 애국이라고 하였다. 다시 말해 국수는 없이 이름만 명목만 유지하는 국가, 실권은 없이 형식적으로만 유지되는 주권은 무의미하다는 것이었다. 이때 신채호가 고유의 특성이자 아름다움 '미'라고 한 것은 나쁜 특성은 버리고 장점을 지키고 유지해야 한다는 의미였다.

신채호가 이와 같이 '국수'라 하여 국가 고유의 특성이 얼마나 중요한지 강조한 것은 새롭고 좋아 보이는 외래의 근대적인 문물과 문명을 수용하면서 물질적인 문물에 집중하여 매몰되어서는 안 된다고 강조한 것이었다. 외래의 문명을 수용할 때 물리적인 부분에 경도되어 받아들이면 겉으로는 근대화된 것 같지만 근대화의 주체 곧 주인 의식인 정신을 잃게 되어 본말이 전도된다는 의미였다. 편리하고 좋아 보이는 외래의 근대적인 문물과 문명을 수용할 때 그 실용성은 받아들이더라도 수용자의 주체적인 인식을 잃어서는 안 된다는 것이었다. '조국 사상'을 잃지 않고 반드시 오랫동안 생활공동체로 살아온 정신과 특성인 '국수'를 지녀야 한다는 것이었다. 그리하여 국가적 특성인 '국성'을 발휘하여 자주적이고 주체적으로 받아들여야 한다고 한 것이다.

신채호가 이와 같이 '국수'와 '애국'을 논한 것은 한국 사회가 일본의 보호국화논의와 아시아연대에 경도되었던 것처럼, 현실이 따라주지 않았기 때문이었다. 신채호는 그러한 한국 사회의 현실을 직시하고 구체적으로 대안을 제시하였던 것이다. 물질이 아닌 정신 곧 '국수'라는 개념을 통해 공동체적으로 생활해 온 민족적 정신과 특성('국수'의 아름다움)을 상기하고 기억하여 민족적 정체성과 주체성을 잃지 않은 민족공동체로서 통합적인 민족국가를 수호해야 한다고 한 것이다.

이러한 신채호의 외래 문물과 사상을 수용하는 자세에 대한 비판적인 인식과 '국수'론은 자연히 전통적인 중화사상·중화주의나 일본을 맹주로 한 동양 담론·동양주의에 대한 비판과 직결되었다. 신채호는 중화문명과는 다른 한국 문명 고유의 독자성에 대한 인식을 일깨우고자 하였다. 신채호의 국수 보존에 대한 주창은 외래 사상에 대한 비판적 인식과 대안적 성격을 갖는 것이었다. 전통적인 중화사상을 갖고 있던 한국인들이 이제 일본제국주의의 침략으로 국권을 상실하게 되었음에도 일본의 침략을 은폐한 담론을 받아들이는 현상을 성찰하고 대책을 논한 것이었다. 그리하여 다른 민족국가 일반에 대한 한국 민족의 주체성과 정체성의 정립을 강조한 것이었다.

신채호가 논설위원으로 있던 『대한매일신보』에서 1908년 8월 27일부터 "독사신론(讀史新論)"을 게재한 것은 그러한 의미를 갖는다. 신채호는 1905년 12월 대한매일신보의 논설위원이 된 이래 역사의식을 고취하는 논설 활동을 활발히 전개하였다. '독사신론'에서 신채호는 "降于 太白에 與堯並은 檀君之獨立이오, 罔爲身僕에 東出朝鮮은 箕者之獨立이오"라고 하였다.[43] 그는 종래 중화 문명과 상관관계 속에서 정립되었던 기자조선의 역사관에서 완전히 벗어나, 단군 이래로 고유한 문명을 가진 조선국가의 독자적인 역사를 부각시켰다. 신채호는 중화사상을 본격적으로 비판하면서 중화주의에서 벗어난 역사의 출발점을 중화사상이 정립되기 이전 시대인 고대의 역사에 주목하였다. 그리하여 부여족을 주요 종족으로 한 민족에 대한 인식을 정립하고자 하였다.

이렇게 신채호가 한국 민족의 역사를 정립하고자 했기에 종래 서양의 문명을 인식하던 방식도 바뀌었다. 신채호는 종래 서양과 같은 정치·사회적인 제도의 개혁을 중심으로 했던 변법적인 서양 문명 수용론에서 벗어나, 한국 고유의 역사적인 전통 문명을 바탕으로 그 위에서 서양 문명을 취사선택하는 방식을 제시하였다. 그리하여 서양적 근대화와 서양 문명의 수용이 변법적 방법에서 정신적·주체적인 문제의식으로 전개될 수 있는 여건을 마련해 주었다. 오랜 중화사상에서 탈피하여 역사적·문화적으로 중화사상과는 다르게 형성되어 온 한국 민족(종족) 집단에 천착할 수 있는 바탕을 제공하였다.

신채호는 중화사상 속에서 소중화로 규정해 왔던 한국인의 역사적인 민족적 경계선을 규정함으로써 중화사상과 중화주의에서 탈피하는 역사적인 바탕을 마련하였다. 그럼으로써 '민족'·'한민족'이라는 개념이 사람들이 부여한 인식과 관계없이 한반도에서 유구한 세월 동안 역사적으로 생활해 온 실존적 존재를 의미하는 것이라는 것을 증명하였다. 다시 말해서 한반도의 한민족은 객관적인 실체라고 하였다. 한반도라는 일정한 지역에서 역사적으로 정당하게 생활해 온 과정을 통해 '조선(한국) 민족'이 형성되었다는 것을 실증적으로 증명하였다. 그리고 이를 역사를 기록하여 정립하고자 하였다. 그리하여 신채호가 '새로운 사론(史論)', 새로운 역사를 논한다고 했던 것이다. 신채호는 한반도에서 살아온 한국인들의 공동체로서의 역사를 하나의 민족을 형성하면서 생활해 온 민족사로 새롭게 재발견하여 정리하였다.[44]

　신채호는 단군을 기원으로 한 한민족, 한민족의 역사체계를 정립하였다. 이와 함께 한국 사회에서 근대적인 민족에 대한 개념도 정립되어갔다고 할 수 있다. 그리하여 1910년에 이르면 한국인들이 한국 민족을 일본족이나 한족과 구별하지 않고 여러 가지 용어로 혼용해 부르고 있는 사실을 수치로 여기게 되었다. 그는 이제 대황조 단군이 태백산에 강림하여 우리 민족의 나라 이름을 '조선(朝鮮)'이라 하고, 우리 민족을 '조선 사람'이라고 했다는 점을 역설하였다. 그러니 일본이나 중국 민족과 구별하여 '조선민족(朝鮮民族)'이라는 사실을 분명히 인식해야 한다고 강조하였다.[45] 이는 재래의 중화사상과 개항 이후 일본의 영향 속에서 한국인에 대한 독자적인 정체성 인식이 미흡했던 사실을 지적하고, 민족사를 통해 독자적인 민족으로서 그 정체성을 분명히 해야 한다는 의미였다.

　사실 한국 사회에서 민족이라는 용어도 근대적인 의미의 민족 개념도 생소한 것이었다. 아직 서양사회의 근대적인 민족 개념이 한국 사회에 정립되어 있지 않았던 때에 신채호 또한 민족을 '한국 동포'라고 하기도 하였다. '민족'을 보전해야 한다고 했던 것도 국제정치의 현실을 보며 민족 문제에 관하여 문제의식을 갖고 역사를 연구하는 과정에서 생긴 의식이었다. 그 결과 이제 그의 '한국 동포'가 한반도를 바탕으로 역사적 문화적 공동체를 이룬 한국인 곧 한민족을 의미하는 것이라고 정립하였다. 그러므로 신채호에게 한민족의 "독립"은 "부강"을 포함하여 민족이 생존하는 데 필요한 모든 것을 이루기 위한 "전제"가 되었다. 또한 한민족의 독립은 "국가의 정신을 발휘"하여 다른 국가의 간섭을 받지 않을 수 있도록 민족이 자유로운 주체가 되는 '민족주의'를 완성하는 것이다. 따라서 신채호는 국가적 독립을 위한 민족의 독립과 민족의 독립을 위한 "국가의 정신을 발휘"하는 길을[46] 최우선으로 하였다.

그러면서 신채호는 일제의 보호국화 논리에 반박하듯이 국가를 추상적이고 관념적인 "정신상 국가(精神上國家)"와 구체적으로 존재하는 물리적인 형태의 "형식상 국가(形式上國家)"로 나누어 설명하였다. 그는 정신상 국가가 전제되어야 형식상 국가인 구체적인 물리적인 국가도 존재한다고 하였다. 정신상 국가는 민족의 독립과 자유, 생존, 국위(國威) 분양(奮揚)과 국광(國光)을 발휘할 수 있는 민족적인 국민정신을 의미하는 것이었다. 이러한 정신상 국가가 국가의 요체라고 하였다.

"오호라, 精神上 國家가 亡하면 形式上國家는 不亡하였을지라도 其 國은 已亡한 國이며, 精神上 國家만 不亡하였으면 形式上 國家는 亡하였을지라도 其 國은 不亡한 國이니라."[47]

신채호는 민족의 독립과 자유, 생존, 국가의 위상을 발휘할 수 있는 민족적 국민정신이 없으면 겉으로 드러난 형식상의 물리적인 국가가 존재하더라도 그 국가는 정체성(정신)을 잃은 것이므로 사실상 국민국가 곧 민족국가로서 의미를 상실한 것이라고 하였다. 이 반면에, 정신상의 국가가 무너지지 않고 존재하면 물리적으로는 형식상의 국가가 망하더라도 그 통일적인 민족적 국민정신을 바탕으로 다시 독립하여 민족국가를 수립할 수 있다고 하였다. 그러므로 그 국가는 실제로는 결코 망해 없어진 것이 아니라고 하였다. 이는 다시 말하면 다음과 같았다.

"其 獨立·自由 等 精神만 有하면 疆土·主權 等 形式이 無할지라도 其 目中 心中에 國家가 完存하며 其 腦裏腔裏에 國家가 雄飛하여 其 國民 頭上에는 其 國의 天이 有하고, 其 國民 足下에는 其 國의 地가 有하며 其 國民一身에는 其 國의 獨立·自由 等의 實力과 光彩가 有하여 畢竟 其 國家를 建立할 日이 有할지니, 如此한 國은 今日 不立하면 明日 立하며 明日 不立하면 又明日 立하여 必立乃已하니라. 故로 形式上國家를 建立코자 하면 먼저 精神上國家를 建立할지며, 形式上 國家를 保全코자 하면, 먼저 精神上國家를 保全할지며, 形式上 國家의 亡함을 憂할진대 먼저 精神上 國家의 亡함을 憂할지니라."

"정신상 국가"의 독립과 자유 등 민족정신을 유지하면 영토와 주권 등 형식적인 요건이 갖추어져 있지 않더라도 민족정신의 중심에 국가가 완전히 존재한다는 것이다. 그러면 민족의 머리와 가슴속에 국가가 웅비하여 국민의 머리 위에는 민족국가의 하늘이 있고 그 국민의 발 아래에는 그 국가의 땅이 있고, 그 국민의 신체에는 그 국가의 독립과 자유 등의 실력과 광채가 있어서 반드시 독립과 자유를 위하여 노력할 것이므로 언젠가는 민족국가를 건립할 수 있다는 것이었다. 따라서 물리적으로 오늘은 국가가 존재하지 않더라도 민족정신을 발휘하여 노력함으로써 내일 설립할 수 있고, 내일 설립되지 않더라도 다음에 설립할 수 있도록 노력할 것이라는 것이다. 그러므로 끝내는 국가를 재건할 수 있다는 것이다. 따라서 형식상 국가 곧 실제로 국가를 수립하고자 한다면 먼저 정신상 국가를 건립하여 민족정신으로 통일되어야 한다는 것이었다. 신채호가 '형식상 국가'를 보전하려면 무엇보다 먼저 '정신상 국가'를 '보전'해야 한다는 것은 '국망'을 우려하기에 앞서 민족정신을 먼저 생각해야 한다는 것이었다. 민족이 국가를 지키려는 일체감과 정체성이 공고한지, 그것이 사장되고 있는 것은 아닌지 걱정하는 것이 선행되어야 한다는 것이었다. 이와 같이 신채호는 국가적 독립과 근대적인 민족국가를 건설하기 민족정신과 민족정신으로 하나가 된 국민의 애국심을 역설했던 것이다.

　　신채호가 국가의 핵심으로 설정한 정신상 국가는 민족이 독립과 자유·생존과 발전을 이루려는 국민정신을 말하는 것이었다. 이러한 국가론의 요지는 민족주의를 분발하여 자주적인 '형식상 국가'의 건설을 완성하는 것이 바로 '민족정신'이라고 한 것이었다. 다시 말해서 민족정신을 바로 세워서 민족주의를 완성해야 한다는 것이었다. 이와 같은 신채호의 국가론과 민족주의론은 다른 한편으로 보면 다음과 같은 의미를 갖는다고 할 수 있다. 일본의 아시아연대론과 동양담론에 대한 문제의식이 발현된 것이었다고 할 수 있다. 당시 한국사회에서는 일본에서 홍아(興亞)·동종동문(同種同文)·순치보거(脣齒輔

車) 등을 외치며 제창된 '아시아연대'론이 후쿠자와(福澤諭吉)의 '탈아론(脫亞論)'을 통하여 '제국 일본'이라는 국가의 상으로 정립되어 아시아에 대한 제국주의적 팽창을 '문명사관'으로 합리화한 동양 담론으로서 유포되어 횡행했기 때문이다. 문명사관으로 합리화되어 유포되고 있던 일본제국주의의 동양 담론에 대한 해결책을 제시한 것이었다고 할 수 있다.

한국 사회에서는 한편에서 안중근의 이토 히로부미(伊藤博文) 사살과 같이 항일 민족의식을 고취하는 움직임이 있었던 반면에 다른 한편에서는 일본이 주창한 이른바 '동양평화'라는 침략성을 은폐하는 담론이 고개를 들고있었다. 정미 7조약 이후 『대한매일신보』를 제외한 대부분의 언론 매체와 정치 세력이 자신들의 행위를 정당화하는 사회적 가치로 '동양평화'를 논하였다. 신채호는 그러한 동양 담론을 논하는 사람들을 동양주의자라고 비판하였다. 동양 담론을 논하는 사람들은 사천 년의 역사를 가진 조국과 이천만의 형제를 노예화하고 있다고 비난하였다. 또한 그는 그들이 대한(大汗) 전국의 국가적인 정신(國魂)을 일본에 팔았다고 비난하였다. 그리하여 조국을 외국으로 만들고 있다고 비판하였다. 신채호는 동양 담론을 논하는 사람들은 원래 독립 국가에 대한 주관적인 인식이 없다가 국가가 주권을 상실하게 되니 일본과 일본인들이 하는 제국주의 담론에 현혹되어서 민족의 국가가 아닌 '동양'을 논하고 있다고 비난하였다.[48]

당시 '동양 평화' 담론은 무력적으로 침입해 온 서양에 대한 대결적인 관점에서 동양의 삼국이 주체적으로 동양을 지키고 동양의 평화를 보존해야 한다는 것이었다. 이 동양 담론은 일본과 대한제국의

'정합방(政合邦)'을 주장하는 일진회와 이들을 비판하는 반론의 근거로 모두 활용되었다. 그런데 그 논란에서 한국과 한민족은 주체가 아니라 객체가 되고 마는 것이었다. 주체는 일본이었다.[49] 신채호는 바로 이 점을 적시한 것이었다. 그와 같이 한민족의 정신을 사장시키는 제국주의의 정치적인 사회 담론과 그것이 유통되고 있는 한국 사회의 분위기를 비판하였다. 그리고 그에 대신하여 국권을 회복하기 위한 민족정신의 확립과 이에 기초한 민족주의의 정립과 고취를 주창하였다.

그러나 결국 1910년 8월 29일 대한제국, 한국은 일본에 '병합(倂合)'되고 말았다. 신채호는 '병합'의 부당함을 역사적으로 고찰하여 비판하고 주요 친일파 인물들을 일본에 충성하는 노예라고 비난하였다. 신채호는 특히 송병준과 조중응 그리고 신기선을 "일본의 3대 忠奴(충노)"라고 성토하였다. 송병준(宋秉畯, 1858~1925)은 헤이그 특사 사건 후 황제 양위운동(皇帝 讓位運動)을 벌이며 친일 활동의 선봉에 서서 국권 피탈을 요청하는 상주문(上奏文)과 청원서를 일본 의회에 제출한 인물이었다. 조중응(趙重應, 1860~1919)은 이완용 내각의 법부대신 농상공부대신을 역임하면서 한일병합조약의 체결에 찬성했고, 신기선(申箕善, 1851~1909)은 친일 유림단체인 대동학회의 대표였다. 신채호는 보호국화에서 병합으로 이어진 당대의 반민족적인 제국주의적 사회 담론과 그에 편승하여 국권을 버리고 일신과 가문의 부귀와 권력을 택한 정치 세력의 행태를 비난하였다. 신채호는 친일 인물들의 매국행위가 특히 그들에게 한국인으로서의 민족정신이 없기 때문이라고 보았다. 신채호의 친일 반민족 매국 행위에 대한 비판은 곧 민족의 독립을 이루기 위한 국민적 정신 바로 '정신상 국가를 정립하는 '민족정신 강화'의 필요성을 역설하는 것이기도 하였다.

이러한 신채호의 국가관은 국가를 민족정신으로 구성된 유기체로 본 것이었다.

"國家가 旣是 民族精神으로 構成된 有機體인즉, 單純한 血族으로 傳來된 國家는 고사하고 混雜한 各族으로 結集된 國家일지라도 必也 其中 恒常 主動力이 되는 特殊種族이 有하야 於是乎 其國家가 國家될지니."[50]

신채호는 국가란 이미 민족정신으로 구성된 유기체였다고 하였다. 국가가 단순히 혈연적 종족으로 이어진 것이 아니라는 것이다. 국가는 다양한 종족으로 결집되었는데, 필히 그 중심에는 다양한 종족을 하나의 공동체인 국가로 형성하여 유지하면서 이끌어온 특유한 종족이 있다고 하였다. 때문에 국가가 형성되어 유지될 수 있었다는 것이다. 신채호에 의하면 한국의 경우에 그 핵심적인 역할을 한 것이 부여족이다.

이러한 국가 개념 인식에 따라 신채호는 부여족을 중심으로 한국 역사(조선사)를 고대사에서부터 통시적으로 재정립하고자 하였다. 신채호의 국가관(정신상 국가)과 다양한 종족을 특유한 종족이 하나의 공동체인 국가로 형성하여 이끌어왔다는 국가 인식은 곧 부여족을 중심으로 하나의 민족공동체로서 국가를 이루어 생활해 온 한민족의 기원과 역사를 재정립하는 출발점이었다. 그리하여 한민족이 공동체로서의 정체성을 공고히 하는 민족주의를 역사적으로 형성된 특수한 정체성으로 대자적으로 정립하는 출발점이 되는 것이었다.

신채호는 부여족에서 기원하는 민족의 역사를 통해 한민족이 한반도에서 터를 잡고 살아온 정통성과 정체성을 정립하고자 하였다. 이러한 신채호의 노력은 일본이 한국을 보호국화하면서 교육체제를 본격적으로 개혁하기 시작하였다. 그리하여 한국인을 일본천황이 다스리는 일본제국의 신민으로 교육하기 위한 기반을 구축하기 시작하였다. 일본이 교육을 통하여 한국인들에게 일본 정신을 주입하기 시작한 정치·사회적 환경이, 신채호가 한국인에게 고유한 정체성을 인식시키기 위하여 한민족의 역사를 연구하는 촉매제가 되었다고 할 수 있다.

일본은 메이지유신 이후 국가체제를 근대적으로 개혁하는 동시에 유신으로 옹립된 메이지 천황을 중심으로 한 황국 일본과 일본 국민에 대한 황국신민으로서의 일본 정신을 국가적 차원에서 체계화하여 교육하기 시작하였다. 그 일환으로 '제국대학'을 설치하여 교육제도를 일원화·체계화하고 '교육칙어'를 반포하였다. 이른바 일본천황의 '교육칙어'는 일본인이 제국의 신민으로서 갖추어야 할 일본 정신과 태도를 규율화한 것이었다. 이것은 단합된 '제국 일본'을 형상화하고 현재화하는 것이었다. 이러한 일본식 교육을 일본은 한국을 보호국화하면서 이른바 '근대적 개혁'을 명분으로 한국인에 대한 교육제도에 적용하고자 하였다. 일본제국주의의 한국 교육제도 개혁은 곧 한국인에 대한 일본인화 교육을 시작한 것이었다. 한국인을 일본천황의 황국신민으로 교육하려는 것이었다.

　이러한 상황에서 신채호는 한민족이 한반도의 역사적 주체이고 그에 대한 자긍심을 갖고 있지 않은 것이 문제라고 보고 안타까워하였다. 한국인들이 한반도에서 살아온 역사에 대한 주체적인 인식이 박약하기 때문에 일본제국주의로부터 국가를 수호할 수 있는 '정신상 국가'가 망하고 있다고 판단하였다. 그러므로 신채호는 한국인 주체가 된 역사에 대한 인식의 필요성을 제기하였다. 신채호가 이를 문제로 제기한 것은 서양 근대 민족국가의 민족주의 이념과 이에 기초하여 수립된 민족국가의 자국사에 주체적이고 긍정적인 인식이 국민을 하나로 통합하여 힘을 발휘하는 원천이라고 보았기 때문이다. 그리하여 그는 국권을 상실하게 된 현실에서 한국인들이 실질적으로 국권을 회복할 수 있는 기백과 희망을 줄 수 있는 방안을 민족의식과 민족정신을 고취하는 정체성을 확인하는 데서 찾았다. 그리고 이를 '정신상 국가'라는 개념으로 제시하였다고 할 수 있다.

　제1차 한일협약 이후 본격적으로 대한제국의 내정에 간섭하기 시작한 일본은 메이지유신 이후 교육을 통해 메이지국가체제를 정립했던 것과 같은 방식으로 한반도를 바꾸기 시작하였다. 일본제국주의는 한국통감부를 설치하여 한국인에 대한 교육제도를 이른바 '근대'라는 명목으로 '개선'하는 데 주안점을 둔 정책들을 실시하였다. 그것은 메이지유신 이후 일본과 같이 국가가 교육제도를 개혁하여 일본 천황 중심의 교육 이념을 적극적으로 주입하기 위해서였다. 일본 천황의 신민이 되기 위한 교육 이념을 한반도에도 적용하여 한국인에게 일본 정신을 주입함으로써 한국인을 일본 국민화하려는 것이었다.[51] 일본제국주의는 모든 한국인 단체를 억압하고 각종 출판물을 검열하였다. 그리하여 러일전쟁 이래 각성되고 있는 한국인의 민족의식을 억압하고 통제하였다. 그러면서 한민족의 역사를 일본민족을 중심으로 한 일본사의 서술 체계 속에 끼워 넣어서 일본사의 일부인 조선지방사로 조선사를 기술해가기 시작하였다.

이러한 일본의 국가적인 한인교육체계 개혁은 메이지국가체제를 정립하면서 독일의 국가학을 채용하여 제도화한 일본의 국가학을 식민지적으로 변용하여 조선을 식민통치하는 데 적용한 것이었다. 메이지 일본의 국가학은 스스로 '제국(帝國)'으로 표상한 일본을 더욱 강력한 통일 국가로 창출하는 기초가 된 것이었다. 일본은 모든 법제와 정책을 '헌법에 의거한 정치(憲政)'과 '학술적인 지식(學知)'으로 정당화하였다. 그리고 이를 다시 학술적 지식이 법에 의거한 정치를 통하여 구축되도록 하였다. 일본의 국가학은 '헌정'과 '학지'가 순환적인 통일체제로 일체화된 것,[52] 국가주의적인 것이었다. 이러한 일본 근대 정치의 국가주의적인 특성을 한국통감부를 통해서 시작한 일본은 한국병합 후 조선총독부가 '조선'을 식민통치하는 데도 채용하여 식민 통치의 효율성을 높이고자 하였다. 이러한 일본의 식민주의 정책과 일본사 연구가 바로 일본이 주창하였던 '한국의 독립'과 '동양평화'라는 언설과 담론으로 한국 사회에 유포되었던 것이다. 그리하여 한국의 지식인들이 일본의 보호국화 논리를 선의로 받아들이게 했던 것이다.

일본의 한국에 대한 침략욕이 러일전쟁을 계기로 하여 본격적으로 드러날 때까지 많은 한국인들이 일본의 미사여구와 언설을 선의로 받아들였다. 이는 국권회복운동을 하는 한국인들에게도 예외가 아니었다. 국권 상실의 위기감이 서세동점이라는 이질적인 서양 국가의 동진으로 인한 것이라는 사실을 일본제국주의는 효과적으로 활용하였다. 동시에 이질적인 서양에 대한 동질적인 동양 국가로서의 연대의식을 북돋우고 강조해 이용하였다. 일본이 강화도조약에서 한국의 독립을 주창하고 동양의 평화를 주창한 것 모두 한국인들에게는 일본의 호의로 받아들여졌다. 그리고 국권 상실 위기의 대상을, 중국과 서양 제국주의 열강과 대결하는 동질적인 동양의 일본이 아닌 이질적인 서양 국가로 인식하였다.

그렇지만 신채호는 일찍이 제국주의적 국제정치의 현실과 일본의 침략성을 간파하였다. 그리하여 한국 사회에는 식견이 뛰어난 철학가나 문학가·이상가·대모험가는 물론이고 미래의 인물을 키우고자 열심히 교육에 임하는 '대교육가'조차 없다고 한탄했던 것이다. 더욱이 일본제국주의의 일본화 교육정책에 맞서서 한국인들에게 한민족으로서의 정체성과 민족의식을 일깨우려 해도 민족정신을 일깨울 만한 마땅한 한국사 통사조차 없는 실정이었다.

"일본 측에서 神攻天皇의 新羅侵略設, 任那日本府의 設置設, 檀君이 素踐鳴尊의 동생이라는 설 등을 유포하였는데, 자강운동 계열 내지 학부가 편찬한 국가 교과서류에서 이를 아무런 비판 없이 수록되고 있다."[53]

이러한 현실이 단재로 하여금 한민족의 역사를 연구해야 할 필요를 갖게 하였다. 민족정신의 확립을 주창하고 민족정신의 확립이 곧 국가 독립의 요체라고 역설하기 위해서는 그 전거가 될 수 있는 한민족의 역사를 한국인의 관점에서 자주적으로 기술한 한민족사를 정립하는 것이 필요하였다. 기존의 역사서는 전통적인 중화사상이나 중화주의에 입각하여 기술되었으므로 역사의 주체가 한국인이 아닌 중국인이었기 때문이다.

전통적인 중화사상과 마찬가지고 일본제국주의가 교묘하게 교육제도를 개혁하여 한민족의 정신에까지 침투하고 있는데 이에 대한 본격적인 교정이 필요한 실정이었다. 이를 제대로 자각하지 못하고 '근대'교육을 받는 것처럼 받아들이고 있는 한국인들의 현실은 심각한 문제가 아닐 수 없었다. 신채호는 현실적으로 무엇 하나 일본과 비교해서 우월한 것을 찾아보기 어려운 실정을 직시하였다. 이러한 현실에서 애국계몽운동을 전개하면서 무조건 애국과 애국심을 주창한다고 해서 독립할 수 있는 것이 아니라고 판단하였다. 무조건 애국과 애국심을 주창할 것이 아니라 왜 애국해야 하는지 '우리 국가'가 무엇이고 '우리가 국가를 지켜야 하는 이유'가 무엇인지 한국인들이 깨달아야 애국도 애국심도 발휘할 수 있다고 생각하였다. 그리하여 신채호는 한국인들이 한국인의 역사를 통해 하나의 공동체이자 민족으로서 국가를 이루며 살아온 민족적 정체성과 자긍심을 깨달아야 한다고 생각하였다. 그렇게 해야 하나의 민족 공동체라는 민족의식을 갖고 공고히 할 수 있다고 보았다. 그리하여 하나로 단결하여 항일 민족투쟁을 전개해 독립된 민족국가를 만들 수 있다고 판단한 것이다. 그러므로 신채호는 한민족의 기원에서부터 현재에 이르는 한민족에 대한 역사를 연구하여 한국인들이 막연한 애국이나 애국심이 아니라 민족공동체인 국가를 형성하며 살아온 민족으로서의 자존감과 긍정적 정체성을 갖기를 원했다. 그리하면 민족의식으로 하나가 된 한국인들이 민족의 국가를 탈환하기 위하여 애국심을 발휘하여 독립된 민족국가를 건설할 수 있다고 보았다.

신채호는 역사가 "애국심의 원천"이라고 생각하였다. 역사를 통해 민족의식을 갖게 되고 민족정신을 공고히 하면 민족주의가 발휘될 수 있다고 보았다. 그는 "史筆이 強해야 民族이 強하며 史筆이 武하여야 民族이 武하는 배"라고 하였다.[54] 신채호가 정신상 국가를 중요시한 것으로도 알 수 있는 것처럼 그는 민족정신을 가장 중요하게 생각하였다. 바로 그 민족정신을 고취하는 출발점이자 바탕이 되는 것이 바로 민족의 역사라는 것이다. 역사란 민족이 정신적으로 무장하는 무기가 되고 또한 함선과 같다고 하였다. 따라서 역사가 강해지면 민족이 강해진다고 하였다.

역사는 "天回萬回의 衆香天飯으로 一國民族을 蘇生케 하는 者"였다.[55] 신채호에게 역사란 일반 민중이 일상의 밥과 같이 한 국가와 민족을 소생하게 할 수 있는 것이었다. 역사만이 모든 한국인이 모든 관심과 촉각을 위기에 처한 국가에 집중하여 민족이 생존하기 위하여 애국심을 강건히 할 수 있다는 것이었다. 강건한 애국심은 곧 민족주의로 발휘되어 민족이 새롭게 단련되게 할 수 있는 것이었다.

"嗚呼라 若何하면 我二千萬의 耳에 恒常 愛國이란 一字가 鏗鏘하게 할까, 曰 惟歷史로 以할지니라.

嗚呼라 若何하면 我二千萬의 眼에 恒常 國이란 一字가 徘徊하게 할까, 曰 惟歷史로 以할지니라.

嗚呼라 若何하면 我二千萬의 手에 恒常 國을 爲하여 拮据하게 할까, 曰 惟歷史로 以할지니라.

嗚呼라 若何하면 我二千萬의 脚이 恒常 國을 위하여 勇躍하게 할까, 曰 惟歷史로 以할지니라.

嗚呼라 若何하면 我二千萬의 喉가 恒常 國을 謳歌하게 할까, 曰 惟歷史로 以할지니라.

嗚呼라 若何하면 我二千萬의 腦가 恒常 國을 爲하여 沈思케 할까, 曰 惟歷史로 以할지니라.

嗚呼라 若何하면 我二千萬의 毛毛髮髮이 恒常 國을 爲하여 森立하게 할까, 曰 惟歷史로 以할지니라.

嗚呼라 若何하면 我二千萬의 血血淚淚가 恒常 國을 爲하여 熱滴케 할까, 曰 惟歷史로 以할지니라."[56]

신채호는 우리 역사가 우리 이천만의 눈에 항상 국가라고 하는 하나의 단어가 계속 아른거리게 할 것이라고 하였다. 그리하여 역사가 우리 이천만의 손에 항상 국가를 위하여 일하게 할 수 있다고 하였다. 우리 이천만의 다리가 항상 국가를 위하여 용감하게 뛰어갈 수 있게 하는 것이 곧 역사이고, 우리 이천만의 목이 항상 국가를 노래하게 하는 것 또한 역사이며, 우리 이천만의 뇌가 항상 국가를 위하여 깊이 생각하게 하는 것도 역사라고 하였다. 그러므로 우리 역사는 우리 이천만의 머리카락 한올 한올이 항상 국가를 위하여 쭈뼛쭈뼛하게 설 수 있게 하는 것이고 우리 이천만의 피와 눈물이 항상 국가를 위하여 흘리게 하는 것이었다.

이처럼 신채호는 역사를 통해서 한국인이 하나의 민족으로서 정체성을 갖고 강하고 공고해질 수 있다고 생각하였다. 자신이 살아온 궤적인 역사를 통해서 한국 국민이 하나의 공동체로서 민족적 정체성을 공고히 할 수 있다는 것이었다. 그럼으로써 민족의 국가에 대한 관념 또한 공고해져서 민족국가의 주권을 공고히 해야 한다고 스스로 인식하게 된다는 것이었다. 그리하여 국가의 주권을 회복할 수 있는 원동력이 되는 애국심이 스스로 발휘되어 민족이 하나가 되는 공통의 정체성으로서 민족주의를 이룬다고 하였다. 이러한 민족의 역사에 대한 연구에서 전개되는 신채호의 민족 정체성을 정립한 민족주의 이념에 대한 인식은, 민족이 자유로워지는 국가적 독립을 완성하는 것으로 전개되는 것이었다. 따라서 신채호에게 그렇게 중요한 역사는 단지 연대나 이름, 지명을 열거하는 것이 아니었다. 그는 역사를 다음과 같이 말하였다.

"必也 向에 云한바, 內를 尊하며 外를 岐하고 民賊을 誅하며 公仇를 戮하는 等 一定主義 一貫精神을 伏하여 民族進化의 狀態를 敍하며 國家 治亂의 因果를 推하여 儒者ㅣ立하며 頑者ㅣ悟케 하여야 於是乎 歷史"[57]

역사란 민족이 스스로를 존중하여 자신을 외부의 다른 민족과 구별하여, 민족을 겁탈하는 도둑을 처벌하고 공공의 원수를 처단하는 등 일정한 주의와 일관된 정신으로 꾸준하게 민족을 진화해가면서 국가적 위기의 원인과 결과를 추론하여 연구하고 극복하게 하는 것이라고 하였다. 다시 말해서 신채호는 역사가 자민족과 다른 민족을 구별하여 적을 물리치고 정진하게 하는 일정한 주의와 일관된 정신을 갖게 하는 것이라고 하였다. 민족은 역사를 통하여 국가를 형성해 당대에 이른 민족의 진화과정을 이해함으로써 시기마다 민족이 직면했던 국가적 위기의 원인을 밝히고 원흉을 처벌하여 전철을 밟지 않게 된다는 것이었다.

그런데 한국이 국권을 상실하는 위기의 상황에서 과연 이와 같은 의미의 한민족사를 갖고 있는지, 한민족의 역사가 제대로 정립되어 있는지 한숨만 나올 지경이었다.[58] 따라서 신채호는 당대의 역사를 비판적으로 평가하였다. 신채호는 종래 한국사 연구가 중화체제 아래서 주체적으로 서술되지 못했다는 것을 적시하고 비판하였다. 종래 한국 사회가 중화체제 속에서 "숭배화하주의(崇拜華夏主義)",[59] "소중화사상(小中華 思想)",[60] "사대주의(事大主義)"[61]에 젖어서 자기 국가와 민족의 역사도 알지 못하게 되었다고 성찰하였다. 그 결과 역사의 주객이 전도되었다고 하였다. 한민족의 역사가 아니라 중국이 중심이 된 중화주의적인 역사를 마치도 한민족의 역사인 것처럼 배워왔다는 사실을 지적하였다. 이를 비판적으로 지적하면서 성찰적으로 반추하였다.

그리고 신채호는 한국인 재래의 사대주의나 소중화사상에서 벗어날 것을 촉구하였다. 자주적으로 한국인으로서 민족적 주체 의식을 각성해야 한다고 강조하였다. 이를 위하여 신채호는 일본의 식민주의 역사 연구와 교육에서 벗어날 필요를 제기하였다. 중국이 아닌 일본의 영향력이 확대되는 데 대하여 한민족이 주체가 되는 한민족사 연구와 서술의 중요성을 역설하고 실천하였다. 신채호는 조선사

통사를 서술하기 위하여 역사를 연구하였다.

　이와 같이 신채호의 성찰적인 비판은 비판에 그치지 않고 실천으로 이어졌다. 일본제국주의의 식민주의 역사 연구와 그 영향을 받은 대한제국기의 역사 교과서를 대신할 수 있는 한민족의 역사 교과서를 집필하기 위하여 조선 역사를 연구하고 체계화하는 데 진력하였다. 이러한 신채호의 성찰적 비판과 실천이 그를 실천적 지식인의 전형이 되게 하였다. 신채호가 한민족이 주체가 되는 한민족의 역사, 한반도를 터전으로 삼아 면면히 이어온 생존의 역사에서 주체이자 주인은 당연히 한민족이다. 이렇게 신채호는 한반도에서 생활공동체를 이루며 살아온 주인으로서 한민족이 면면히 이어온 역사를 기록하는 통사 필요를 깨닫고 실천하였다. 그 연구 성과들이 결국 그를 오늘날 한국 근대 역사학의 바탕을 구축한 역사 연구자이자 실천적 지식인의 전형으로 평가되게 하였다.

　신채호가 역사의 중요성을 강조하고 실천한 것은 그의 역사에 대한 인식이 서양 근대 민족국가와 함께 성장한 근대 역사학의 의미를 잘 알고 있었던 것이라고 할 수 있다. 신채호는 근대의 서양 민족국가에서 민족정신을 고취하는 자민족의 역사를 정립하여 왕이 아닌 민족이 주체가 되는 국가의 '국민정신'을 일깨워 국민국가로 거듭난 사실을[62] 인지하고 강조하였다. 신채호가 민족의 역사를 강조한 것은 한반도에 터를 잡고 시간과 함께 진화해 오며 역사적으로 한국인의 국가라는 공동체를 형성하고 가꾸어온 사실을 제대로 알고 이해해야 한다는 것이었다. 역사를 통해서 한국인으로서의 정체성을 분명하게 자각하는 것에서 출발해야 한다는 것이었다. 한국인의 정체성을 한국인 본위의 역사를 통하여 자각하게 되면, 그것이 곧 한국의 국민이 공통적으로 갖게 되는 국민정신으로 공고히 될 것이었다. 그리고 국민정신은 바로 한국 국민이라는 한민족이 국가를 이루며 형성해 온 역사의 의미와 소중한 존재의 의미를 자각하여 국가를 보전해야 한다는 각오로 이어질 것이었다. 그리하여 국가를 지키는 '애국심'을 발휘하는 민족주의로 발현될 것이었다.

이와 같이 민족이 주체가 된 역사는 신채호가 말한 '국수' 곧 국가를 형성하는 공동체 구성원의 언어와 관습 등 일체의 문화와 국가를 이루는 기본인 영토와 자연환경 등의 의미를 하나의 공동체적인 정체성으로 인식하게 하는 것이었다. 그리하여 민족공동체의 존재 의미와 그 미래에 '국수'가 얼마나 중요한지 알게 되어 지키고자 할 것이었다. 따라서 신채호가 한민족이 주체인 역사를 체계적으로 집필하여 하여 한국인이 읽게 하는 일은 무엇보다도 중요한 일이었다.

"자기 나라 언어로 자기 나라의 문자를 편성하고 자기 나라의 역사와 지리를 편찬하여 전국 인민이 받들어 읽고 외워야 그 고유한 나라 정신을 보존·유지하면서 순미한 애국심을 발휘할 것"이었기 때문이다.[63]

신채호에게 국가의 역사는 민족이 태어나 살아온 궤적, 소장성쇠의 상태를 기술한 것이었다. 그것은 다음과 같은 말에 잘 나타나 있다.

"民族을 捨하면 歷史가 無할지며, 歷史를 捨하면 民族의 其 國家에 對한 觀念이 不大할지니, 嗚呼라 歷史家의 責任이 其亦重矣哉인저."[64]

　　신채호는 민족을 버리면 역사가 없다고 하였다. 역사를 버리면 민족의 국가에 대한 관념이 자라지 않기 때문에 역사가의 임무가 매우 중하다고 하였다. 이것으로 알 수 있는 바와 같이, 신채호는 역사가가 민족이 중심이 되는 역사를 기술하여 민족이 자신의 정체성을 알게 하는 것이 국가에 대한 관념을 자라게 하여 국가를 유지하는 기본이 된다고 보았다.
　　여기서 핵심은 역사를 서술하는 주체가 민족 자신이어야 한다는 것이었다. 근대 세계체제가 민족국가 단위로 형성되어 경쟁하고 있다는 사실을 직시한 신채호는 민족이 타민족의 간섭을 받지 않는 것이 민족주의라고 하였다. 따라서 민족주의의 주체는 당연히 민족이 되어야 하는 것이었다. 이는 '애국주의'나 '동양 평화'와 같이 주체가 모호한 담론은 경계해야 한다는 의미였다. 서양이나 일본제국주의가 서양 각국이나 일본 민족이 주체가 된 각국의 민족주의에 기초하여 침략하는 국가적인 힘을 발휘한 것에 대항해야 한다는 것이었다. 민족이 주체가 되어야 국권을 위협는 침략을 자행하여 간섭하는 제국주의의 민족주의에 대항하여 단합된 민족적 저항을 할 수 있다는 것이었다. 민족을 하나로 단결시키는 민족주의는 애국심을 발휘하여 국권을 확보하고 독립을 이룰 수 있게 하는 것이었다. 민족이 발전하며 형성해온 국가적 성장과 쇠퇴, 면면히 이어온 사회적 진화의 과정과 존재를 우리 민족의 역사로 주체적으로 서술할 때 각 민족 구성원이 민족적 자긍심을 갖고 민족적 정체성을 공고히 하여 애국심을 발휘해 국가를 지킬 수 있다는 것이었다.

이와 같이 신채호가 민족과 민족의 주체성을 인식한 것은 그가 민족주의를 다른 민족의 간섭을 받지 않는 주의라고 규정한 것에서 파생되었다. 현실을 제국주의의 세계이고 동시에 민족주의의 세계라는 그의 현실 인식이, 민족이 주체가 되는 민족사의 중요성을 자각하는 것으로 발전한 것이다. 이러한 신채호의 역사 주체에 대한 인식이 그의 민족주의를 근대적인 진보성과 보편성을 갖게 하는 핵심이라고 할 수 있다.

제2절 신채호의 역사 인식과 역사 주체로서의 민족

신채호는 역사의 중요성을 강조하면서 그 역사를 서술하는 주체가 민족이어야 한다고 하였다. 국가를 민족정신으로 구성된 유기체라고[65] 본 그의 국가관에 따른 것이었다. 민족정신으로 구성된 유기체인 국가에서 그 주체인 민족이 정리되어 있지 않으면 이것은 곧 역사가 없다고 하였다. 역사가 없으면 국가를 이룬 민족이 공동체로서의 국가에 대한 관념 곧 민족정신을 가질 수 없다고 하였다. 민족정신이 바로 서지 않으면 '형식상 국가'가 존재하더라도 그 국가를 형성한 민족의 정체성이 명확하지 않게 된다. 그러므로 실질적으로는 국가가 없는 것과 다름이 없게 된다고 하였다. 따라서 역사는 곧 민족의 역사, 민족이 주체가 되는 역사로 서술되어야 하는 것이다. 이와 같이 민족이 역사의 주체가 되어야 한다는 신채호의 인식은 국가를 정신상 국가와 형식상 국가로 구분하여 형식상 국가가 망해도 정신상 국가만 제대로 정립되어 있으면 몇 번이라도 형식상 국가를 세울 수 있다고 한 그의 국가관과 직결되어 상호 순환되는 것이었다.

민족이 역사를 서술하는 주체가 되어야 한다는 신채호의 논지는 당시 한국 사회가 전통적으로 국가를 이루고 생활해 왔지만 서양 근대 민족국가와 같은 방식으로 국민들이 국가에 대한 관념을 명확하게 갖지 못한 것을 자각하고 국가에 대한 관념을 정립하여 '우리 국가'라는 인식을 갖게 하려는 것이었다. 그리하여 국가가 자신의 생명과 자유를 지키기 위하여 필요한 존재이자 지켜야 할 존재라는 관념을 가져야 할 필요를 역설한 것이었다. 국가적 독립이 국가 구성원 개개인의 생존과 공동체로서의 민족의 독립과 직결된다는 것을 역설한 것이라고 할 수 있다. 다시 말해서, 근대 제국주의 세계의 민족국가체제에서 국가를 구성하는 각 민족 구성원이 국가에 대한 관념을 제대로 갖고 있지 못하면 국가 주권이나 국가의 존재 의미에 대하여 인식하기 어렵다고 한 것이었다. 국가관이 발달할 수 없으면 이는 경쟁적인 민족국가들 사이에서 경쟁력을 가질 수도 경쟁력을 높일 수도 없다는 것이었다. 민족국가가 존재해야 하는 목적이나 국가의 독립을 지키기 위해 힘을 모을 구심력을 가질 수 없다는 의미였다. 이것이 바로 신채호가 제국주의의 민족주의가 침투하는 데 대항하여 국권의 상실을 극복하기 위해 구한 방안이었다. 결론은 국가에 대한 각 민족 구성원의 관념 곧 국가관을 공고히 하여 '우리 국가'라는 인식을 강화해야 한다는 것이었다.

을사보호조약이 체결되어 국권 상실의 위기가 긴박해지자 국가의 자주와 독립을 내실 있게 도모하고자 애국계몽운동이 촉발되었다. 이는 서양 근대 학문을 통하여 일반 인민의 지식과 지혜(民智)를 계발(啓發)하여 인민의 국가에 대한 인식을 근대적으로 높여 국권을 공고히 하려는 것이었다. 동양으로 진출하여 제국주의적 침략을 자행하고 있는 서양 근대 국가의 국민들은 국가에 대한 관념이 정립되어 있어서 민족주의가 발달했기 때문에 애국열이 강하여 국가의 대외 팽창을 담지하고 있었다. 또한 국가체제도 근대적으로 갖추어져서 국민이 항상 국가에 대한 관심과 주의를 늦추지 않는 것으로 보였다. 반면에 한국은 한반도를 기반으로 역사적으로 국가체제를 이루고 살아왔지만 국가관도 애국심도 미약하였다. 근대적인 교육을 충분히 받지 못한 한국인들은 근대 세계체제의 국가에 대한 인식이나 개념이 정립되어 있지 않았다. 따라서 전통적인 국가의 피지배 민중으로서 국가에 대하여 관심이 없거나 아예 냉담한 듯했다. 한국인들은 국가에 관심이 있더라도 전통적인 관습에 젖어서 '우리 국가'라거나 '나의 국가'라는 관념을 갖고 있지 않았다. 국가가 존재하는 의미를 근대적으로 이해하지 못하였다.

그렇기 때문에 근대적인 학문을 일반인들보다 먼저 접하여 학습한 지식인들은 계몽운동을 통해서 한국 인민에게 근대의 다양한 국가에 대한 정의와 해석을 알리고 계몽하여 근대 국가란 무엇인지 깨닫게 하면서 국가에 대한 의식을 고취시키고자 하였다. 한국인들은 아직 근대 민족국가의 국민과 같이 근대적인 국가나 근대 세계가 운영되는 방식은 물론이고 근대적인 문물에 대해서도 잘 모르고 있었다. 때문에 서양 근대 국민국가의 '국민'과 같아지도록 계몽하고 이끌어야 한다고 생각하였다. 애국계몽운동은 바로 이와 같이 한국인들에게 근대적인 학술과 문물을 알려서 근대 국가에 대한 관심을 높이고 애국심을 고취시키려는 것이었다. 그리하여 국권을 회복할 수 있는 국민적 단결을 이루어 독립운동에 매진하려는 것이었다. 이러한 애국계몽운동의 한국 인민과 국민에 대한 기본 입장은 국민의 '애국심'을 함양하는 것이었다고 할 수 있다. 애국심을 통해 국민과 국가가 유기적으로 결합된다고 역설하였다.[66] 인민의 애국심을 고양하여 국가의 주권을 확고히 하고자 하였다. 인민에게 근대적인 교육을 하고 계몽하여서 근대 민족국가의 국민과 같이 정치에도 참여할 수 있도록 이끌고자 하였다.[67] 국가가 있어야 국민도 존재할 수 있으니 인민은 애국하여 국가에 충성하는 것이 그 본분이라고 하였다.[68]

신채호가 민족이 역사의 주체가 되어야 한다고 한 것도 당대의 그러한 인민에 대한 인식과 궤를 같이 하였다. 다시 말해 신채호 또한 한국인이 서양 민족국가의 국민과 같은 국가 의식, 국가 관념을 갖고 있지 못하다는 사실을 직시하고 비판적으로 지적하였다. 그러나 신채호는 한국인이 근대적인 국가 관념을 갖고 있지 못하다는 사실을 지적하면서도 무조건적으로 국가 관념을 가져야 한다고 요구하지 않았다. 애국계몽운동가들이 일단 국가가 존재해야 국민도 존재할 수 있으니 애국해야 한다고 역설한 반면에, 신채호는 한국인이 근대적인 국가 관념을 갖고 있지 못한 이유를 현실적으로 찾아내고 그 문제를 극복하기 위한 방법을 모색하였다.

신채호가 본 문제는 기본적으로 중화사상의 영향으로 한국인들이 소중화의식을 갖게 된 것이었다. 역사의 주체가 한국인이나 한민족이 아니라 중화의 틀 속에 갖혀 있기 때문에 인민이 한민족이라는 의식이 아니라 소중화의식을 가진 것이 문제였다. 이것이 한국인들이 자주적으로 대외적인 국제 정세를 인식할 수 없는 것이었다. 그리하여 그가 제시한 방안이 중화사상이나 일본의 동방 담론에서 벗어나 한국인, 한민족이 주체가 되는 역사를 서술하여 정립해야 한다는 것이었다. 신채호는 한국인이 근대적인 국가 관념을 가질 수 있는 방안으로 한민족이 주체가 되는 역사와 이를 위한 한민족사의 연구, 그리고 역사를 통한 국가 관념의 공고화를 제시하고 실천하였다. 신채호는 종래 조선 역사가 중국을 중심으로 한 사대주의적인 역사였기 때문에 한민족이 중화체제의 주변에 머물렀던 사실을 적시하였다. 이 때문에 한민족이 대외적인 인식은 물론이고 대내적인 주권을 행사하는 데도 주체적이지 못했다고 보았다. 이로 인해서 한민족이 주체가 되는 국가에 대한 인식이나 관념을 가질 수 없었다는 사실을 드러냈다. 신채호는 한국과 한민족의 실재를 현실주의적인 관점에서 역사적으로 고찰하고 성찰하였다. 중화체제 아래에서 표출하기 어려웠던 한국과 한민족의 주체적인 실존의 문제를 적시하고 역사 문제로 제기하였다. 그리하여 한국인, 한민족이 주체가 되는 역사, 한민족사를 한국사로 정립해야 한다고 강조하였다.

"한국에서는 국가 관념이 발달하지 못하여 국가를 황실이나 정부와 구별하지 못하고, 국가의 흥망에 대해 인민이 이에 무관심"[69]하기 때문이다.

신채호는 한국인의 국가 관념이 발달하지 못한 이유를 사대주의와 그로 인한 주체적 정치 사상의 결핍에서 찾았다. 그는 사대주의로 민족적 정체성이 사상되고 한국 사회의 정치와 문화가 가족주의, 사당주의, 전제주의로 전개되어 "정치 사상이 결핍"되었다고 하였다.[70] 주체적인 정치 사상이 없으니 정치가 이루어지는 국가와 국가의 작동 원리를 자주적으로 이해하지 못하였다. 그러니 관념도 없고 관심도 없어져서 결국 국가 관념이 발달하지 못했다고 하였다. 그래서 한국인들은 직접 부대끼며 생활하는 개인과 가족만 생각하고 개인과 가족이 모두 하나의 공동체적으로 생활하는 사회나 국가에 대해서는 있는지도 모를 정도로 관심이 없다고 하였다.

신채호는 다음과 같이 말하였다.

"今日 韓國人은 四千年 歷史를 有한 國으로서 아직 嬰兒의 狀態를 脫却하지 못하여 家族的 觀念은 有하되 民族的 觀念은 無하며 地方的 觀念은 有하되 國家的 觀念은 無하다."[71]

신채호는 한국이라는 국가는 사천 년의 역사를 지니고 있는데도 한국인들은 국가에 대한 인식과 관념이 미약하여 아직 어린애 같은 상태를 벗어나지 못하고 가족적인 관념만 갖고 있다고 지적하였다. 한국인들이 혈연적인 가족이나 자신이 살고 있는 지역에 대한 관념을 갖고 있는데도 그 공동체적 관념이 국가적 형태를 이루고 있는 광의의 공동체로서 국가를 인식하여 국가 공동체에 대한 관념으로 이어지지 못한 것을 안타까워하였다. 한국인들의 공동체에 대한 관념이 국가 공동체 구성원 전체를 하나의 공동체로 인식하는 민족에 대한 관념으로 발전되지 못했고 보았다.

어린애와 같이 공동체적인 인식이 직접적인 혈연적 가족 공동체에 대한 관념에 국한되어서는 국가를 지킬 수 없는 것이었다. 따라서 신채호는 한국인이 국가 관념을 가질 수 있도록 하고자 '우리'라는 공동체가 어떻게 국가를 이루어 살아왔고, 국가를 이룬 우리가 곧 역사적 문화적 공동체인 '민족'이고 바로 '국가'의 주체라는 사실을 인식시키고자 하였다. '우리 민족'이 주체이자 주인인 국가에 대한 인식을 높이고자 하였다. 이는 근대세계가 민족국가를 단위로 무한경쟁하는 제국주의 시대라는 사실을 간파한 신채호가 사회진화론의 관점에서 우승열패의 제국주의 경쟁에서 살아남기 위한 실질적인 방안을 모색한 것이었다. 한국인들이 주체적으로 '우리'라는 의식을 갖고 우리가 살고 있는 '우리 국가'를 지키기 위하여 일본제국주의에 대항해야 한다는 것이었다. 신채호는 한국인들이 근대적인 민족국가관을 갖고 이를 강화함으로써 자주적인 항일 민족독립운동을 활성화 할 수 있다고 보았던 것이다.

한국을 침략한 일본의 제국주의적 속성을 누구보다 일찍이 간파한 신채호는 그 대응책을 현실적이고 실질적으로 모색하였다. 신채호가 항일 민족독립운동에 참가한 것이 개인적인 차원에서의 실천 운동이었다고 한다면, 역사 연구를 통해 한국인들에게 공동체로서의 민족과 민족의 주체라는 주체적인 관념과 민족국가에 대한 인식을 깨닫게 하여 국가 주권을 회복할 수 있도록 노력한 것은 민족적인 차원에서 항일 민족독립운동을 실천한 것이라고 할 수 있다. 신채호는 한국인이 국가에 대한 인식이나 관념이 미약하여 마치 없는 것 같은 상황을 직시하고 그 원인을 역사적으로 원천적으로 고찰하였다. 그리고 이러한 상황을 그대로 방치하게 되면 '선진 문명'과 '근대'의 힘을 앞세운 제국주의 일본에 대하여 재래의 사대주의적인 의식을 지속하여 예속적이 될 수밖에 없다는 사실을 직시하였다. 그리하여 제국주의의 침략을 민족적으로 자각하지 못하고 식민지로 전락되어 민족이 말살하게 될 것을 염려하였다. 그렇게 되면 그가 말한 바 '정신상 국가'까지 망하여 없어지는 것이었다. 그러면 국가 주권을 회복할 수 있는 원천이자 동력을 잃게 될 것이었다. 애국심을 발휘할 수도, 국가 주권을 회복하기 위하여 민족주의를 분발할 수도 없게 될 것이었다. 따라서 신채호는 한국인의 국가에 대한 관념을 제국주의 국가의 근대 민족국가관과 같이 한민족이 주체적으로 인식하는 것을 중시하였다. 주체적인 민족의 역사 인식을 강화하여 국가의 주권을 회복하고 국가의 발달을 기하고자 하였다. 그는 다음과 같이 말하였다.

"韓國이 數百年來로 對外의 競爭이 無하므로 國家的 觀念이 甚微하여 或者는 皇室을 國家로 或者는 政府를 國家로 信하는 故로 國家에 대한 責任은 君主나 擔한 바며 官吏나 有한 바요, 一般 百姓에 至하여는 我의 過問할 바가 아닌 줄로 생각하니 人民의 國家 精神이 이와 같이 幼稚하므로 國家 發達을 望할 수 없다."[72]

신채호는 한국이 중화체제 하에서 수백 년 동안 외부의 적과 경쟁하지 않았기 때문에 국가적 관념이 극히 미미하다고 보았다. 그래서 혹자는 황실을 국가로 생각하고 혹자는 정부를 국가라고 믿어서 국가에 대한 책임은 군주나 국정을 담당한 관리에게나 있는 것이라고 생각한다는 것이다. 일반 백성들은 국가의 문제나 책임은 자신에게 물을 것이 아니라고 생각하니 인민의 국가 정신이 유치하다고 하였다. 이 때문에 국가의 발달을 기대하기 어렵다고 하였다.

현실을 제국주의 세계의 침략적 민족주의가 승리한 것이라고 본 신채호는 그에 대항하여 생존하기 위한 방법을 바로 그 민족주의에서 찾았다. 제국주의의 민족주의에 저항하는 피침략 민족의 저항적 민족주의를 통해서 국권을 회복해야 한다고 하였다. 그리고 신채호는 저항적 민족주의를 발휘할 수 있게 하는 방법을 무엇보다 먼저 국가 관념이 유치한 한국인들이 근대적인 민족국가에 대한 국가관을 가질 수 있도록 하는 것에서 찾았다. 한국인의 국가관을 발전시키기 위한 구체적인 방안은 서양 제국주의 근대 민족국가에서 찾은 것이었다.

신채호는 한국인들이 전통적인 사대주의로 인하여 가족주의와 사당주의, 전제주의가 발달한 반면에 국가관이 발달한 서양의 국민들은 입헌주의와 정치에 참여하는 참정에 대한 의식이 발달하여 국민주권 국가가 발달했다고 보았다.

"專制封建의 낡고 고루함이 사라지고 입헌공화의 복음이 두루 퍼져, 국가는 인민의 낙원이 되며, 인민은 국가의 주인이 되어 공자 맹자의 세상을 잘 살게 한다는 이념이 이에 실행되며 루소의 평등, 자유 정신이 이에 성공하였도다."[73]

신채호는 근대적인 국민주권 국가에 대한 관념이 발달하면 전제적이고 봉건적인 고루함은 사라지고 근대적인 입헌과 공화의 복음이 두루 퍼지게 된다고 하였다. 그러면 국가는 인민의 낙원이 되고, 인민은 국가의 주인이 된다고 하였다. 이것이 바로 공자와 맹자가 말한 태평성대한 세상이 되어 인민이 잘 살게 한다는 이념이 구현되는 것이라고 하였다. 이는 또한 루소가 말한 평등과 자유 정신이 성공하는 것이기도 하다고 하였다.

그러니 한국인도 사대주의적인 전제정치로 결핍되었던 '정치 사상'을 새로이 정립해야 한다는 것이었다. 시대에 걸맞은 새로운 정치 사상을 불러일으켜서 인민이 서양의 근대 민족국가의 국민과 같이 되어 국가 주권을 회복해야 한다고 하였다.

그는 다음과 같이 주장하였다.

"동포는 정치 사상을 불러일으키며, 정치 능력을 잘 길러서 독립적 국민의 천부적 재능을 펼치며, 입헌적 국민의 자격을 갖추어 국가의 명맥을 유지하면서 민족의 행복을 확장해야 한다."[74]

이와 같이 신채호가 국가 주권을 회복하는 방안을 모색하면서 국가에 대한 관념을 강조한 것은 당시 지식인들이 한국 인민과 입헌군주제에 대하여 갖고 있던 인식과 맥을 같이 하는 것이었다. 당시 지식인들은 국가를 가족 → 종족 → 민족 공동사회 → 국가로 확장되는 것으로 인식하였다. 이러한 국가관은 개인이 유기적으로 결합된 실체이면서 동시에 개인 위에 스스로 존재하는 법인체라고 인식하는 것이었다. 이와 같은 유기체적인 국가관은 한말 지식인들이 일반적으로 공유하던 것이었다. 이러한 국가유기체설은 원래 그것이 만들어진 곳에서 유통된 정치적 의미와는 무관하게 동아시아에서 선택적으로 채용되어 받아들여진 것이었다. 그것은 개체로서의 국민과 국가에 대한 의식을 강조함으로써 종래 그러한 의식이 상대적으로 결여되어 있던 동양 각국이 단합된 하나의 국민 의식을 고양하도록 하기 위한 것이었다. 그리하여 국가관을 강화하는 이데올로기적인 효용성을 갖는 것이었다.[75] 이러한 유기체적 국가관이 동양 각국이 국가의 주권을 확립하기 위한 국가적 단결이나 국가를 중심으로 한 경쟁의 필요를 역설하는 데 적극적으로 채용된 것은 서적을 통해서였다. 특히 한국 사회에서 유기체적 국가관이 확산된 것은 보호국화 이후 전격적으로 도입된 일본의 '국가학' 관련 서적들을 통해서였다.

한국 사회에서 처음에 수용된 근대 국가에 관한 국가학은 국가란 무엇이고 어떤 국가가 자주 독립 국가인지 고찰하여 한국이라는 국가를 진단하는 근거로 삼으려는 것이었다. 국권을 상실할 위기에 처한 국가가 자주 독립하기 위한 내실을 갖추어서 근대적인 국가가 될 수 있도록 처방하고 실천하는 데 참고하기 위한 것이었다. 이와 같이 '국가'에 대한 관심이 확산되기 시작한 직접적인 계기는 고종의 아관파천이었다. 종래 국가적 존재였던 국왕이 아관파천하자 국가에 대한 관심이 확산되었다. 국가에 관한 교과서가 편찬될 정도였다. 1906년에 나진(羅縉)과 김상연(金祥演)이 외국 도서를 번역하여 해설을 붙인(譯述) 『국가학』이 발간되었다. 이 책은 1896년 아관파천 이후 학부에서 번각하여 발행했던 한역 『공법회통』의 저자 요한 카

스퍼 블룬칠리(Johann Kaspar Bluntschli, 1808~1881)의 일본어 번역본을 중역(重譯)한 것이었다. 블룬칠리의 공법회통은 황제권 중심의 '대한국국제(大韓國國制)'를 만드는 데 사상적인 영향을 미친 것이었다. 그러한 블룬칠리의 서적은 또한 1907년과 1908년에 안종화(安鍾和)와 정인호(鄭寅琥)가 량치차오(梁啓超)의 중역(中譯)을 초고로 삼은 『국가학강령(國家學綱領)』과 『국가사상학(國家思想學)』으로도 출판되기도 했었다. 스위스 출신의 독일 법학자이자 정치가인 블룬칠리는 한말 근대적 개혁의 중요한 시기마다 한국에서 주목을 받으면서 큰 영향을 미쳤다.[76]

　블룬칠리의 저술이 한국에서 유통되어 한국인의 국가 의식에 영향을 미치게 된 것 또한 일본을 통해서였다. 블룬칠리의 국가 관련 도서들은 일본에서 메이지관료들이 새로운 메이지 국가의 체제를 정립하기 위하여 독일 국가학과 블룬칠리의 저서에 주목하면서 들어왔따. 블룬칠리의 도서는 국법론과 정당론, 국회론, 내셔널리티(nationality)론 등 다양한 주제로 번역되어서 광범위하게 일본에서 일본국가학을 정립하는 데 채용되었다. 이것이 일본의 영향 하에 있는 한국으로 유입되어 한국 지식인들에게 영향을 미쳤다. 당대 한국의 지식인들이 근대 국가를 인식하는 데 가장 큰 영향을 미쳤다고 할 수 있다. 그것은 일본의 메이지 관료들이 블룬칠리의 근대국가론과 국가유기체설에 입각한 절대군주제론을 메이지 천황제 일본 국가체제의 국가론으로 정립한 것이었다. 일본의 국가론은 블룬칠리의 국가론 중에서 자유주의적인 요소를 배제하고 전제주의적인 부분을 선택적으로 채용하여 재편된 것이었다. 이 일본의 국가론은 당시 일본과 같이 군주제를 유지하면서 근대적인 개혁을 통하여 국가 주권을 확립하고자 했던 한국 지식인들뿐만 아니라 양계초와 같은 중국 지식인들에게도 유용하게 받아들여져서 많은 영향을 미쳤다.

이러한 당시 국가론의 흐름과 신채호가 한국인들이 하나의 민족으로서 역사의 주체라고 인식해야 한다고 한 것에는 거리가 있었다. 신채호 역시 당대의 지식인들과 같이 사회진화론에 입각한 유기체적 국가론을 갖고 있었다. 그리고 그 연장선상에서 한국인들의 국가에 대한 관념을 강화하여 국가 주권을 회복하는 기초를 공고히 하고자 하였다. 이러한 점은 일본 국가론의 영향을 받은 당대 지식인 일반의 국가관이나 국가론의 흐름과 별 다름이 없는 것이었다. 그렇지만 신채호는 황제권의 강화는 물론이고 기득권 세력인 정치엘리트층이 아니라, 인민대중이 하나의 민족으로서 민족국가의 역사를 서술하는 주체가 되어야 한다고 강조하였다. 역사 서술의 주체가 민족이 되어야 한다는 것은 곧 국가의 주체가 민족이어야 한다는 것이었다. 다시 말해 국가의 주체이자 주인이 대한제국 황제나 기득권층이 아니라 한국인 일반이 되어야 한다고 하였다.

이 점에서 신채호의 역사 주체로서의 민족에 대한 인식은 블룬칠리 국가학의 전제주의적인 요소를 중심으로 채용한 일본 국가학을 수용하여 논의되던 당대의 한국 지식인 일반이 갖고 있던 국가관과는 달랐다. 당시 지식인들은 인민을 계몽의 대상으로만 상정하였다. 당시 지식인들이 근대적인 국가 개혁을 위한 정치체제 개혁론으로 주창했던 입헌군주제에서 인민은 아직 계몽의 대상일 뿐이었다. 아직 인민은 정치에 참여할만한 의식이나 교육 수준이 낮은 존재로 여겨졌다. 따라서 인민의 참정권을 논하기 위하여 그들을 계몽시키고 더 많은 교육을 받도록 해야 할 것이었다. 인민은 주체가 아니라 피동적인 교육의 대상으로 상정되었다.[77]

신채호 또한 인민 곧 국민 전체의 교육과 교육을 통한 실력의 중요성을 역설하였다.

"今日에 至하여는 一國의 興亡은 國民 全體 實力에 在하고, 一, 二 豪傑에 不在할뿐더러, 且 完全한 敎育이 無하면 眞正한 一國의 近世的 豪傑이 不現할지어늘."[78]

신채호는 예전에는 한두 명의 영웅호걸이 한 국가를 운영하고 국민은 그 지휘를 따르면 되었지만 이제는 한 국가의 흥망이 국민 전체의 실력에 달려 있다고 하였다. 따라서 국민이 완전한 교육을 받지 못하면 국가에서 근세적인 지도자도 나타날 수 없다고 하였다. 신채호는 근대 문명을 표방한 서양 제국주의의 아류라고 할 수 있는 일본에 의하여 국권이 침탈되는 위기를 직접 경험하면서 민족의 생존과 발전의 문제를 민족주의로 종합하여 인식하고 제기하였다. 이와 동시에 교육 특히 인민대중의 자국사에 대한 교육이 갖는 의미를 강조하였다. 신채호가 교육을 강조한 것은 국가가 흥하고 망하는 것이 국민 전체의 실력에 있다고 한 것과 같은 것이었다. 근대 민족국가의 국민으로서 한국인이 근대적인 지식과 의식을 지니고 민족주의를 발휘해야 한다는 논지로 전개되는 것이었다.

이것이 바로 신채호가 민족을 민족국가의 역사를 서술하는 주체로 상정한 이유였다고 할 수 있다. 여기서 한민족 곧 한국 인민은 단지 계몽의 대상에 그치는 피동적인 존재에 머무르는 것이 아니었다. 교육과 계몽을 통해 스스로 각성하여 자주적이고 독자적으로 정치에 참여할 수 있는 근대 민족국가의 민족 구성원으로서 거듭난 인민이 되는 것이었다. 그렇기 때문에 신채호는 민족이 주체가 되는 역사를 서술하는 것이 중요하다고 한 것이다. 민족이 주체가 되는 역사는 민족이, 민족을 구성하는 개개인으로서의 인민이, 국가의 주체라는 인식을 갖고 스스로 민족정신을 고취할 것이었다. 그리하여 현실적으로는 국권을 상실하여 형식상 국가가 망할지라도 정신상 국가를 보존하고 강화해서 실질적으로 다시 국가 주권을 찾을 것이었다. 인민 개개인이 하나의 공동체로서 민족이 역사적으로 성장 발전해 온 궤적을 통하여 민족적 자긍심을 갖게 될 것이었다. 그러면 민족의 생활공동체인 국가의 의미를 재인식하게 되고 이를 통해 국가를 지켜야 한다는 국가관을 갖게 된다는 것이었다. 그리하여 '우리 국가'라는 관념을 강하게 갖게 되어 애국심을 고양할 수 있다고 한 것이다.

이러한 과정은 먼저 인민에 대한 교육을 통해 이루어질 것이었다. 신채호는 전통적인 사대주의와 전제주의로 인해서 희박해진 한국인의 국가 관념을 근대 민족국가의 민족주의나 국가관 교육 특히 민족을 주체로 서술한 한국사 교육을 통해 강화하여서 국권을 회복하는 바탕을 형성해야 한다고 하였다. 피동적인 계몽과 교육의 대상으로 상정된 인민에게 역사는 역사의 주체인 나(我)가 아니라 그들(彼我, 지배 세력)의 역사일 뿐이었다. 그러한 역사로는 인민이 민족정신을 고양하거나 애국심을 발휘할만한 민족정신을 고양하기를 기대할 수 없을 것이었다. 민족이 스스로 민족정신을 고양하고 애국심을 발휘하여 다른 민족이 간섭할 수 없게 하는 민족주의를 공고히 해야 할 것이었다. 그러기 위해서는 인민이 주체가 되는 역사서, 역사에 대한 인식이 필요하였다. 이는 곧 민족과 민족국가의 독립을 완성할 수 있는 민족국가에 대한 관념을 갖게 하는 일이기도 하였다.

이와 같은 신채호의 역사에 대한 인식이, 민족을 단지 피동적인 존재가 아니라 능동적인 존재로서 역사의 주체가 되어 민족주의를 발휘하는 존재로 상정하게 하였다. 그리하여 민족이 주체가 되는 역사를 서술하는 기반이 되었다. 이러한 신채호의 인식은 당대의 사회진화론의 유기체적 국가관을 갖고 있으면서도 동시에 다른 한편으로 자유주의적 국민주권국가관을 지향했다고 할 수 있다. 신채호는 국민의 국가 관념이 발달한 서양에서는 국민의 주권인식이 발달했다고 하였다. 국민주권국가는 "인민의 낙원이 되고 인민은 국가의 주인이 되었다"라고 하였다. 이러한 국가가 동양의 공자·맹자의 정치 사상이 실현되고 서양의 루소의 평등과 자유 정신이 구현된 국가라고 하였다.

신채호가 이와 같이 국민이 주권을 가진 국가를 지향한 것에서 보이는 자유주의 세계에 대한 인식은 그의 현실 세계에 대한 인식과 맞물리는 것이었다.

"此世界는 自由主義의 世界라. 自由主義는 歐洲의 産物이라. 第一次 英國大革命이 凱歌를 奏하며 第二次 法國大革命이 大潮를 作하여 此로

以하여 美國이 獨立하며 此로 以하여 德國이 强大하며 此로 以하여 比利時가 自立하며 此로 以하여 伊太利가 統一하며 此로 以하여 歐洲 列邦이 福利를 博하며 此로 以하여 南美 諸國이 自主를 得한지라.

噫라, 當時 歐洲 天地에 獨步하던 神聖同盟도 水泡를 化作하고 自由空氣가 彌滿하여 自由主義를 向한 者는 存하며 自由主義를 順한 者는 强함이 此에 至하였도다."[79]

이렇게 신채호는 자유주의 세계를 설명하였다. 그는 자유주의가 서양의 산물이라고 하였다. 이에 따라 제1차로 영국대혁명이 승리하고 제2차로 프랑스대혁명이 큰 사조를 이루어서 미국이 독립했다고 하였다. 이는 다시 독일이 강대해지고 연이어서 벨기에가 자립하고 이탈리아가 통일하게 되는 기본 사조가 되었다고 하였다. 이러한 장기간에 걸친 자유주의의 역사적인 연속적 인과관계 속에서 서양 국가에 자유의 공기가 가득차게 되었다는 것이다. 그리하여 자유주의를 지향하고 자유주의를 따르는 국가가 강하게 되었다고 하였다.

신채호가 이와 같이 20세기 초 자유주의의 흐름을 인식한 것은 민족국가 단위로 제국주의 경쟁을 하고 있는 서양 각국이 그 내부에서는 각기 국가의 각 민족 구성원의 자유를 보호하여 국민이 그 민족국가의 국민으로서 민족주의를 강건히 했기 때문에 대외적으로 강한 힘을 가질 수 있게 되었다는 것이었다. 따라서 신채호가 민족을 역사의 주체로 상정하고 민족이 주체로 서술된 민족의 역사를 주창한 것도 그러한 자유주의 세계에 대한 인식과 맞물린 것이라고 할 수 있다.

신채호가 이렇게 민족을 역사 서술의 주체로서 각 민족 구성원이 국가의 주권을 갖고 행사할 수 있는 존재로 상정한 것은 당시로서는 혁명적인 것이었다. 신채호의 역사 주체로서의 민족에 대한 인식은 그의 국가관을 통해 알 수 있는 바와 같이, '절대독립론'의 입장에서 궁극적으로 국권을 회복하는 목적을 완수하는 것으로 나아가는 것이었다. 국권회복과 맞물린 민족주의 곧 독립을 실질적으로 완수하는 데 필수적인 주체로 민족을 상정하고, 민족 구성원들이 애국심을 발휘할 수 있는 추동력을 모색한 귀결이었다.

따라서 상호 충돌할 수 있는 신채호의 유기체적 국가 인식과 자유주의적 국민주권국가관은 민족을 주체로 하는 역사 서술을 통하여 대한민국의 국권 회복으로, 그리고 민족 독립 국가로 나가는 것이었다. 신채호에게 유기체적 국가 인식은 사대주의적인 전제주의로 회귀하는 것이 아니었다. 오히려 한반도를 근거로 한 한국 국민, 한민족의 역사적인 생존의 궤적과 그 과정에서 형성된 관습과 문화를 설명하고 거기에서 민족적 정체성과 민족정신의 실체와 의미를 논하는 것이었다. 그리하여 민족이 주체가 되어 대한국을 이룬 역사를 서술하는 것으로 연계되는 것이었다. 또한 신채호의 자유주의적 국민주권국가 인식은 인민이 민족정신을 고양하여 애국심을 떨쳐 일으킴으로써 민족주의를 완성하는 독립 국가를 목적으로 한 것이었다. 다시 말해 국가의 주권을 회복한 독립 민족국가의 인민인 민족이 자유와 권리를 누리는 국가의 상을 상정한 것이었다. 여기서 유기체적 국가관과 자유주의 국민주권국가관은 민족주의를 매개로 하여 민족정신을 정립한 근대적인 민족과 그 민족의 근대적인 국가 곧 근대 민족국가의 수립으로 수렴되는 것이었다. 그는 다음과 같이 말하였다.

"同胞는 政治 思想을 불러일으키며, 政治 能力을 잘 길러서 독립적인 국민의 천부적인 재능을 펼치며, 입헌적 국민의 자격을 갖추어 국가의 명맥을 유지하면서 민족의 행복을 확장하라."[80]

이는 바로 위에서 본 바와 같이 자유주의적인 국민주권론을 수용하고 있는 것을 잘 드러낸다. 신채호에게 있어서 국민주권의 의미는 국민이 민족주의로 국가에 대한 애국심을 고양하여 국권을 회복하는 기초이자 결과가 되는 것이었다. 바로 역사 주체로서의 민족이라고 하는 그의 민족과 민족주의 인식이 독립 민족국가의 자유주의적 국민주권론으로 결부되는 것이었다. 따라서 신채호에게 가장 중요한 것은 민족이 국민국가의 주체로서 애국심과 민족주의를 발휘하게 되는 것이라고 할 수 있다.

이러한 의미에서 신채호는 당시로서는 새로운 국민의 개념을 형성하였다고 할 수 있다. 바로 신채호가 말하는 바 '신국민'이었다. 신채호는 다음과 같이 20세기의 국민동포는 모두 새로운 국민이 되어야 한다고 역설하였다.

"國民同胞가 二十世紀 新國民이 되지 아니함이 不可하다 하는 바며, 今日 韓國人士 中에 何故로 政治家는 政治에 敗하며 實業家는 實業에 敗하며 其他 何種의 事業家든지 外人에게 必敗하느냐 하면 曰 新國民이 아닌 所以며, 何故로 國을 賣하는 者가 有하며 何故로 民을 賣하는

者가 有하냐 하면 新國民이 아닌 所以니, 故로 曰 國民同胞가 二十世紀 新國民 되지 아니함이 不可하다 하는 바라"("이십 세기 신국민")

신채호는 "自國固有의 長을 保하며 外來文明의 精을 採하여 一種 新國民을 養成할 만한 文化를 振興"("문화와 무력")해야 한다고 하였다. 신채호가 말하는 '신국민'이란 자기 국가가 역사적으로 오랫동안 가꾸어온 장점을 유지하면서 외래 문명의 정수를 채용하여 성장하는 국민을 의미하였다. 이러한 신국민은 국가 고유의 문화를 새롭게 발전시켜 진흥하고 또 그럼으로써 양성될 수 있다고 하였다.

또한 신채호가 말하는 '신국민'은 우리 동포가 "평등, 자유, 정의, 의용, 공공의 사상을 힘써서 발휘"하게 되는 것을 의미하였다. '신국민'이란 바로 신채호가 "우리 동포에게 바라는 것"[81]이었다. 신채호가 이상으로 하는 새로운 국민의 상이라고 할 수 있다. 신채호는 이상적인 국가를 공자와 맹자의 태평성대가 이루어지고 루소의 평등과 자유의 사상이 실현되는 국가, 그리하여 인민(국민)의 낙원이 되는 국가라고 하였다. 바로 그러한 이상적인 국가를 만들어서 사는 국민이 '신국민'이었다. 궁극적으로 신채호가 지향한 국민인 '신국민'은 역사의 주체로서 생활공동체인 국가를 이룬 민족이었다. 이 신국민은 국가에 대한 관념이 투철한 국민적 의식과 민족적 공공의식을 견고하게 갖춘 국민이었다. 그리하여 각 민족 구성원이 상호 자유롭고 평등하게 존중하면서 생활할 수 있는 근대 민족국가를 이룬 국민이었다.

이와 같이, 신채호가 역사의 중요성을 강조하면서 민족이 역사의 주체가 되어야 한다고 한 것은 궁극적으로 '신국민'으로 나가는 것이었다. 역사의 주체인 민족이 국가를 만들고 새로운 국민이 되면 국민은 각자의 자유와 평등을 누리며 존중하게 될 것이었다. 신채호는 자유에 대하여 "인격이 있는 까닭에 사람이라고 말할 수 있거늘, 자유를 잃은 자는 인경이 없어서 하나의 금수요, 하나의 목석이므로 이른바 형체 없는 죽음"이라고 하였다. 또한 평등에 대하여도 "인류는 평등하다. 강한 자도 사람이요, 약한 자도 사람이며, … 왕후 장상, 영웅, 성인도 사람이요, 나무꾼, 목동, 어리석은 남자, 어리석은 여자도 또한 사람이다. 인류는 인격이 평등하고, 인권이 평등하므로 불평등주의는 인류계의 악마요, 생물계의 죄인"이라고[82] 하였다. 이렇게 신채호는 국민 개개인의 자유와 평등이 실현되는 국가와 사회를 지향하였다.

제 2부

신채호의 근대적 주체 인식과 사회혁명론

제1장 들어가는 말
신채호와 전근대에서 근대로의 '혁명'

이 장에서는 앞 장에서 보았던 신채호의 역사 주체 인식과 민족주의에 대한 내용에 기초하여 신채호의 근대적 주체에 대한 인식과 사회혁명론을 고찰하고자 한다. 신채호는 역사 연구를 통하여 한국인들이 한반도에 터를 잡고 생활해 온 생활공동체라는 것을 인식시키고자 하였다. 한국인들이 역사적으로 국가를 구성하여 한반도를 지켜온 하나의 민족이라고 의식하고 인식해야 한다고 생각하였다. 그리하여 한민족이 한반도 역사의 주체로서 민족적 정체성을 깨닫고 자긍심을 가져야 한다고 생각하였다. 이는 궁극적으로 민족 구성원 각자가 서양 민족국가의 국민처럼 근대적인 주체 의식을 각성하게 하는 것이기도 하였다. 이러한 과정을 통하여 한국인들이 한민족으로 결집된 애국심을 발휘하는 민족주의를 발휘하게 되기를 바랐다. 이는 곧 전근대적인 한국 사회를 근대적으로 개혁하면서 독립 민족국가를 이루는 것이었다.

여기에서는 이러한 신채호의 역사 주체로서의 민족과 민족주의에 대한 인식이, 근대적 주체로서의 민족과 그것을 구성하는 개인에 대한 주체 인식과 직결된다는 점을 고찰하고자 한다. 신채호가 궁극적으로 각 민족 구성원이 근대적인 주체로 거듭난 근대적인 국가와 사회를 만들고자 했음을 보고자 한다. 그리하여 이 점에서 신채호의 사상이 당대로서는 혁명적이었다는 것을 드러내고자 한다.

19세기 말에서 20세기 초 한국 사회는 대내외적으로 근대적으로 전환을 하지 않을 수 없는 상황이었다. 종래 열등하게 보던 일본이 근대화하고 강제한 서양 근대 국제법 형태의 강화도조약을 체결하게 됨으로써 개항한 전근대 조선에서 조선왕조(朝鮮王朝)를 중심으로 정치 변동이 일기 시작한 것은 불가피한 일이었다. 근대적인 국제 체제에 편입되며 일기 시작한 정치 변동은 결국 근대화를 둘러싼 것이었고 이는 정치 변동과 직결된 사회 변동을 야기하면서 한국 사회의 근대적인 변화로 전개되었다. 전 사회적으로 근대적 전환에 대한 필요와 요구가 제기되기 시작한 것은 개국과 함께 확산된 국가 주권 상실의 위기의식을 반영하는 것이었다. 동시에 국가적 위기를 극복하기 위한 대응책을 모색하는 것이었다.

이러한 국권 상실 위기의 시기에 신채호는 한국인들의 근대적인 민족적 각성을 촉구하고 나아가 한국인의 근대적인 민족주의를 정립하여 독립 민족국가를 수립하기 위한 방안을 강구하였다. 이러한 신채호의 지향은 종래 애국계몽운동에서 전근대적이고 계몽되어야 할 피동적인 인민으로 상정되었던 국민을 근대적인 민족의식을 각성한 근대적인 민족이 되어서 민족주의를 발휘할 수 있도록 하는 것이었다. 또한 일본제국주의의 대한제국 '병합(倂合)'으로 식민지화된 '조선'의 한국인들이 민족공동체의식을 갖게 하는 것이었다. 항일 민족의식과 민족주의를 강고히 하여 반일반제국주의 독립운동을 전개하여 '근대적인 민족국가를 건설하는 정치혁명'을 이루게 하는 것이었다. 이는 한국인들이 '민족국가의 시민'이 되어 근대적인 사회를 형성하는 '사회혁명'을 이루는 것이기도 하였다. 이러한 의미에서 신채호는 근대주의자이자 혁명가였다고 할 수 있다. 이 장에서는 이렇게 신채호의 사상에 내포되어 있는 사회혁명론과 그 혁명 주체에 대한 인식을 살펴보고자 한다.

먼저, 여기서 말하는 혁명이 어떤 의미로 사용되는지 그리고 혁명이라는 관점에서 신채호를 보는 의미와 이유를 설명하고자 한다. '혁명(革命, revolution)'이란 말은 기존에 있던, 이제까지 국가 권력을 장악했던 지배계층에 대항하여 피지배계층이 기존 지배체제의 권력을 비합법적인 방법으로 탈취하여 정권을 교체하고 기존의 사회체제를 변혁하는 것을 의미한다. 이를 미국 정치학자 해럴드 드와이트 라스웰(Harold Dwight Lasswell, 1902~1978)은 정치혁명과 사회혁명으로 구분하였다. 권력 기구가 급격히 변화하는 것을 정치혁명이라고 하고, 이후 권력 기구를 통하여 이루어지는 실질적인 지배의 급격한 변화를 사회혁명이라고 하였다. 일반적으로 혁명이 발발하는 공통된 원인은 다음과 같다. 정치혁명이 발발하게 되는 또는 발발할 만한 사회적 변화가 점증하는 가운데 기존 체제가 그 변화를 수용할 만한 유연성을 발휘하지 못하는 경우이다. 이 경우 변화에 대한 요구가 고조되어 기성 체제에 대한 불만이 변혁 곧 혁명적인 요구로 분출된다.

　오늘날 우리가 살고 있는 근대 세계체제는 이와 같은 혁명을 거치며 이루어졌다. 이른바 암흑기라고 불리는 중세 이후 르네상스기를 거치면서 근대 국가체제가 형성된 역사적 과정에서 성공한 혁명이라고 불리는 4대 혁명이 있다. 이는 오늘날 민주주의의 가치와 이를 지향하는 근대 세계체제가 형성되는 데 큰 영향을 미쳤다. 1688년 영국의 명예혁명, 1775년 미국의 독립혁명, 1789년 프랑스대혁명, 1917년 러시아혁명이 그것이다. 혁명 과정에서 유혈(流血) 사태가 없었기 때문에 명명된 명예혁명(名譽혁명, Glorious Revolution)은 1685년 왕위에 오른 가톨릭 교도 제임스 2세의 가톨릭교 부활정책과 전제주의(專制主義)에 저항하여 영국의 자유와 권리 수호를 주창한 것이었다. '권리장전(權利章典)'이라는 '인권선언'을 이룬 혁명이었다. 이 혁명으로 의회의 권리가 수호됨으로써 의회가 왕위 계승까지 결정할 수 있게 되었다. 그 결과 영국의 절대주의가 종식되고 의회정치가 확립되는 바탕이 마련되었다. 이 명예혁명은 이후 미국 독립선언을 비롯하여 프랑스 인권선언에 영향을 미쳤다.

　미국 독립혁명(American Revolution)은 영국의 식민지였던 미국의 13개 주(州)가 영국의 가혹한 지배와 중상주의 정책에 저항하여 자유와 권리를 찾고자 영국에서의 분리와 독립을 목적으로 전쟁을 치르면서 달성한 것이었다. 1775년부터 1783년까지 미국의 13개 식민지 주가 초대 대통령 조지 워싱턴(George Washington, 1732~1799)을 중심으로 프랑스의 원조를 받아 '대영제국'에서 독립하여 오늘날 미국이라는 독립 국가를 수립하였다. 미국이 독립전쟁을 치르는 동안 영국 국왕을 지지하던 사람들이 추방되어 영국, 캐나다, 서인도제도 등지로 도피하였다. 또한 미국 북부의 여러 주에서 노예가 해방되고, 장자상속제와 같은 봉건적 잔재가 폐지되고 신앙의 자유가 인정되었다. 독립혁명군은 공화제(共和制)를 실시하여 자유롭고 평등한 사회혁명을 실현하였다. 미국의 독립혁명은 프랑스혁명과 함께 2대 민주주의 혁명으로 불린다.

근대 시민혁명의 전형으로 여겨지는 프랑스혁명은 기타 혁명들과 구분하기 위하여 프랑스대혁명이라고도 한다. 프랑스대혁명을 시민혁명이라고 할 때, 그것은 경제적인 계급적 의미에서 부르주아의 혁명이라는 의미에 국한되지 않는다. 프랑스혁명의 이념으로 제창된 자유·평등·박애를 외치며 전 국민이 자유로운 개인으로서 주권을 확립하기 위하여 평등한 자유와 권리를 요구하면서 일어선 혁명이라는 넓은 의미를 포함한다.

왕권신수설을 주장하던 프랑스 전제왕권에 반대하여 일어난 프랑스혁명은 이념적으로 계몽주의와 백과전서파 특히 루소(Jean Jacques Rousseau, 1712~1778)의 사회계약설과 인민주권론이 이론적 배경이 되었다. 사회계약설은 왕권은 신에서 주어진 것으로 왕은 신에게만 책임을 지고 인민은 왕에게 절대 복종해야 한다는 절대주의 국가의 왕권신수설(王權神授說, divine right of kings)과 정반대되는 이론이다. 사회계약설은 토마스 홉스(Thomas Hobbes, 1588~1679)가 『리바이어던』(Leviathan, 1651)에서 최초로 주장하였다. 사회계약설은 왕이란 자리는 국가나 사회가 안정적으로 운영되고 번영하기 위하여 인민들이 계약하듯이 옹립해 준 것이라는 왕권민수설(王權民授說)로,

그리고 다시 존 로크(John Locke, 1632~1704)와 루소에 의하여 민주주의로 발전되었다.

프랑스혁명은 내부적으로 연이어 즉위한 무능력한 왕과 사치와 권력 유지에 급급한 귀족이 행세하는 구체제의 모순을 뿌리 뽑았다. 한편 외부적으로는 나폴레옹전쟁을 통해 주변 국가들에도 큰 영향을 미쳐서 19세기 이후 각국에서 시민혁명이 촉발되는 결과를 낳았다. 그 결과 근대 민주주의 공화정이 확립되는 역사적 바탕이 되었다.

이상의 혁명은 인류의 역사에서 산업혁명과 자본주의 발달이라는 경제적인 변화를 배경으로 하여 구체제에는 없었던 새롭게 등장한 자본가들이 구체제의 한계를 깨닫고 보편적인 인민의 권리와 자유를 찾고자 한 자유민주주의 혁명이었다. 이에 반해 러시아혁명(Russian Revolution)은 마찬가지로 자유주의 경제 발전을 배경으로 한 것이었지만 자유주의 경제 발전으로 인한 문제와 정치·사회적 모순을 지적하고 비판하면서 이의 변혁을 통해 경제적 약자를 포함한 보편적인 인민의 권리와 자유를 찾고자 한 공산주의 혁명이었다.

1917년 11월(러시아 구력 10월)에 러시아에서 발생한 프롤레타리아혁명은 1905년의 제1차 러시아혁명과 1917년의 3월혁명(러시아 구력 2월)을 포함한 정치변혁 혁명이었다. 러시아혁명이라고 할 때 일반적으로는 그 귀결인 1917년 혁명을 말한다. 제1차 세계대전의 장기화로 제정(帝政) 러시아의 여러 가지 모순이 표면화되어 제정이 붕괴되고 부르주아 민주주의 혁명이 일어나 임시정부가 수립되었다. 그러나 임시정부도 전쟁을 속행하였다. 이에 대하여 '빵과 평화'를 요구하면서 레닌이 이끄는 볼셰비키가 공산주의 혁명을 일으켰다. 세력을 확장한 볼셰비키는 무장 봉기로 임시정부를 무너뜨리고 소비에트가 집권하는 역사상 최초의 공산주의 정권을 수립하였다. 전제주의 왕권을 무너뜨리고 세계 최초로 공산(共産)과 평등(平等)을 추구하는 공산주의 국가가 등장한 것이었다.

볼셰비키 정부는 자본주의적 근대화의 선봉에 선 서양 선진국들이 발전을 지속하기 위하여 대외적으로 팽창하면서 제국주의(帝國主義, Imperialism)전쟁인 제1차 세계대전에 이르게 된 때에 반자본주의 이념인 마르크스-레닌주의를 표방하여 혁명을 성공시켰다. 그리고 반제국주의·반전(反戰)·평화를 제창하면서 식민지·약소민족의 해방과 공산주의 프롤레타리아 세계혁명을 주창하였다. 러시아혁명은 제1차 세계대전을 통해 각성되기 시작한 제국주의의 피정복 식민지·약소민족의 민족 자결 의식과 민족운동의 고양에 큰 영향을 미쳤다. 한편으로 러시아혁명은 윌슨의 민족자결 선언과 제1차 세계대전의 종전을 촉진하였다. 이후 20세기의 역사는 자유민주주의와 공산주의라는 양 극단의 두 정치 이념에 기초한 냉전체제로 전개되었다.

이와 같은 4대 혁명을 통해 근세의 절대주의 왕정에서 의회가 발달하게 되었다. 또한 상업을 중심으로 한 경제적 변화를 바탕으로 일반 민중에서 새로운 사회 세력으로 등장한 브루주아지가 의회로 진출하게 되면서 근대 시민민주주의가 발전하였다. 이렇게 근대 국민/민족국가가 성립되는 과정에서 큰 영향을 미친 4대 혁명을 비롯한 혁명의 성격을 크레인 브린튼(Clarence Crane Brinton, 1898~1968)은 『혁명의 해부』(The Anatomy of Revolution, 1938)에서 다음과 같이 설명하였다. "혁명은 심각한 경제적 위기로 인한 대중의 불만이 고조되는 것을 비롯하여 정부의 재정 적자와 세금에 대한 불만, 특혜, 행정상 분규와 혼란, 지식인의 이반과 지배계급의 상실감, 사회적 대립의 격화 등으로 봉기되어 기존 정치체제를 전복시키고 새로운 계층이나 계급이 집권하는 정치혁명으로 전개된다. 또한 일반적으로 혁명이 일어나는 원인은 공통적이다. 혁명이 발발한 원인을 보면 공통적으로 혁명 발발 전후에 정치혁명이 발발했거나 또는 정치혁명이 발발할 만한 사회적 변화와 변혁이 동반되었다.

정치혁명을 전후로 한 사회적 변화는 내부적인 요인도 있지만 외부의 변화에서 자극을 받아 상대적이고 비교적인 관점에서 자신이 속한 사회생활의 조건과 공동체의 운영에 대해서 대자적으로 자각하게 되는 개인의 주체적인 인식에서 비롯된다고 할 수 있다. 이른바 '4대 혁명'이라고 하여 근대 국가가 성립되는 과정에서 가장 큰 영향을 미친 혁명을 말하는 이유도 바로 거기에 있다. 4대 혁명은 같은 시기에 상호관계 속에서 일어난 것이 아니었다. 중세에서 근대로 경제적 변화와 정치적 변화가 일어나면서 체제 변화가 요구되던 변화상과 맞물려서 전개되었다. 그리하여 오늘날 근대라고 하는 세계체제가 형성되는 데 핵심이 된 주체적인 개인[시민, 브루주아지(Bourgeoisie)]와 민족, 민족국가가 인간 중심의 대자적인 관점에서 정립되어간 역사적 과정을 상징하게 되었다.

4대 혁명은 중세에서 근대로의 변화, 다시 말해 전근대적인 세계체제가 근대적인 세계체제로 바뀌는 과정에서 근대 세계체제가 형성되는 데 핵심이 된 정치·사회적 변화를 추동한 역사적 사건들이다.

전근대에서 근대로의 전환이 단지 산업혁명과 같은 경제적인 측면의 변화를 통해서만 이루어진 것이 아니라, 사회적·정치적 변화들 또한 추동되어 그것이 기존의 전근대 지배체제와 위계적 신분제를 전복되게 한 혁명적인 것이었다. 무엇보다 4대 혁명이 근대혁명이 된 것은 이를 통해 전근대 시기에 지배의 대상이자 익명의 존재에 불과했던 인민·대중 개개인이 경제와 사회 및 국가와 역사의 주체가 되었다는 사실에 근거한다.

그런데 한국 사회에서 전근대에서 근대로의 변화는 서양의 4대 혁명에서 볼 수 있는 것과 같은 혁명이나 혁명적인 사건을 통하여 이루어지지 않았다. 한국 사회는 무엇보다도 강화도조약이라는 강제적인 문호 개방이 이루어질 때까지 전근대적인 동아시아의 전통적인 국제 질서(중화체제)에 안주하고 있었다. 따라서 서양 사회에서 정치혁명을 추동한 시발점이 된 산업혁명에서 비롯된 자본주의적 산업 발달을 통한 시민의 등장이나 그들이 이끌어낸 경제적 변화 같은 것은 찾아보기 어렵다. 따라서 서양 사회의 근대적 변화를 실질적으로 이끌어낸 시민(브루주아지)와 같이 경제적 조건의 변화를 활용하여 경제력을 축적하고 그 경제력을 바탕으로 사회적 발언권을 확보하고자 참정권을 추구했던 신흥 사회경제 세력도 대두했다고 보기 어렵다.

이러한 가운데 자본주의적 발전을 지속하는 데 필요한 새로운 시장과 값싼 원료 및 노동력을 찾아서 대외적 팽창을 촉구한 서양 자본주의 선진국들의 제국주의적 팽창이 동아시아로까지 이루어지기 시작하였다. 이른바 서세동진(西勢東進)하여 서세동점(西勢東漸)이 이루어지던 시기에 동아시아 중화체제(中華體制)의 종주국인 중국은 통상을 요구하면서 문호 개방을 촉구한 영국에 저항하였다. 그 결과 중국은 아편전쟁에서 패전하였다. 결국 중국은 서양의 근대적인 무력에 의해 문호를 개방하면서 서양 제국주의 열강의 반식민지 상태에 이르게 되었다.

중국이 듣도 보도 못한, 동양인과는 전혀 다르게 생긴 서양인들의 국가에 패전하였다는 사실은 중화 질서와 중화주의 세계에 큰 충격이 아닐 수 없는 대사건이다. 그럼에도 불구하고 전근대 국가인 조선은 자본주의 선진국들에 의하여 자본주의의 세계화가 전개되고 있던 국제 정세에 대하여 문외한이었던 한계를 자각하지 못하였다. 오히려 쇄국정책을 더욱 고수하여 중국과 같은 국난을 면하고자 하였다. 이에 반해서 일본은 아편전쟁에서 패배한 중국과 국제 정세의 현황 및 변화에 촉각을 곤두세우며 상황을 파악하고 대책을 마련하기 위해 분주하였다. 중국은 서양 세력에 패전했지만 식민지화 된 것은 아니었다. 조선왕조는 중국에 문안사를 보내어 위로하였다. 변함없이 기존 중화체제에 안주하였다.

결국, 조선은 아편전쟁에서 중국이 패한 사실을 충격적으로 받아들여서 '병학(兵學)'에 대한 관심이 고조되며 스스로 문호를 개방하고 서양과 같은 근대화를 추진한 일본에 의하여 문호를 개방하게 되었다. 일본은 중국이나 일본이 결국은 서양의 근대적인 무력에 굴복하여 문호를 개방하게 된 것과 같은 방식으로 조선의 문호를 열었다. 근대적인 무력을 앞세운 운요호사건을 일으켜 조선왕조가 통상 조약을 체결하여 문호를 열게 하였다. 일본은 중국을 무릎 꿇게 한 서양 근대 선진 자본주의 국가들의 위력에 큰 충격을 받았다. 근대

문물의 위력은 동양의 패권국이었던 중국을 서양의 국제법(萬國公法)에 따라 자본주의적 근대 세계체제로 편입시켰다. 이러한 중국의 문호 개방을 일본은 타산지석(他山之石)으로 삼았다. 무엇보다 일본은 동양과는 다른 서양의 근대적인 무력을 비롯한 '근대'문물의 새로운 위력에 놀랐다. 중국이 패할 정도라면 일본이 서양 근대 국가와 대립해서는 절대로 승산이 없다고 보았다. 그리하여 미국 함선의 통상 요구에 저항하여 무력적 충돌이 발발하지 않도록 스스로 문호를 개방하고 근대화를 위한 혁명(明治維新, 메이지유신)을 자주적으로 추진하였다.

    메이지유신에 성공한 일본은 러시아가 쓰시마(對馬島)를 점거하자 이를 계기로 강화도사건을 일으키고 조선을 일본의 영향력 아래에 두었다. 일본은 러시아의 쓰시마 점거가 서양 러시아의 동양 조선 침략행위로서 일본까지 위태롭게 한다고 비난하였다. 동아시아의 질서 유지를 표방하면서 반도 조선의 독립 수호를 주창하였다. 메이지유신으로 근대화를 이루고 있던 선진 일본이 후진 조선을 서양 열강의 침략으로부터 지켜주어서 동아시아의 질서를 유지하겠다는 것이었다. 이렇게 일본은 러시아의 쓰시마 점거를 동아시아로 진출하는 서양 열강을 견제하면서 반도 조선에 대한 영향력을 확보하는 기회로 포착하였다. 그리하여 동아시아 질서 유지를 위한 조선 문제의 해결을 외교적인 대외적 명분으로 삼았다. 이는 일본이 부동항을 찾는 러시아의 동진을 막고 반도 조선에 대한 영향력을 강화하려는 정치적인 대의명분이었다. '동아시아의 질서 유지'를 명분으로 '조선과의 친밀한 관계'를 내세우며 서양 열강보다 앞서서 조선의 문호를 개방하여 조선을 일본의 영향력 아래에 두었다. 이는 근대화혁명에 성공하여 근대화를 추진하고 있던 일본이 국가 이익의 확보 차원에서 서양 열강의 조선 진출을 견제하고 북진하기 위하여 조선의 이권을 선점한 것이었다.

일본이 전통적으로 섬나라의 한계를 극복하고자 인근 반도 국가인 조선을 호시탐탐 노리며 침략한 사실은 역사적으로 잘 알려져 있다. 서세동점으로 인한 동아시아의 문호 개방은 자본주의가 발달한 선진 근대 국가들이 일 민족 일 국가체제를 갖추고 지속적으로 성장하기 위하여 대외적으로 시장을 개척하면서 팽창하는 제국주의 시대가 동아시아에서도 시작된 것이었다. 일본은 서세동점한 서양 제국주의에 필적하기 위한 근대화 혁명을 이루었다. 그리고 청일전쟁 이후 삼국간섭과 같은 제2의 국제적 굴욕을 더는 당하지 않고자 서양 제국주의 국가들의 동진을 견제하였다. 그들과 같은 제국주의 국가가 되고자 하였다. 그러자면 과잉 인구와 빈약한 자원을 가진 섬나라의 한계를 극복하기 위한 돌파구가 필요하였다. 인근 반도 조선을 통하여 대륙으로 진출하는 것이 일본에는 필수적이었다. 조선반도를 점유하는 것은 근대화를 추진한 일본의 국가적 발전에 필연적이었다.

근대 일본 국가의 시작이라고 불리는 메이지유신 이후 일본은 제국주의 서양 국가들처럼 부강해지는 것을 목적으로 하였다. 무력에 문호를 개방해야 했던 굴욕을 다시는 되풀이하지 않는 강대한 선진 근대 국가를 지향하였다. 그리하여 메이지 국가체제를 정비하면서 국가 이익의 관점에서 섬나라의 한계를 극복하기 위한 대륙 진출을 국책으로 삼았다. 반도 조선은 일본이 대륙으로 진출하는 데 필수적인 통로가 되었다. 그러므로 반도 조선에 대한 국가적 관심이 그 어느 때보다 고조되었다. 일본은 일본이 발전하기 위해서는 반도 조선을 획득해야 한다는 제국주의적 침략 욕망을 더는 굳이 감추지 않았다. 일본은 사실 일본과는 관계없는 러시아의 쓰시마 점거를 '조선 문제'라고 하면서 자국의 이익과 직결시켜서 굳이 문제의 해결을 자임하였다. 본격적으로 조선에 대한 제국주의적 욕망을 표출하기 시작하였다. 이 조선 문제의 해결이 강화도조약으로 조선을 일본의 영향력 아래에 두고, 이후 정한론으로, 그리고 한일병합(倂合)으로 이어졌다. 일본이 자임한 조선문제의 해결은 조선을 식민지로 삼는 것으로 귀결되었다.

결국 일본은 전통적인 동아시아의 중화체제 내부에서 중화체제를 무너뜨리면서 조선을 식민지화함으로써 제국주의 국가가 되는 데 성공하였다. 중화체제의 종주국이었던 중국의 패전을 반면교사(反面敎師)로 삼아서 메이지유신이라는 근대화 혁명을 일으키고 서양 근대 선진 국가들과 같은 근대화 국가가 되었다. 조선은 그러한 일본과는 대조적이었다. 일본이 중국의 아편전쟁 패전을 타산지석으로 삼아서 적극적으로 서양 근대 문물을 탐구하면서 자주적으로 근대적인 혁명을 이루고 근대화를 추진한 반면에, 조선은 아편전쟁에서 패한 중국에 문안사를 보내는 데 그쳤다. 즉 국제 정세의 변화에 무관심하였다. 조선은 중화체제 속에 안주하였다. 조선왕조는 선진 자본주의 국가가 동진하면서 시장을 개척하기 위하여 행한 근대적인 무력의 위세를 직·간접적으로 경험했는데도, 중화체제의 종주국인 중국이 서양 근대 국가에 패전하는 것을 보면서도, 그에 적극적으로 대처하기보다는 쇄국을 고수하면서 기존의 지배 질서에 안주하였다. 그 결과 같은 동양 국가인 일본의 식민지로 전락하였다.

일본에 의하여 문호를 개방하게 된 강화도조약은 일본이 조선과 전근대적인 교린(交隣)관계를 청산하고 근대적인 국제관계를 수립한 것이었다. 한국이 처음으로 맺은 '근대적'인 조약이었다. 한국이 서양 근대 국제법 체제에 편입되어 제국주의 질서로 한 발 내딛게 된 것이었다. 1876년의 개항은 서양 근대 자본주의 국가와 직접적으로 수교, 통상한 것은 아니었지만 일본을 매개로 자본주의 세계에 문호를 개방하게 된 것이었다. 개국은 현실이었다. 국제법을 앞세운 일본의 조선 개국은 서양적 근대 국제법 질서와 체제, 그리고 그것을 뒷받침하는 서양적 근대 국가체제의 수용을 강제하는 것이었다. 새로운 국제질서의 수용은 반드시 이와 연동된 국내 체제, 정치질서의 변화를 상정하는 것이었다. 따라서 개항 이후 식민지화되기까지 기존 정치 지배체제의 변동을 원하지 않는 기득권층에게 변화를 촉구하는 정치·사회적 요구와 저항이 본격화되었다.

강화도조약의 체결 이후 조선의 국가와 사회는 일본의 직접적인 영향력 아래에서 정치적·사회적으로 근대화를 추진하게 되었다. 그러나 조선인들이 자주적으로 근대화하려한 노력은 1910년 일본에 의하여 '병합'됨으로써 좌절되고 말았다. 그리하여 일본의 식민 지배 아래에서 식민 모국 일본의 국가적 발전에 종속된 형태로, 일본의 국가적 필요에 부응하는 형태로 식민지 조선 사회의 식민지적 근대화가 이루어지게 되었다.

따라서 식민지화에 저항한 민족독립운동은 기본적으로 현실의 지배 세력인 일본제국주의 지배 세력과 국가체제를 전복하여 식민지 국가의 독립과 새로운 독립 민족국가의 건설을 목적으로 하는 정치혁명이 되었다. 정치혁명이 된 민족독립운동은 전근대적인 조선국가로 회귀하는 것이 아니었다. 개항 이후 사회적으로 확산되고 있던 서양 열강이나 일본과 같이 근대화된 국가, 근대적인 민족 독립 국가를 지향하는 것이었다. 전근대적인 전제 왕정과 신분제에서 벗어나 근대적인 민권이 보장된 국가, 인민 개개인이 주체가 되어 정치에 참여할 수 있는 국가, 독립 민족국가를 지향하였다. 항일 민족독립운동이 정치혁명인 것은, 근대적인 대한(大韓)의 민족국가 건설을 지향했기 때문이었다. 결과적으로 20세기 초 전근대적이었던 피식민 사회의 민족독립운동은 제국주의에 대한 정치혁명인 동시에 근대적인 독립 민족국가를 건설하기 위한 근대적인 시민운동과 같은 사회혁명적 성격까지 내포한 혁명이었다고 할 수 있다.

이러한 관점에서 이 장에서는 앞 장에서 본 신채호의 역사 주체 인식과 민족주의가 근대적인 주체 인식과 사회혁명으로 전개된 내용을 고찰하고자 한다. 신채호의 역사 주체로서의 민족과 민족주의에 대한 인식은 1910년 병합을 전후로 하여 그리고 1919년 3·1운동을 또 하나의 전환점으로 하여 민족을 구성하는 각 민족 구성원을 하나의 근대적인 주체로 인식하는 발전 과정을 거쳤다고 할 수 있다. 그리고 이와 병행하여 근대적인 주체로서의 민중/민족이 독립 민족국가 건설을 통하여 개개인이 자유롭고 평등한 근대적인 사회를 만들기 위한 총체적인 정치·사회 혁명을 지향했다고 할 수 있다.

제2장
1910년 한국병합 이전 신채호의 궤적에 드러난 근대적 개혁의식

제1절 성균관 박사의 장래를 포기한 신채호의 근대적 개혁 의지

1880년 11월 충청남도의 가난한 선비 집안에서 태어난 신채호는 18세에 문중 어른인 신기선의 주선으로 서울로 상경하여 성균관에 입교하였다. 할아버지인 신성우와 스승인 신승구의 주선으로 소개 받은 양원(陽園) 신기선은 조선 말기의 학자이자 문신이었다. 1877년에 대과 별시에 급제하여 승문원 부정자로 관직 생활을 시작한 이래 1878년 사간원 정언, 1879년 홍문관 부교리, 1881년 시강원 문학 등을 지내다 1882년 통리기무아문주사를 거쳐 다시 시강원 문학이 되어 기무처(機務處)에서 국정을 논하던 인물이었다. 관제 개혁 때 통리내무아문 참의가 되어 개화당 인물들과 가까이 지내다가 1884년 갑신정변 때 개화당 내각의 이조판서 겸 홍문관 제학으로 참여하였다. 갑신정변이 실패하고 1886년 전라도 여도(呂島)에 유배되었지만 1894

년 갑오경장으로 풀려나 호조참판을 거쳐 김홍집 내각(金弘集 內閣)의 공무대신이 되었다. 1895년 군부대신에 임명되면서 육군 부장(陸軍 副將)이 되었다. 1896년 항일 의병전이 치열하게 전개되자 남로선유사(南路宣諭使)가 되어 지방에 내려가 선유 활동을 하였고 1897년 다시 중추원 부의장을 지냈다. 1898년 법부대신이 되었을 때 나륙법(拏戮法)과 대역참형(大逆斬刑)을 복구하려다 독립협회에서 맹렬한 비난을 받고 고발·탄핵되어 면직되었다. 다시 1899년 학부대신에 임명되어서는 단발과 양복 착용, 국문과 태양력 사용, 청나라에 대한 조공 폐지 등에 반대하다 독립협회에서 공격을 받고 얼마 뒤 사직하였다. 그러나 이후에도 1900년 궁내부 특진관·중추원 의장, 1901년 비서원경(秘書院卿)·법부 대신·의정부 찬정(議政府 贊政), 1902년 군부대신 등을 관직을 역임하였다. 1903년에 철도원 총재가 되었고 1904년 보안회 회장이 되어 항일운동을 전개하다 일본 경찰에 붙잡히기도 하였다. 1905년 함경도 관찰사, 1906년 홍문관 학사, 1907년 장례원경(掌禮院卿)·수학원장(修學院長) 등을 지냈다. 1907년 민병석(閔丙奭)·이용직(李容稙) 등과 유도(儒道)로 체(體)를 삼고 신학문으로 용(用)을 삼아 신·구 사상(新舊 思想)의 합일을 목적으로 한다는 대동학회(大東學會)를 창립하여 회장이 되었다. 대동학회는 이완용(李完用)과 조중응(趙重應)이 유림계를 친일화하려는 일본제국주의의 의도에 따라서 이토(伊藤博文) 통감에서 자금 2만 원을 받아 신기선(申箕善) 등을 내세워 출범한 것이었다.

이와 같이 신기선은 개항 이후 일본이 조선에 대한 영향력을 급속히 확대하고 있는 상황에서 개항을 전환점으로 하여 기존의 질서를 고수하려는 수구파와, 문호를 적극적으로 개방하여 일본의 메이지유신과 같이 개국의 방향을 근대화로 잡고 전근대적인 기존 체제를 근대적으로 개혁하려는 개화파가 갈등하던 때 한말 수구파의 거물 대신이었다. 이러한 신기선을 소개받은 신채호는 그의 집에 있던 다양한 서적을 접했고 그의 눈에 들어 성균관에 입교하였다.

당시 성균관은 과거 제도가 폐지되고 최고 학부로서의 교육 기능이 박탈되었다가 제기된 새로운 교육기관 특히 관학(官學) 체계를 담보할 근대적인 최고 학부의 필요에 의해 복설되었다. 내각이 1895년 7월 '성균관관제' 칙령 제136호로 성균관을 근대적인 최고 학부 교육기관으로 복설하였다. 학부대신 이완용의 이름으로 학부령 제2호 '성균관 경학과 규칙'이 반포되었다. 당시 정부는 성균관을 급변하던 시대적 추세에 발맞추어 명실공히 근대적인 최고의 학부로서 서양의 '대학교'와 같이 개혁하여 복원하고자 하였다.[83]

1896년 2월 아관파천으로 갑오개혁이 중단되고 1년 뒤에 고종은 대한제국(大韓帝國)을 선포하였다. 고종은 황제에 즉위하였다. 고종황제가 '구본신참(舊本新參)'의 개혁 방향을 밝히며 추진된 광무개혁은 인재를 양성하기 위하여 복설한 성균관의 기능을 강화하였다. 1896년 6월 학부대신 신기선은 '흥학장정'을 전국에 내려서 우수한 인물을 전국적으로 뽑아 성균관에 들이겠다고 공고하였다. 이에 따라서 성균관 관제와 성균관 경학과 규칙이 개정되었다. 개정된 성균관 관제는 갑오개혁으로 위상이 약화되어 겸임직으로 되어 있던 성균관 관장을 전임직으로 바꾸었다. 성균관이 학문 진흥의 성스러운 직무에 충실하도록("尊聖興學의 責을 傳任") 하였다. 성균관의 위상이 강화되었다. 개정된 성균관 경학과 규칙은 성균관의 경학과 졸업생에 대한 관직 진출을 명문화하였다. 성균관 경학과를 우등으로 졸업하면(年終試驗計劃 及第) 관직에 등용될 수 있게 하였다. 어떤 학교에도 부여되지 않은 특권이 성균관에만 부여되었다. 그리고 1898년 5월 26일 칙령으로 성균관 관제를 다시 개정하여 성균관에 박사 제도가 신설되었다. 박사제도는 경학 유생을 선발하여 그들 가운데 3인을 판임의 직위인 박사에 임명하는 것이었다. 성균관의 박사 제도는, 정부 각 부처가 관직 진출을 보장받은 성균관 우등 졸업생에게 주어진 특혜를 탐탁하지 않게 여기는 분위기 속에서 만들어졌다. 1899년 3월에는 전국 유생을 상대로 경의문대 최종 합격자에게 판임 박사를 제수하는 성균관 관제가 개정되어, 1899년 2월의 학부 훈령 및 1899년의 흥학장정이 다시 포고되었다. 그리고 1899년 4월 27일의 '학교 교육 진흥·상공 교육 개설에 관한 건'과 '유교를 숭상하고 성균관 관제를 개정하는 건', 두 조령(詔令)이 반포되었다. 이러한 과정을 거쳐서 한말의 성균관은 명실공히 인재 양성과 사회 질서를 유지하기 위한 국가의 핵심 기관이 되었다.[84]

이러한 성균관에 신채호는 학부대신 신기선의 추천으로 입교하였다. 신채호가 성균관에 입교한 1898년 서울에서는 독립협회와 만민공동회의 자주 민권 자강운동이 한창이었다. 1898년에 들어서는 대한제국에 대한 러시아의 속국화정책이 본격화되었고 이에 편승하여 열강의 이권 침탈 경쟁이 격화되었다. 일본은 1895년에 약속한 경부철도 부설권의 인준을 공식적으로 요구하면서 무력시위를 벌였다. 미국·영국·프랑스 등도 조선의 이권을 얻고자 호시탐탐 기회를 보고 있었다. 대한제국 내부에서는 친러시아 수구파 내각이 수립되어 그러한 열강의 경쟁에 야합하고 있었다. 이에 서재필(徐載弼)·윤치호(尹致昊) 등 독립협회 간부들이 기존의 계몽운동을 정치운동으로 전환하기로 결정하였다. 그들은 1898년 2월 21일에 구국(救國) 정치운동을 선언하였다. 독립협회는 외국의 군사권과 재정권 간섭을 규탄하였다. 그들은 완전한 자주독립과 입헌정치를 주장하면서 탐관오리(貪官汚吏) 제거와 대대적인 내정개혁을 요구하였다.

독립협회는 같은 해 1898년 3월 10일 종로에서 만민공동회를 개최하였다. 만민공동회는 국민의 힘으로 제정 러시아의 침략정책을 배제하고 자주 독립을 공고히 하려는 것이었다. 만민공동회에는 서울 인구 1만여 명이 자발적으로 운집하여 러시아의 침략정책을 규탄하였다. 만민공동회에 참가한 민중은 러시아의 군사교관과 재정 고문 철환을 공동회의의 의사로 결의하였다. 3월 12일에는 서울 남촌(南村)에 거주하는 민중이 자발적으로 참여한 만민공동회가 개최되었다. 조선의 민중은 만민공동회를 통해 자발적으로 정치 문제에 참여하였다. 그리고 처음으로 자주와 독립을 외치는 목소리를 표출하면서 확고한 독립의 결의를 과시하였다.

결국 대한제국은 만민공동회의 결의에 따르기로 결정하였다. 러시아 또한 후퇴하지 않을 수 없었다. 대한제국 정부는 1898년 3월 19일에 러시아의 재정 고문과 군사 교관을 정식으로 해고하였다. 한러은행도 철폐되었다. 한국 시위대의 군사훈련은 한국인 장교들이 현대식으로 진행하였다. 황실을 호위하고 치안 질서를 유지하기 위한 군사 훈련도 한국군이 독자적으로 실시하였다. 재정 또한 대한제국

탁지부대신이 관장하게 되었다. 재정권과 군사권이 대한제국에 복귀되었다. 제정 러시아와 일본은 1898년 4월 25일 로젠·니시협정(Rosen Nish Agreement)을 맺었다. 양국은 대한제국의 주권과 완전한 독립을 확인하였다. 내정 불간섭과 군사 교관이나 재정 고문을 초빙할 때는 양국이 사전에 동의해야 한다는 것을 규정하였다. 개혁파들은 계속해서 친러시아 수구파 정부를 규탄하면서 자주민권자강운동(자주국권운동, 자유민권운동, 자강개혁운동)에 박차를 가하였다. 마침내 의회 설립과 친러 수구파 퇴진 요구가 성공하여 1898년 10월 12일에 박정양(朴定陽)·민영환(閔泳煥)의 개혁파 정부가 수립되었다. 신정부는 11월 5일 최초의 의회를 개원(開院)하기로 하고 중추원 신관제(中樞院 新官制: 의회설립법)를 공포하였다. 그러나 개혁파 정부는 의회를 설립하기 하루 전에 붕괴되고 말았다. 개원된 중추원은 자문 기관의 성격만 남았다. 만민공동회와 독립협회는 새 개혁정부를 수립하고 중추원을 의회로 활용하여 전제군주제를 입헌군주제로 전환해서 대대적인 개혁 정치를 단행하고자 하였다. 국가적 독립의 기초를 확고하게 만들고자 하였다. 그렇지만 결국 고종은 군대를 동원하여 12월 23일 만민공동회를 해산하였다. 그리하여 42일 동안 점철된 만민공동회는 러시아와 일본의 힘을 업은 고종과 친러 수구파의 무력 탄압 때문에 해산되고 말았다.

그렇지만 민중이 자주적으로 국가 주권의 수호와 민권을 주창했던 만민공동회의 경험은 이후 자유민권 사상이 보급되고 민족운동이 활성화되는 데 큰 영향을 미쳤다. 특히 신채호·장지연·박은식과 같은 애국계몽운동가들이 만민공동회 활동 경험을 통해 근대적인 자주와 민권, 자강 사상을 체험적으로 인식하고 이후 민족운동을 전개하는 데 큰 영향을 미쳤다고 할 수 있다.

신채호는 성균관에 입교한 후 그러한 만민공동회에 참가하여 중간급 간부가 되었다. 대한제국이 만민공동회가 해산당하면서 체포된 430여 명 중의 한 명이었다. 신채호는 수구파 관료 신기선의 주선으로 성균관에 진학했지만 그 직후에 독립협회와 만민공동회의 자주민권자강운동에 참여하였다. 어려서부터 보수적인 집안에서 한학을 배우며 성장한 신채호는 서울로 귀경하여 성균관에 입교해 관직으로 진출할 것이 예상되었지만 현실의 정치·사회적 갈등을 접하고는 이를 외면하지 않았다. 오히려 수구파에 반대하는 국가주권수호운동에 적극적으로 참여하면서 정치와 사회를 근대적으로 개혁하는 운동에 나섰다. 이는 그의 비판적인 사회 인식과 국가 주권 수호에 대한 자주적인 인식이 매우 강했음을 나타낸다. 신채호의 민족주의에 대한 인식을 통해도 알 수 있는 것처럼, 근대적으로 사회를 개혁하는 것이 필요하다는 인식은 성균관에 재학 중일 때 신규식과 함께 문동학원을 설립한 것으로도 잘 드러난다. 문동학원의 설립은 교육을 통해서 청년들에게 시대가 바뀌고 있는 실태를 알리고 변화하는 시대에 대응할 수 있도록 준비시키는 의미를 갖는 것이었다. 신채호가 한문 무용론을 주장하고 단발을 강행한 것은 단지 낡은 것을 배척하는 의미가 아니었다. 변화하고 있는 시대에 실용적으로 대응해야 한다는 의미였다고 할 수 있다.

따라서 신채호는 1905년에 성균관을 졸업하여 가족이 기대하는 박사가 되었지만 관직에 진출하지 않고 신백우·신규식 등과 산동학원을 설립해서 애국계몽운동을 전개한 것은 그리 놀랄 일은 아니었다고 할 수 있다. 다른 한편으로, 신채호가 어린 시절부터 유교 교육을 받았고 그가 사사한 이가 신기선이었으며 신기선의 추천으로 장래가 촉망되는 성균관의 박사가 되었는데도 그 특권을 스스로 놓아 버렸다는 사실은 그의 개혁에 대한 의식과 의지가 얼마나 컸는지 반증한다고 할 수 있다. 신채호가 성균관 박사에게 주어진 특권을 포기한 것은 무엇보다도 대한제국의 현실을 정치·사회적으로 개혁해야 국가의 주권을 수호할 수 있다는 뜻을 분명히 한 것이라고 할 수 있다. 성균관 박사로서 관직에 나가는 것은 그가 비판적으로 인식한 재래의 지배체제의 일원이 되는 수구적인 것이었다. 관직에 나가지 않고 애국계몽운동에 투신한 것은 우리나라가 국가의 주권을 수호하려면 일본이나 서양 열강처럼 근대적인 개혁이 필요하다는 의식이 강력했기 때문이다. 그렇기에 신채호는 관직 대신에 한국 사회를 근대적으로 개혁하기 위한 자주민권자강운동에 참여하면서 교육을 통해 한국인의 의식을 근대적으로 개혁하고자 하였다.

제2절 신민회 참가를 통한 '공화국'의 정치혁명 지향성 정립

1905년 신채호는 장지연의 추천으로 『황성신문』의 논설 기자가 되었다. 그리고 을사조약을 비판하는 장지연의 "시일야 방성대곡" 사설 때문에 『황성신문』이 정간당하자 1906년 양기탁의 추천으로 『대한매일신보』의 논설 기자가 되어 애국계몽사상과 애국계몽운동을 본격적으로 전개하기 시작하였다.

　1898년에 창간된 일간지 『황성신문』은 사장 남궁억(南宮檍)과 총무원 나수연(羅壽淵) 등이 국민계몽을 목적으로 창간한 것이었다. 한국 최초로 자본가들을 모아서 민간 자본으로 발행한 신문이었다. 『황성신문』은 국·한문 혼용으로 간행되었다. 순 한글로 발간된 『독립신문』에 비하여 아직 한문을 주로 사용하던 지식층에서 많이 읽혔다. 1904년 일본이 한국의 황무지 개척권을 요구하자 이에 대항하여 배일(排日) 애국 사상을 고취함으로써 대한제국 정부가 일본 측의 요구를 철회시키는 데 기여하기도 하였다. 1904년 2월 24일에는 한일의정서가 조인된 내용을 게재했다가 기사를 삭제당하자 문제가 된 기사의 활자를 뒤집어서 인쇄한 이른바 '벽돌신문'을 처음으로 발행하기도 하였다. 일찍이 근대적인 사회 변혁 의식이 강했던 신채호는 근대적인 국민의식 계몽을 목적으로 한 『황성신문』을 통해서 자신의 의지를 실천하고자 하였다. 그러나 입사한 지 얼마 되지 않아 『황성신문』은 1905년 11월 20일 자 "시일야방성대곡" 기사 때문에 정간당하고 말았다. 그러자 양기탁의 추천으로 1904년에 창간된 신생지 『대한매일신보』로 옮겨 논설을 통한 애국계몽운동을 본격적으로 전개하기 시작하였다.

　한국어와 영어, 두 나라 언어로 간행된 『대한매일신보』는 잘 알려진 바와 같이 영국인 베델(Bethell, E. T., 1872~1909, 한국 이름은 배설(裵說))을 발행인 겸 편집인으로, 양기탁을 총무로 하여 창간되었다. 신채호는 박은식(朴殷植)·최익(崔益)·장달선(張達善)·황희성(黃犧性) 등과 함께 이 신문의 주필이 되었다. 『대한매일신보』는 국가적 위기를 타개하고 배일 사상을 고취하여 국가 주권을 보존하고자 창간된 것이었다. 고종의 은밀한 보조와 민족 진영 애국지사들의 적극적인 지원을 받았다. 영국인 베델을 내세워 러일전쟁 이후 일본군이 불법적으로 주둔하면서 대한제국의 민간 신문을 사전에 검열하던 것을 피하였다. 1905년 8월 11일부터 국문판과 영문판이 분리되어 발행되다가 1907년 5월 23일에 순 한글판 『대한매일신문』이 창간되었다. 『대한매일신문』은 국한문판·영문판·순 한글판 세 가지로 발행되었다. 그 발행 부수가 당시 1만 부를 넘을 정도로 영향력이 컸다. 유일하게 일본군의 사전 검열을 받지 않는 신문이었기 때문에 사실에 근거한 항일 의병 관련 기사를 게재하였고, 보도와 논평이 믿을만했기 때문이다.

그러자 한국통감부는 '신문지법(新聞紙法)'을 개정하여 한국에서 외국인이 발행하는 신문과 외국에서 한국인이 발행하는 신문을 모두 압수·판매 금지할 수 있는 법적 근거를 마련하였다. 베델과 양기탁은 신문지법에 따라 구속되어 결국 국외로 추방되었다. 통감부의 탄압에 저항하던 베델이 물러난 후 1910년 6월 14일 판권 일체가 전 사원이었던 이장훈(李章薰)에게 팔렸다. 6월 14일 자(1408호)부터 이장훈의 명의로 신문이 발행되었다. 이에 대하여 양기탁은 각 신문의 광고를 통해 자신이 대한매일신보의 경영에서 손을 떼었다는 것을 공고하였다. 『대한매일신보』가 통감부의 손으로 들어간 사실을 알린 것이었다. 그리하여 1910년 경술국치 다음 날부터 대한매일신보는 '대한(大韓)'의 두 자를 떼고 『매일신보』가 되어 조선총독부의 기관지로 바뀌었다.

『대한매일신보』의 주 필로 참여하게 된 신채호 는 논설을 통하여 근대적 인 새로운 사상을 설파하 면서 한국인들에게 애국 계몽사상과 애국계몽운 동을 적극적으로 펼치기 시작하였다. 그리고 1907 년 4월 애국계몽운동가들

사진 3 신민회 시절 (왼쪽부터) 신채호, 신석우, 신규식.(출처: 독립기념관)

이 비밀결사로 창건한 신민회의 중심 인물이 되었다.

　신민회는 일본제국주의의 탄압을 피하여 지하에서 국권의 회복 을 목적으로 전국적인 규모로 결성된 단체였다. 신민회는 근대적인 대의제 형식으로 구성된 새로운 국가, 구 왕조의 국가 형태와는 전혀 다른 '신민(新民)'과 그들이 만드는 '신국(新國)' 곧 새로운 국가의 수립 을 목표로 하였다. 안창호를 중심으로 『대한매일신보』의 양기탁 등 이 결성한 신민회의 구성원들은 독립협회가 자주·민권·자강운동을 전개하던 시기에 만민공동회운동 등으로 쌓인 경험을 통하여 국권 을 회복하기 위한 실력의 양성과 교육을 통한 국가주권회복운동을 펼쳤던 애국계몽운동 계열의 인물들이다. 신민회는 1910년경 회원 수가 800여 명에 달할 정도로 커졌다. 신민회는 한말 지도적 인사들 이 거의 모두 회원이 되어 전국적으로 막강한 영향력을 가진 애국계 몽운동 단체가 되었다.

　신채호가 이런 신민회의 중심인물이 된 것은 그의 사회 개혁 사

상이 혁명적인 것으로 전화(轉化)되는 데 큰 영향을 미쳤다. 무엇보다 신민회의 '대한신민회 통용장정'을 보면, 신민회의 목적은 당시로서는 획기적이었다. 입헌군주국이 아닌 '공화국'을 새로운 국가 형태로 설정했던 것이다.

한말 개혁적 지식인들은 대부분 근대적인 정치체제 개혁안으로 입헌군주정(立憲君主政)을 논하면서 전통적으로 국가의 통치자로서 국부(國父)와 같은 존재로 여겨진 군주에게 주권이 있는 것을 형식적으로라도 인정하였다. 한말의 지식인들은 군주권을 부정하지 않은 것이었다. 전제적인 군주권이 러시아나 중국의 예를 통해 알 수 있는 바와 같이 전쟁을 패배로 이끌어 '쇠망국'이 되게 한 요인이라고 비판하고,[85] 군주 자체를 국가로 보는 것 또한 전제정치의 유물이라고 비난하면서도[86] 군주의 주권을 부정하지는 않았다.

그러면서 한말의 개혁적 지식인들은 민(民)이 정치에 참여할 수 있는 실질적인 정치개혁을 역설하였다. 그렇다고 해서 공화정이나 민주주의와 같이 인민의 정치적 주권이나 참여를 실현해야 한다고 하지도 않았다. 전제정치는 군주가 무한한 권력을 가졌기 때문에 전권을 억압적으로 운용하므로 민권이 부진해져서 상하를 통합할 수 없고 "귀족관료가 군주를 중심으로 한 私黨"으로 운용되는 것이 문제라고 비판하였다. 또한 공화정치(共和政治)도 결국 평민이 귀족과 결탁함으로써 귀족의 전횡이 이루어졌기 때문에 혁명이 일어나고 민주정치(民主政治)가 등장하게 되었다고 문제점을 지적하였다. 따라서 경험적으로 볼 때 귀족과 전제의 양 정치체제가 모두 유해하기 때문에 좋은 정치체제로 민주정체가 행해지게 되었다고 하였다.[87] 그렇지만 당시 언론을 통해 이루어진 한말 지식인들의 전제정이나 공화정에 대한 비판이 인민이 정치에 참여하는 민주정으로 이어지지는 않았다. 그래도 보호국화 이전에 이루어진 논평들 대부분이 민주정에 비판적이었던 것에서는 변화가 생기고 있었다. 보호국화 이전에는 '데모크라씨'가 선(善)한 정치체제로 불린다고 하면서도 "데모크라씨는 다수정치의 나쁜 예"라고[88] 부정적으로 평가했었다.

    이러한 변화 곧 민주정치에 대한 지지는 입헌군주정을 실시해야 한다는 것과[89] 직결된 것이었다. 근대의 입헌정치가 "君民同體이며 上下一致로 萬機를 公議에 의하여 결행하는 데 在하니 그 운용 기초는 國民多數의 선량 公黨公會에 在한다."고 하였다. 군주의 국가 주권을 내각이 대행하는 형태로 통치권을 행사해야 한다는 것이었다. 입헌으로 제한된 군주권은 그 대행 기구인 의회가 국무대신을 비롯한 내각 관리들을 통해 행사되어야 한다는 것이 핵심이었다. 내각이 군주의 내정 주권을 대행하는 제도로 설정된 것이 입헌정치였다. 또한 내각은 국민도 정무에 참여하는 제도가 있으니 곧 의회이고 그 자유로운 참정의 정신이 발휘된 것이 정당이라고 하여 국민 대표로서의 권한도 갖는 것으로 규정되었다. 이러한 구상은 전제군주제의 잘못으로 민주정체가 흥하게 되었다고 역설하면서 "국민 다수의 선량한 공당공회"를 바탕으로 한 입헌군주정을 역설하는 것으로 전개되었다.

    여기서 인민(국민)은 "국권의 작동으로 복종의 의무를 지닌 자, 즉 인민"이었다.[90] 인민은, 정치에 참여하는 제도(의회)도 있고 국민이 자유롭게 정치에 참여하는 정신이 발휘된 정당이 언급되면서도 여전히 국권의 작동에 복종해야 할 의무가 있는 피치자로 규정되었다. 한말 지식인들은 전제군주제에 대항하여 등장한 인민주권의 민주주의를 분명하게 인식하고 있었지만, 그것은 군주의 전제적인 권한을 제한하기 위하여 입헌과 의회의 기능과 권한을 논하는 데 국한되었다.

사실상 당시 입헌군주정에서 인민의 주권은 유보된 것이었다. 근대적인 개혁과 정치체제의 변혁을 논하는 지식인과 지배 세력들은 인민을 정치 참여자로서, 자신들과 같이 국가 주권을 가진 주체로서 민정(民政)에 참여할 수 있는 존재로 인정하지 않았다. 일본의 한국통감부 시기 곧 한말의 개혁적 지배 세력이나 지식인 일반이 논하던 입헌군주정의 핵심은 내정의 실권을 군주도 인민도 아닌, 내각과 각부의 관리이자 근대적인 정치체제의 개혁을 논하면서 국권의 확립 방안을 모색하고 실천하고 있던 논자들 곧 개혁적 지식인과 관리들 자신들이 가져야 한다는 데 있었다.[91]

그런데 신민회는 공화정체를 제창하면서 공화정의 주체가 의회도 의원도 아닌 민중, 새로워진 '신민'이 되어야 한다고 주장하였다. 또 그렇게 되도록 실천할 것을 역설하였다. 국가의 주권을 수호하여 공화정을 시행하는 공화국인 '신국'을 제창하였다. 이때 새로운 국가 형태인 공화국의 주체로 설정된 새로운 인민, '신민'은 스스로 새롭게 되어 주체적으로 자아를 실현하는 민중 개개인을 총칭하는 것이었다.

신민회는 그러한 새로운 인민(신민)으로 형성된 새로운 국가(신국)를 이루어내기 위한 목적을 '대한신민회 통용장정'[92] 제2장 제1절에서 규정하고 이를 이루기 위한 신민회의 역할도 함께 규정해 놓았다. 그 주요 내용은 첫째, 궁극적인 목적은 국권을 회복하여 자유 독립국을 세우고 그 정치체제를 공화정체(共和政體)로 한다는 것이었다. 둘째, 이 목적을 달성하기 위해서는 당장은 힘이 없으므로 무엇보다도 국권을 회복할 수 있는 '실력 양성'에 온 힘을 쏟아야 한다는 것이었다. 셋째, 실력을 양성하기 위하여 '국민'을 새롭게 해야 한다. 신민회의 실력 양성은 신민(新民)에 따른 민력(民力)의 양성을 의미하는 것이었다. 넷째, '신민'은 반드시 자기 스스로의 힘으로 새롭게 되어야 한다('자신自新')고 하였다. 인민이 스스로 새롭게 되고자 노력하여 실력을 양성함으로써 근대적인 자아 인식을 가진 주체가 되어야 한다는 것이었다. 다섯째, 스스로 노력하여 새롭게 되고자 하는 '자신(自新)'은 사회·국가·국민의 모든 부분에서 수행되어야 한다는 것이었다. 개인에서 사회와 국가, 국민에 이르기까지 모두 각각 의타적이지 않고 독자적으로 주체성을 함양해야 한다고 역설하였다. 여섯째, '자신(自新)'을 위한 방법으로 ① 신문·잡지·서적을 편찬하여 국민의 지식을 계발하고, ② 각지에 계몽 운동가를 파견하여 국민이 정신을 각성하도록 지도하면서 ③ 우수한 학교를 설립하여 인재를 양성한다. 또한 ④ 각지 학교의 교육 방침을 지도하고, ⑤ 실업가에게 권고하여 영업 방침도 지도한다. 더불어서 ⑥ 신민회 회원들끼리 힘을 더하여 실업장을 건설하여 실업계의 모범이 된다. 나아가 ⑦ 국외에 무관학교를 설립하여 독립전쟁에 대비하면서 ⑧ 국외에 독립군 기지 건설과 독립군 창건 등을 실천한다. 일곱째, 신민회를 국권회복운동의 주체로 육성하여 국내외를 가리지 않고 애국적인 동포를 하나로 단합시키며 각 구역에 연락 기관을 세워 연락과 교통을 긴밀히 한다. 여덟째, 신민회는 실력이 배양되면 앞장서서 스스로 새롭게 된 국민이 '통일연합'하여 비폭력이나 무력 등 각종 방법으로 일제히 궐기하여 국권을 회복하고 자유문명국을 수립한다 등이었다.

만민공동회 당시 공화국에 대한 논의가 제기되기도 하였다. 그러나 그것은 일부의 이상에 불과했을 뿐 구체화되지는 않았다. 그런데 신민회에 이르러 국권을 회복하고 공화정을 세우는 목표가 뚜렷하게 표명되었다. 신채호는 일찍이 성균관에서 학습할 때부터 조소앙과 러일전쟁 이후 적극적으로 이행되고 있던 일본의 경제 침투를 성토할 정도로 현실 정세를 정확히 간파하고 근대적인 개혁의 필요성을 절감하고 있었다. 신채호는 신민회를 통해 자신의 근대적인 변혁 의지를 구체화하고 실천하고자 했다고 할 수 있다. 그것은 궁극적으로 새로운 인민(신민)이 전제주의적인 입헌주의 대한제국을 독립적인 근대 공화국인 새로운 국가(신국)로 혁명적으로 재건하는 것이었다.

따라서 대한신민회의 통용장정에 규정된 신민회의 궁극적인 목적인 자유 독립 공화국 건설은 사실상 근대적인 정치혁명을 지향한 것이다고 할 수 있다. 한국 사회에서는 서양의 선진 자본주의 국가들에서처럼 산업혁명과 자본주의의 발달과 같은 경제적 변화나 그에서 야기된 신흥 사회 세력이 부상하여 목소리를 높이거나 하지 않았다. 당시 한국 사회에서 대부분의 개혁적 지식인을 포함한 진보 세력들은 사실 전통사회에서 넓은 의미의 상층 지배층에 포함되는 사람들이다. 그렇지만 당시 개혁 세력들은 근대적으로 변화하지 않을 수 없는 상황을 인지하여 근대적인 개혁과 전환의 필요성을 제기하면서 목소리를 높이고 정치체제의 변혁을 주장하였다. 그러나 그들의 주장을 뒷받침해 줄만한 경제력도 사회적인 지지 세력도 충분히 갖고 있지 않았다.

　그렇기 때문에 그들의 정치체제 변혁에 대한 주장인 입헌군주정을 보면 알 수 있는 것처럼, 군주의 존재를 부정하는 혁명적인 요구로 나가지 않았다. 영국이나 일본과 같은 입헌군주제라는 근대적인 정치적 변혁을 주장하였다. 이는 종래 한국 사회에서 전통적으로 최고 통치자로서 절대적인 존재로서 인지되던 군주의 권위를 빌어서 대의민주제와 같은 형식의 정치체제로 전근대적인 수구파 정권을 근대적인 개혁파 정권으로 바꾸어야 한다는 것을 의미하는 것이었다. 이것은 실질적인 정권 교체를 통한 정치체제의 변혁을 주창한 것이었지 정치혁명을 주창한 것은 아니었다. 이에 반해, 신민회는 기성의 왕조를 중심으로 한 정치개혁을 부정하고, 새롭게 된 민이 만드는 새로운 국가, 근대적 정치혁명이라고 할 수 있는 공화국의 건설을 목적으로 명시하였다.

　이러한 신민회에 동참한 신채호의 근대적인 개혁과 개혁 주체에 대한 인식은, 독립 공화국을 건설하기 위한 목표로 규정된 국권을 회복하기 위한 '실력의 양성'과 실력을 양성하여 '국민'이 새롭게 된 신민에 이르기까지, 신민회 활동을 통하여 다듬어졌다고 할 수 있다. 신채호의 민족주의 인식에서 보았듯이, 국가의 "독립"은 국가의 주권을 회복하여 한국 국민·한국 민족이 자유를 얻는 것을 의미하는 것이었다. 또한, 민족이 역사의 주체가 되어야 한다고 역설한 신채호는 한국인이 서양 민족국가의 국민과 같이 국가 의식이나 국가 관념이 강하지 않은 사실을 비판적으로 지적하면서도 무조건적으로 강제하지는 않았다. 신채호는 당위론을 역설하기보다는 제기한 문제들을 실질적으로 극복하기 위한 방법을 모색하고 제시하고자 하였다. 신채호의 바로 이러한 문제 해결 모색과 현실적인 실천 방법이 신민회를 통하여 정리되고 구체화되어서 정립되어갔다고 할 수 있다.

대한신민회 통용장정에 규정되어 있는 '신민'은 반드시 자기 자신의 힘으로 새로운 자아를 깨닫고 자아를 실현하는(自新) 민중이었다. 신민의 '자신(自新)'은 사회·국가·국민 등 모든 부분에서 수행되어야 하는 것이었다. 그리하여 인민 스스로 근대적인 주체로 거듭난 개인이 되어서 자주적으로 국가의 주권을 회복하는 주체로서 독립된 공화국을 건설하는 것이었다. 따라서 공화국의 건설이라는 정치혁명은 아직 근대적인 주체로서 거듭나지 못한 민중을 근대적인 주체로 거듭나게 하는 자아혁명에서 비롯되는 것이었다. 이것이 근대적인 사회혁명으로 그리고 궁극적으로는 정치혁명으로 귀결되어 완성되는 것이었다.

이와 같이 신민회의 통용장정에서 구체적으로 명시된 '자신'하기 위한 방법들은 이미 신채호가 성균관 재학 시절부터 실천해 오던 애국계몽운동의 방법이기도 하였다. 신채호는 신문·잡지·서적을 편찬하여 국민의 지식을 계발하고, 국민의 민족정신 각성을 촉구하면서 학교를 설립하여 인재를 양성하였다. 그는 애국계몽운동을 통해 '자신'하는 방법들을 실행하고 있었다. 또한 실업가에게 권고하여 영업 방침을 지도하고 신민회 회원들끼리 힘을 더하여 실업장을 건설함으로써 실업계의 모범이 되어야 한다는 것도 신채호의 국권회복론과 일치하는 것이었다. 신채호는 일찍이 실력 양성을 위한 식산과 경제력의 양성 측면을 주목하고 강조하였다.

이밖에 신민회의 국외 무관학교 설립을 통한 독립전쟁 대비와 국외 독립군 기지 건설 및 독립군 창건 등은 신채호가 신민회에 참가한 이후 신민회를 통해 애국계몽운동에서 독립운동의 방법과 방향을 직접 투쟁 방식으로 바꾸는 데 큰 영향을 미쳤다. 신채호는 1910년 4월 일본의 한국병합 직전에 신민회 국외 독립기지 건설 계획을 실천하기 위하여 중국으로 망명하였다. 중국 길림성 밀산부에 마련하기로 한 독립운동 기지의 무관학교에서 국사와 한문을 가르쳤다. 이후 독립기지 건설 계획이 자금 부족 문제로 무산되자 다시 블라디보스톡으로 갔다. 거기서 신채호는 1911년 권업회에 가입하여 권업신문의 주필로 활동하였다. 권업회는 러시아의 공인을 얻은 단체였다. 권업회는 1910년대 초 연해 주 항일 독립운동의 중심 기관으로서 항일 독립운동을 전개하면서 민족정신의 고취, 재러 교민의 단결과 지위 향상 등을 위해 노력하였다. 그러나 당시 러시아 한인사회는 러시아의 한인들에 대한 귀화정책으로 이에 호응하는 한인과 비귀화 한인 사이에 갈등이 고조되고 있었다. 이에 어려움을 느낀 신채호는 1913년에 또 다시 중국 상해로 가서 동제사에 가담하였다. 신채호는 1912년 중국 상해에서 처음으로 조직된 독립운동 단체인 재상해 한인공제회가 1913년 12월에 독립운동에 투신할 청년들을 교육하기 위하여 설립한 박달학원에서 교사로 활동하였다. 그리고 당시 치외법권이 허용되던 프랑스 조계지 상해에 망명해 있던 독립운동가 및 유학생들과 어울리며 식견을 넓혔다. 동제회는 1917년 스톡홀름에서 국제사회주의자대회가 열린다는 소식을 듣자 8월에 조선사회당으로 이름을 바꾸어 그 대회에서 한국의 독립을 위한 국제적인 지원을 요청하기로 하였다. 그러나 스톡홀름대회가 무산되자 조선사회당이라는 명칭을 더는 사용하지 않고, 1919년 상해 임시정부가 수립될 때까지 상해에 있는 한국인의 중심 조직으로 기능하였다.

신민회에 참가한 이래 신채호의 궤적은 물심양면으로 신민회의 목적을 실질적으로 실천하는 선상에 있었다. 특히 신채호가 상해에 체류하면서 김규식·이광수에서 영어를 배워 기번(Edward Gibbon, 1737~1794)의 『로마제국흥망사(The Decline and Fall of the Roman Empire)』나 칼라일(Thomas Carlyle, 1795~1881)의 『영웅과 영웅 숭배(On Heroes, Hero-Worship, and the Heroic in History)』 등 서양 역사서를 읽은 것은 그가 1914년에 대종교에 입교한 것과 함께 그의 식견 특히 역사관을 정립하는 데 큰 영향을 미쳤다. 1917년 7월에 해외 독립운동가들의 대동단결과 이를 통한 임시정부의 수립을 촉구한 '대동단결 선언(大同團結宣言)'에 참여한 것도 그 연장선상에 있었다고 할 것이다.

대동단결 선언은 상해에서 신규식 등이 독립운동의 활로와 이론의 정립을 모색하기 위하여 임시정부를 수립하기 위한 민족대회 소집을 제의하고 제창한 것이었다. 무엇보다, 대동단결 선언은 '민족사적인 전통에 근거한 주권불멸론(主權不滅論)을 이론화'한 것이었다는 점에서 역사적인 의미를 갖는 것이었다. 이것은 일제의 식민지화로 국권을 상실함으로써 단절된 민족사를, 민족이 주체가 되어 생존하고 있는 실질적인 사실에 근거하여 비록 국가는 빼앗겼지만 민족은 빼앗긴 국권을 되찾기 위하여 투쟁하면서 살아 있다는 민족의 주권

투쟁사로 새로 쓴 것이었다. 대동단결 선언은 민족주권의 불멸론을 선언한 것이었다. 한국이 국권을 상실하기 전과 후의 역사를 한민족사로 연결한 것이었다. 이 점에서 대동단결 선언은 민족사적으로 큰 의미를 갖는다.

대동단결 선언은 1910년 일본제국주의의 한국 병합에 의하여 대한제국 융희황제(隆熙皇帝: 순종)가 주권을 포기한 것을 국가의 주체가 되는 민족이 국가의 주권을 일본으로 이양한 것이 아니기 때문에 공적으로 국가 주권의 최고 담지자이자 행사자인 황제가 그 공적인 국가 주권의 행사를 포기한 것일 뿐이라고 규정하였다. 국가 주권의 주체가 민족이라는 것을 분명히 한 것이었다. 황제는 공적 국권의 담지자이지 국권의 총체는 아니라고 하였다. 따라서 황제가 자신이 가지고 있던 공적 국권을 타인에게 이양했다는 것은 공적 국권의 보유와 행사를 포기했다는 의미라고 하였다. 국권은 민족·국민의 총의에 의하여 행사되는 것이므로 황제가 포기한 국권은 자연히 국가 구성원인 국민·민족에게 남겨졌다고 선언하였다. 이러한 대동단결 선언의 대한제국 주권에 대한 해석과 선언은 신민회와 같이 공화국, 공화주의 이념에 입각하여 국민주권설을 선언하는 의미를 갖는 것이었다. 국민주권설에 입각하여 황제가 일제와 '병합'조약을 맺었다고 해서 한반도 주민이 본시 갖고 있던 국민주권이 일본제국주의에 이양된 것은 아니라는 것이었다.

이와 같이 대동단결 선언은 국민주권에 입각하여 '한일병합'의 부당성을 분명하게 선언하였다. 그리고 일본이 무력으로 한국 국토를 불법적으로 강점하고 있다고 선언하였다. 일본제국주의의 불법적

병합으로 한반도의 대한제국 국민이 주권을 행사하기 어렵게 되었으니 일제의 직접적인 통제를 받지 않는 국외에 거주하는 동포가 대한 국민의 주권을 행사할 수밖에 없다고 선언하였다. 그리하여 해외 동포가 민족대회를 개최하여 한민족의 임시정부를 수립할 것을 제창하였다. 구국의 실질적인 주체인 한국 국민/한민족의 주권을 회복하기 위한 독립운동의 구심점이 될 정부적 기구를 수립하여 통합된 항일 독립운동을 펼쳐야 한다는 것이었다.

이러한 대동단결 선언은 국제 정세의 변화를 배경으로 하여 나온 것이었다. 1917년 3월에 러시아의 '2월혁명'이 발발하자 핀란드와 폴란드가 독립선언을 하고 임시정부를 수립하였다. 또한 미국이 제1차 세계대전에 참전하여 일본을 포함한 연합군이 결정적으로 우세해졌다. 이에 중국도 연합국 측으로 기울어졌다. 국외 독립운동의 방향도 달라진 정세 변화를 활용할 수 있는 방식으로 전환되어야 더욱 효과적일 것이었다. 이러한 국제 정세 변화에 대응하여 신규식을 중심으로 조소앙·신석우·한진교 등 종래 공화국 정치체제를 염두에 두고 있던 소장 인사들이, 일제의 대한제국 병합과 관련하여 국민주권설을 이론적으로 정립하고 국민주권설에 입각한 임시정부의 수립을 제창했던 것이다.

대동단결 선언의 의의는 무엇보다 민족의 국민주권설을 민족사로 이론화함으로써 국권의 박탈과 관계없이 민족사가 이어지게 했다는 점에 있다. 또한 독립운동 안팎의 변화에 대응하여 임시정부를 수립하는 것에는 다음과 같은 두 가지 큰 의의가 있었다. 첫째, 국제 정세의 변화에 정부적 기관이 대응하면서 한반도의 민족적 항일 독립운동을 통합적으로 주관할 수 있게 되었다는 점이다. 둘째, 국제 정치 측면에서 민족의 대표가 국권 회복을 위한 외교 활동을 하는 것이 필요하다는 사실을 공식화하였다는 점이다.

 신채호가 '주권불멸론'과 '국민주권설'을 정립한 대동단결 선언에 동참한 것은 성균관 박사로서의 장래를 포기할 정도로 강력했던 그의 근대적 사회 개혁에 대한 의지가 신민회를 통하여 공화국의 건설로 정립되고, 공화국을 건설하기 위한 정치혁명의 내용이 '신민'의 국민주권설로 공고히 된 것이었다고 할 수 있다.

제3장
1919년 3·1운동을 통해 근대적 주체로 재인식된 신채호의 민중

제1절 공화국 건설의 주체로 규정된 '신국민'과 '국민적 영웅'

신채호는 1880년대 일본의 영향력이 본격적으로 확산되며 전 사회적으로 근대화가 진행되던 때에 출생하여 전통적인 유교 교육을 받은 후 관직이 보장된 성균관에 입교하였다. 하지만 국권 상실의 위기에 직면하게 되자 성균관 박사의 특권을 포기하고 애국계몽운동에 참여하였다. 1905년 11월 일본제국주의는 이른바 '을사보호조약'을 대한제국과 체결하여 외교권을 박탈하였다. 대외적으로 국가의 주권을 행사하는 대외적 주권인 외교권이 박탈당하자 이에 저항하여 의병운동과 애국계몽운동이 광범위하게 전개되었다. 빼앗긴 국가의 주권을 회복하기 위하여 한국인들은 사회적 신분을 막론하고 항거하기 시작하였다.

국권 회복을 목적으로 한 애국계몽운동은 개항 이후 전개된 열강의 침입과 사회적인 혼돈이 국가적인 '힘'과 '실력'이 부족하기 때문이라고 본 한말 근대적 전환기 한국 지식인들의 인식이 확산된 귀결이었다고 할 수 있다. 국가의 주권을 수호하기 위하여 끊임없이 노력했는데도 결국 일본에 의해 보호국화된 것은 일본에 비하여 국가적인 힘 곧 실력이 부족했기 때문이라는 인식이 전사회적으로 확산된 것이었다. 근대적인 개혁적 지식인을 비롯해서 한국인들은 선진 서양 근대 열강과 일본제국주의의 국가적인 힘 곧 '실력'을 보호국화된 한국의 힘·실력과 현실적으로 비교하고 그 격차를 인식하였다. 그리하여 한국 국가의 힘을 서양 근대 국가나 일본과 같이 양성하기 위한 국민 운동을 전개하였다.

국가의 힘을 양성해야 한다는 현실적인 인식은 한국인 곧 한민족의 '힘'과 '실력'을 양성하여 궁극적으로 한국 국민(민족)의 힘으로 국가 주권을 회복해야 한다는 의미였다. 그러자면 한국 국민, 한국인이 '애국'할 수 있도록 '계몽'하는 것이 우선되어야 할 것이었다. 대한제국의 민중은 메이지유신이나 근대적인 인권의 계발을 촉진한 혁명을 경험한 일본제국주의나 서양 열강의 민중처럼 미처 근대적으로 계발될 수 있는 사회적 여건이나 기회를 갖지 못했기 때문이다. 따라서 한국 민중이 대한제국이라는 국가에 대한 인식과 그 국민이라는 의식을 갖고 국가의 문제에 관심을 갖도록 계몽하여 애국심을 고취하고자 하였다. 그리하여 국가의 주권을 회복하는 추동력으로 삼고자 하였다. 근대적인 교육을 통하여 한국 민중이 서양 근대 민족국가의 국민과 같이 근대적인 국가 관념을 갖고 애국심을 함양함으로써 국가적 독립을 이루려는 것이었다. 이는 전근대적인 민중을 근대적인 국민으로 계몽하는 것이었다.

또한 이는 전근대적인 대한제국을 서양 제국주의의 근대 민족국가와 같이 자주 독립한 근대 민족국가로서 국권을 재생하는 의미를 갖는 것이도 하였다. 애국계몽운동의 주요 내용은 신교육운동, 언론계몽운동, 민족산업진흥운동, 국채보상운동, 신문화·신문학운동, 국학운동, 민족종교운동, 해외독립군 기지 창건운동 등이었다. 이 모두 한국인과 한국 사회를 근대적으로 변혁시키면서 근대 국가의 주체적인 국민으로서 민족적 정체성을 갖고 독립 민족국가를 구축하기 위한 것이었다. 한국인이 근대 국민국가의 국민과 같은 국가관과 애국심을 갖도록 계몽하는 것이 국가 주권을 수호하고 공고히 하는 출발점이 되는 것이었다.

신채호가 보호국화 이후 보호국의 개념에 대하여 설왕설래(說往說來)할 때 굳이 선택해야 한다면 보국론을 취하겠다고 한 입장[93]은 분명한 것이었다. 신채호는 국가와 민족이 별개의 것이 아니어서 따로 보존되는 것이 아니라고 하였다. 국가와 민족은 하나이기에 분리될 수 없다고 하였다. 신채호의 보국과 보종의 일체에 대한 인식은 근대 제국주의 국가들이 민족을 하나의 통합된 단위로 하여 국가를 형성하고 경쟁적으로 대외 팽창하고 있는 현실을 직시한 것이었다. 신채호는 민족국가와 제국주의의 양면성과 통합성이라는 본질을 파악하였다. 그리하여 대내외적으로 국가의 주권을 공고히 하는 것이 일정한 영토에서 역사적으로 생활하면서 이루어진 생활공동체인 민족이 하나의 정치·사회적 통합체인 국가라는 형식을 통해서 구성원인 국민 곧 민족의 안전과 번영을 꾀하는 것이라고 생각하였다. 민족으로 결성된 국가의 주권이 견고해야 국가의 틀 안에서 생활하는 민족도 보호될 수 있을 것이었다.

이러한 신채호의 보국론은 서양 제국주의 열강의 동진과 그로 인한 일본제국주의의 성장과 조선의 식민지화를 현실적으로 본 귀결이었다. 또한 개국 이후 조선왕조의 국왕도 '대한제국'을 선포하고 근대적인 개혁의 기치를 높이 들지 않을 수 없게 된 제국주의 세계의 현실을 인식한 것이었다. 동시에 민족국가 단위로 경쟁하는 제국주의 세계의 현실이 근대적인 힘의 강약에 따라서 침략과 정복의 주체와 대상이 결정되는 군국주의 세계라는 현실을 인식한 것이기도 하였다. 이렇게 신채호의 보국론은 그의 국제정치와 국가의 현실에 대한 실질적인 인식과 맞닿아 국가 주권의 수호와 국가적 독립의 중요성을 강조한 것이었다.

신채호는 당시 지성계를 풍미하고 있던 약육강식의 사회진화론적인 세계 인식에 기초하여 국제정치를 현실적으로 파악하였다. 그는 민족국가 단위로 군국주의적으로 무력을 앞세워 "영토와 국권을 확장하는" 제국주의 세계의 지배 원리가 "약육강식"이라는 사실을 누구보다 실질적으로 직시하였다.[94] 따라서 그의 민족주의 인식에 잘 드러나 있듯이 일본의 근대화와 한국에 대한 제국주의적 침투 또한 제국주의 세계에 대한 현실 인식에 따라 선진 서양 근대 민족국가와 비교적이고 상대적인 관점에서 파악하고 문제점을 지적할 수 있었다. 따라서 이러한 신채호의 현실주의적 제국주의 세계 인식에서 근대의 주체는 민족을 단위로 형성된 근대 민족국가였다.

신채호는 서양의 근대 국제법에 따른 제국주의의 세계화를 직시하였다. 민족국가가 국제관계의 주체이자 단위라는 것을 인식하였다. 이러한 신채호의 인식은 애국계몽운동이 궁극적인 목적으로 했던 국가의 주권을 회복하는 데 그치지 않았다. 신채호의 애국계몽운동은 교육과 언론 활동으로 행해졌다. 그리고 근대 세계의 주체인 근대 민족국가에 대한 인식은 신민회운동과 함께 병행된 본격적인 역사 연구와 독립운동을 통하여 그 무게 중심이 국가에서 근대 민족국가를 구성하는 핵심인 민족으로 옮겨갔다. 신채호는 영어로 서양 역사서를 읽으면서 근대 국제관계의 주체인 서양 민족국가에 대한 이해와 탐구가 깊어졌다. 그는 제국주의 서양 근대 민족국가가 출현하게 된 서양의 근대적인 혁명과 혁명의 의미를 파악하게 되었다고 할 수 있다.

신채호에게 민족주의는 "다른 민족의 간섭을 받지 않는 주의"를 뜻하였다.[95] 다른 민족의 간섭에서 자유로울 수 있는 것은 우승열패의 경쟁적 제국주의 세계에서 승리하거나 다른 민족의 간섭을 받지 않을 수 있을 정도로 강한 국가만 가능한 일이었다. 신채호는 민족을 단위로 통합된 민족국가가 하나의 주체로서 주권을 행사하는 제국주의 근대 국제관계에서 국권을 회복하는 유일한 방법은 민족주의밖에 없다고 생각하였다. 따라서 그에게 국권을 수호하기 위해서는 무엇보다 먼저 민족이 민족주의로 하나로 단합하는 것이 필수적이었다. 그리하여 서양 근대 민족국가처럼 될 수 있는 근대적인 사회혁명과 정치혁명을 이루어야 하는 것이었다.

신채호는 민족주의가 발달한 근대 민족국가의 제국주의 침략에 대항하여 국가 주권을 수호하기 위한 방법을 피침약 약소국의 박약한 민족주의를 강화하는 것에서 찾았다. 신채호에게 민족은 "아족의 국은 아족이 주장한다"는 호신부를 만들어서라도 보전해야 하는 존재였다.[96] '아족(我族)'이란 신채호가 '우리 민족'을 의미하는 것으로, 한민족 공동체에 대한 주체적인 인식을 대변하는 것이었다. 이것이 바로 신채호가 『대한매일신보』를 중심으로 '국수(國粹)'보존론을 주창하면서 전통적인 중화사상과 사대주의적인 사고를 본격적으로 비판하고 민족적 정체성과 주체성을 공고히 하기 위하여 한민족사 연구에 정진하게 된 핵심 동인이었다.

신채호가 민족정신을 의미하는 정신상 국가를 국가의 요체로 설정하고, 역사를 민족정신을 갖게 하고 공고히 하는 핵심이자 애국심의 원천으로 본 것도 같은 맥락이었다. 따라서 신채호는 한민족을 일본족 또는 한족 등으로 부르기도 했던 사실을 수치로 여겼다. 그 대신에 조선왕조가 아닌 근대적인 의미에서 '조선민족(朝鮮民族)'을 역설하였다. 대황조 단군이 태백산에 강림하여 우리 민족의 나라 이름을 조선이라 하고 우리 민족을 조선 사람이라고 했다고 하였다. 그러니 이제 다시는 일본족이나 한족과 같이 혼용하지 말고 '조선민족(朝鮮民族)'이라고 불러야 한다고 강조하였다.[97] 신채호가 신민회의 국외 독립운동 기지 건설 계획을 실천하고자 만주로 가서 대종교에 입문한 것도 이러한 민족에 대한 인식이 있었기 때문이다.

신채호는 우리 민족의 역사가 전통적인 전근대적 중화사상에서 벗어난 민족사로 거듭나야 한다고 생각하였다. 그리하여 중화주의의 중국사와 이와 연계된 소중화사상에 입각하여 쓰여진 한국사를 한민족의 눈으로 대자적으로 제고하여 한민족이 주체가 된 독립적인 한민족의 역사로 정립하고자 하였다. 이러한 신채호의 한민족사 연구는 근대 국제관계의 주체인 민족국가에 대한 인식을 바탕으로 우리 민족을 한반도를 터전으로 하여 생활해 온 역사적 실체이자 독립적인 주체로 정립하는 일이었다. 한민족에 대한 정체성과 주체성을 공고히 하는 것이 바로 위태로워진 국가의 주권을 공고히 하는 초석이라고 여긴 것이었다. 다시 말해 근대 국제관계의 주체인 근대 민족국가를 이루는 각 민족 구성원이 국가의 주체로서 우리는 하나라는 민족 인식을 갖고 통합적으로 견고하게 결합하여 국가의 독립을 획득해야 한다는 의미였다. 신채호는 민중 개개인이 민족국가의 주체적인 민족이 되어야 국가를 수호하기 위한 의지 곧 애국심도 생기고 애국심을 발휘하여 국권을 수호할 수 있다고 생각하였다.

그런데 신채호가 이와 같이 민족국가와 민족주의를 인식하게 된 시기는 국가의 주권이 이미 일본제국주의의 침략에 의하여 위태로워진 때였다. 따라서 국권을 회복하자면 원초적인 민족주의나 민족에 대한 의식이나 인식만으로 될 것이 아니었다. 제국주의의 근대 민족국가와 같이 부강해져서 자유로워지는 것은, 국권 회복을 목적으로 근대적 정치혁명처럼 정치체제를 바꾸는 행위만으로 가능할 일이 아니었다. 근대적인 민족주의와 민족국가의 형성은 이념과 주의만 의미하는 것이 아니라 그 이념과 주의를 국가라는 형식을 통하여 구현할 수 있는 근대적인 힘과 실력이 수반되어야 가능한 것이었다. 전근대적인 민족의 의식과 생활을 포함하여 한국 국가가 총체적으로 근대화되는 변혁, 근대적인 사회혁명이 제국주의 지배체제를 전복시키는 정치혁명과 함께 이루어져야 할 것이었다.

이러한 점에서 신채호의 근대 국제관계의 주체로서의 민족국가 인식에서 무게 중심은 국권의 회복만 외치는 것이 아니라 '근대적인 한민족의 국가와 이를 위한 한국인의 근대적인 민족 만들기'로 옮겨 가게 되었다고 할 수 있다. 한편, 신채호가 성균관 박사로서 보장된 안정적인 미래를 포기할 정도로 근대적 변혁에 대한 의식이 강하기는 했지만 그 또한 한말 전환기 개혁적 지식인들이 갖고 있던 선민의식이나 지도자 의식과 같은 시대적·사회적 한계를 완전히 탈피했다고 보기는 어렵다.

1907년 신채호는 신민회에 참여하여 공화국의 건설을 제창하면서 공화정의 주체로 민중이 '자신(自新)'되어 새로워진 '신민'이 되어야 한다고 규정하고 이를 지향하였다. 이와 동시에 신채호는 아직 실력을 양성해야 할 필요가 있는 한국 민중이 근대 국제관계의 주체인 민족국가를 만들자면 그들을 이끌어서 근대적인 혁명을 완성할 수 있는 지도자 곧 '영웅'의 출현을 기대하였다.

신채호에게 영웅이란 세상과 역사를 변화시켜서 바꾸어 놓을 수 있는 초인적인 능력을 발휘하는 존재, 탁월한 리더십을 발휘할 수 있는 지도자를 의미하였다. 신채호는 이러한 영웅 같은 지도자가 없었다면 인간의 역사는 발전하지 않고 원시 시대에 그대로 머물러 있었을 것이라고 하였다. 영웅이 나타나지 않았다면 인간은 지금과 같은 가정이나 국가와 법률을 가질 수 없는 일군의 무리에 지나지 않았을 것이라고 하였다. 신채호는 근대적인 사회적 변혁을 추구하면서 동시에 역사상 큰 진보를 이룬 영웅, 초인적인 영웅의 출현을 희망하였다.[98] 이러한 신채호의 영웅관은 한편으로 보면 일종의 엘리트주의를 의미한다고 할 수 있다. 영웅과 같은 리더십을 발휘하는 지도자가 출현하지 않으면 근대적인 혁명도 불가능하다는 의미로 발전할 수 있는 것이었다.

신채호가 영웅의 출현을 기대한 것은 무엇보다 1907년 사실상 일본이 대한제국의 내정권까지 완전히 장악하게 된, 이른바 정미 7조약이 강제로 체결되어 국가의 운명이 풍전등화(風前燈火)와 같은 처지에 놓였는데도, 국권을 회복하고자 국가적·국민적으로 하나로 일치단결하는 움직임이 보이지 않았기 때문이었다. 외부에서 침탈해 들어온 적에 대항하기 위하여 힘을 모으기보다는 오히려 정국과 사회는 더욱 혼란하고 혼미하기만 하였다. 이러한 한국 사회와 한국인에 대한 실망이 현실을 바꿀 수 있는 영웅의 출현을 기대하게 하였다고 할 수 있다.

당시 신채호는 국제적인 "한국의 지위"와 상황을 다음과 같이 직시하였다.

"韓國이 수천 년 래로 한반도에서 생활… 수십 년 전부터 홀연 세계적 국가가 되어 열국 경쟁의 장에 들어가… 금일에 이르렀으니 한국이 이렇게 부진 불립하고 一敗 再敗함은 (一) 기백 년 정치가 昏惡하여 빈약하게 되며 (二) 천하의 대세를 알지 못하여 外競의 失敗를 招하며 (三) 頑舊의 습관이 不去하여 文明을 革新하는 등 원인이 有한 故라. 只今은 韓國이 帝國主義의 過重에 入하며 民族主義의 苦競을 際하여 殘瑞이 急하였거늘 試問하건대 금일 한국에 정신이 발달하였는가 曰否라. 실력이 확장되었는가 曰否라. 문명이 進하였는가 日甚라 오즉 道德이 腐敗하며 經濟가 困乏하며 敎育이 不振하며 萬般의 權利가 他手에 歸하며 民氣의 墜落이 極度에 達하여 目하는 바… 오호라 彼天이었지 사민을 不恤하나뇨."[99]

　신채호는 한국인들이 한반도에서 수천 년에 걸쳐서 생활하면서 국가를 이루고 살아왔는데 수십 년 전부터 갑자기 국제정치의 경쟁체제 속에 들어가 스스로 서지를 못하고 강국에 계속 당하고 있는 현실을 직시하였다. 그리고 그 원인을 크게 3가지로 분석하였다. 첫째, 정치가 제대로 이루어지지 않았다. 둘째, 세계의 변화를 알지 못하여 외국에 대응할만한 경쟁력을 기르지 못하였다. 셋째, 뒤떨어진 관습을 끊지 못해 새로운 문명의 혁신을 기하지 못했다는 것이다. 그 결과, 국민적 정신도 실력도 문명도 발달하지 못했다고 성찰하였다. 도덕이 부패하고 경제는 빈곤하고 교육이 부진하여 모든 권리를 빼앗겼으니 민중이 기운을 잃고 추락하는 것이 극심한 지경에 이르게 되었다고 하였다.
　이러한 현실을 신채호는 국민적 목적을 분명히 인식하여 함께 국가적 독립과 국민적 자유를 위하여 투쟁하여 바꿀 것을 역설하였다.

"大抵 目的地가 兩岐가 有하니 其一은 個人的의 目的地며 其一은 國民的의 目的地라. 獨善主義를 抱하여 自家幸福만 求하는 者는 비록 高尙한 宗敎的 哲學家라도 此는 個人의 目的地로 趣하는 者요 壹新을 犧牲하여 國家에 供하려 하는 者는 卽一針尖을 磨하며 壹燈盞를 拭하는 者라도 不得不 國民의 目的地에 共進하는 者로 趣할지니라. 從前 韓國

人의 目的地를 觀하건대 彼上世를 無論하고 數百年 以後로만 斷言하면 人人이 個人 卽 自己의 有함만 是知하여 思想도 個人의 思想뿐이오 行動도 個人의 行動뿐이오 事業도 個人의 事業뿐이라 人도 國民의 目的地로 進行할 者-無하거니와 근래에 이르러 시국이 변하여 … 목적지가 모두 파괴되었으니 오호라 今日 大韓國民이여 已往破壞된 目的地는 悲觀하여도 無益이어니와 將來 建築할 目的地는 何處에 在할가."[100]

신채호는 목적(지)에는 두 갈래가 있으니 그 하나는 개인적인 것이고 다른 하나는 국민적인 것이라고 하였다. 개인적인 목적은 독선주의로 자기 가정의 행복만 추구하는 것이었다. 아무리 고상한 종교적 철학가도 개인적 목적만 추구하고 있다고 비난하였다. 반면에 자신을 희생하여 국가에 기여하려는 자는 바늘을 연마하여 등대 뚜껑을 닦는 자와 같이 미련한 사람이라고 할 수도 있지만 기꺼이 국민적 목적을 향해 함께 나가는 사람이라고 하였다. 그런데 종래 한국인을 수백 년을 통해 보았을 때 그 목적이 어느 시기를 막론하고 개개인 곧 자기만 있는 줄 아는 듯이 개인적이라고 평가하였다. 사상도 개인의 사상뿐이고, 행동도 개인의 행동뿐이고, 사업도 개인의 사업뿐이라고 하였다. 때문에 위기에 처한 국가를 지켜내고자 국민적 목적을 향해 나갈 자가 없다고 비판하였다. 더욱이 근래에 이르러서는 시국이 바뀌어 개인적이든 국가적이든 목적 자체가 모두 파괴되고 말았다고 진단하였다. 이러한 한국 사회에 대한 진단 위에 신채호는 대한국가의 국민은 기왕에 파괴된 목적은 비관해봤자 쓸데없는 일이니, 앞으로 건축해야 할 목적이 과연 무엇이어야 하는지 고심해야 한다고 강조하였다.

그러면서 신채호는 한국인이 일치단결하여 구해야 할 분명한 목적이 있으니, 이것이 곧 국가적 독립을 이루는 것이라고 하였다.

"嗟乎 韓國民이여 萬目이 其視를 一處에 注하며 萬口가 其聲을 一區에 兩揚하여 其目的地를 求할지어다. … 其門은 獨立이며 其路는 自由니 國家의 精神을 發揮하고 萬有의 事業을 國家에 供하여 神聖한 國家를 保有함이 大韓國民의 目的地니라."[101]

신채호는 한국민이 시야를 한 곳에 집중하고 목소리를 하나로 모아서 목적지를 구해야 한다고 하였다. 국가가 독립을 이루는 것이 곧 국민이 자유로워지는 길이고, 그렇게 되면 국민이 국가의 정신을 발휘하고 모든 사업을 국가와 함께하여 신성한 국가를 보유하게 되니 이것이 바로 '대한국민'의 목적지라고 역설하였다.

따라서 신채호는 "국민동포"가 하루라도 빨리 세계 정세가 바뀌는 모습을 보고 세계의 추세에 뒤떨어져 국권을 상실하지 않도록 세계변화에 발맞추고 또 이용해야 한다고 하였다. 그리하여 세계의 추세에 맞추어 국가적 독립을 이루고 지킬 수 있도록 "문명의 진보"를 이루고 동시에 "한국의 지위"도 향상하도록 "분발"해야 한다고 하였다.[102]

이때 신채호의 '영웅'은 한국민이 그 모든 변화와 분발을 일거에 이룰 수 있도록 할 수 있게 하는 리더, 지도자를 의미하였다. 신채호는 개척된 지 수백 년도 되지 않은 신생 아메리카에서도 조지 워싱턴(George Washington, 1732~1799)이라는 영웅이 출현하여 독립전쟁을 승리로 이끌었다고 하였다. 워싱턴의 지휘로 독립전쟁에서 미국이 영국에서 독립을 성취한 사실을 부러워하였다. 또한 유럽에서 혁명운동이 고조되는 가운데도 입헌 헌법을 유지한 이탈리아 사르데냐왕국(사보이왕국)에서 수상 카브르가 열강의 대립을 이용하면서 중부 이탈리아의 병합을 추진한 사실도 부러워하였다. 그런데 천 년의 문명을 자랑하는 우리나라에서 난세를 통합하여 극복할 수 있는 영웅이 단 한 명도 없었다는 사실을 한탄하면서 영웅적 지도자의 출현을 고대하였다.

신채호가 출현하기를 기대한 영웅은 민족을 위하여 헌신하는 지도자였다.

"但只 其理想이 宇宙에 超하며 其精神이 天日을 貫하여 三千里 疆土를 其家舍라 하며 二千萬 民族을 其眷屬이라 하며 過去 四千載 歷史를 其譜牒이라 하며 未來 億萬歲 國民을 其子孫이라 하며 艱難險阻의 經歷을 其學校라 하며 社會 公益의 事業을 其生涯라 하며 愛國憂民 四字를 其天職이라 하며 獨立自由 一句는 其生命이라 하고, 其 磅礴鬱積한 血誠公憤으로 天地間에 立하여 國家의 威靈을 仗하고 千魔百怪와 戰하며 同胞의 生命을 위하여 前途의 荊棘을 剪하는 者니, 是가 新東國 英雄이며 新東國 大英雄이니라."[103]

신채호는 자신이 말한 '신국(新國)'인 세계의 동쪽에 있는 새로운 국가로 이끌 '큰 영웅'의 출현을 기대하였다. 이 영웅은 그 이상이 우주를 초월하고 그 정신이 일관되게 드높아 삼천리 강토를 집으로, 이천만 민족을 한 겨레로 여겨서 사천여 역사를 소중히 할 것이었다. 그리하여 앞으로 이 땅에서 생활할 수많은 국민을 자손으로 보고 그간 겪은 모든 힘든 어려움을 앞으로 살아갈 수 있는 경험을 쌓는 학교로 여긴다고 하였다. 이 영웅은 일생 동안 사회공익 사업을 하면서 애국하고 국민을 염려하는 것을 천직으로 여겨 독립과 자유를 생명과 같이 할 것이라고 하였다. 이 영웅은 그간 답답하고 힘들게 꽉 들어찬 피 토할 공분으로 분기하여 국가의 위엄을 세우고 동포의 생명을 위하여 국가와 국민을 위협하는 것들과 싸우는 사람이었다. 그가 "新東國 英雄"이며 "新東國 大英雄"이라고 하였다.

　이렇게 신채호는 국가가 멸망할지도 모를 일촉즉발의 위기에 처해있음에도 불구하고 국가를 수호하려는 국민적 목적이 결집되지 않고 혼돈한 한국 사회를 보면서 식민지화의 위기에 처한 국가를 지키기 위하여 민족에 헌신하는 지도자가 출현하여 리더십을 발휘하여 영웅적으로 난관을 극복해나갈 수 있기를 기대하였다. 이러한 민족적 영웅의 출현을 희망한 것은 민족이 근대적인 변혁의 주체가 되어 새로운 국가를 이루고 또 새로운 국가의 내실을 채워서 국가의 주권을 수호할 수 있도록 헌신하는 지도자, 리더십 있는 지도자의 필요를 역설한 것이었다. 신채호는 근대적인 민족국가를 수립할 수 있도록 민중을 하나의 민족으로 결집시키고 이끌면서 헌신하는 영웅적인 지도자의 등장을 기대하였다. 신채호에게 영웅이란 곧 이상적인 민족 지도자의 상을 제시한 것이었다 할 수 있다. 민족적/국민적 영웅의 출현을 기대하면서 신채호는 한민족의 유구한 역사 속에서 위기에 처한 나라를 살신성인하여 구했던 영웅의 모델을 찾아냈다. 『이충무공전』『을지문덕전』『동국거걸 최도통전(東國巨傑 崔都統傳)』 등 역사적인 민족적 지도자의 활동을 기록으로 되살려서 한민족의 역사에 대한 자부심을 고취하고 영웅적인 구국 행위가 얼마나 중요한지 역설하였다.

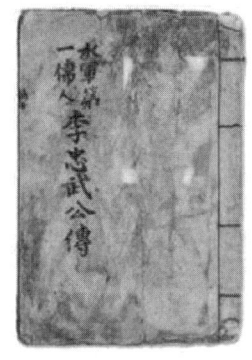

사진 4 [이충무공전] 표지.
(출처: 박정규 | 개인소장)

그러므로 일견 '영웅'의 존재와 그 출현을 논한 신채호가 영웅사관이나 엘리트주의를 가진 것으로 보인다. 그러나 그의 영웅관이 의미하는 것은 영웅사관이나 엘리트주의와는 구별되는 것이었다. 신채호의 영웅에 대한 기대는 두가지 의미를 갖는다고 할 수 있다. 한편으로는 영웅과 같은 리더십을 발휘할 수 있는 지도자의 출현을 기대하는 것이었다. 리더십을 발휘하여 민족을 통합해 이끌어 감으로써 국가의 위기를 극복하는 영웅과 같은 이상적인 지도자 상을 제시한 것이라고 할 수 있다. 다른 한편으로는 각 민족 구성원이 영웅과 같은 존재가 되어서 단합하여 국망의 위기를 극복하고 자유롭고 독립된 주체로서 새로운 국가를 만들자고 역설한 것이라고 할 수 있다.

이렇게 신채호가 말한 영웅, 영웅의 출현은 한국인들이 세계의 변화와 현실을 제대로 인지하지도 못한 채 분열되어 개인의 이익과 목적에 몰두할 것이 아니라, '국가적/국민적인 목적'을 생각하여 국가의 주권을 구하기 위해 노력해야 한다고 역설하였다. 한국의 지도 세력과 민중 모두에게 각자가 이순신이나 을지문덕과 같은 영웅이 되

사진 5 [을지문덕전] 표지(좌), 삽화(우)
(출처: 독립기념관)

어야 한다고 역설한 것이라고 할 수 있다. 한국인 모두 개인이 아니라 민족적 생존과 이를 위한 민족과 국가 독립의 목적을 공고히 하여 노력을 경주해야 한다는 것이었다.

신채호는 한국이 일제에 의하여 주권을 행사할 수 없게 되었는데도 국가를 다스리는 내정 주권을 거론하면서 국가의 주권이 박탈된 것이 아니라는 일제의 망언을 받아들이는 한국인들에게 분노하고 좌절하였다. 일제의 보호국화론을 수용한 이들은 독립국가가 갖추어야 할 대외적인 대표성으로서의 외교권과 대내적인 최고의 통치권이라는 두 권리 중의 하나가 박탈되었다는 사실을 제대로 인지하지 못했거나 식민지화의 위기를 안이하게 받아들였다. 국가의 주권이 박탈된 것은 아니라면서 자주와 자치를 외치는 일본제국주의의 식민지화 야욕에 둔감한 것이 한국 사회의 현실이었다. 신채호는 이 현실에 좌절하였다.

　신채호는 그러한 현실을 일거에 혁명적으로 바꿀 수 있기를 희망하였다. 민족적 영웅의 출현을 논한 것은 일거에 보호국의 현실과 이를 제대로 인지하지 못하고 안이한 한국 사회를 일거에 혁명적으로 바꾸어 국가의 주권을 공고히 할 수 있게 되기를 바라는 염원이 반영된 것이라고 할 수 있다. 궁극적으로 민족의 생존을 위하여 실질적으로 헌신하는 국민적 영웅이 출현하기를 바라는 마음은 정미

7조약이 체결되어 내정 주권마저 박탈당하자 더욱 절실해졌다. 그런 영웅이라도 나와서 국권 상실의 위기를 극복할 수 있게 되기를 희망했다고 할 수 있을 것이다.

그러한 영웅의 출현을 신채호가 기대한 것은 난세를 극복할 수 있는 리더십 있는 민족적 지도자에 대한 갈망이라고 할 수 있다. 신채호의 국민적 영웅은 권위적이거나 위계적인 영웅이 아니었다. 영웅과 국민의 관계는 전통적인 지배와 피지배 관계가 아니었다. 상하관계가 아니었다. 신채호의 국민적 영웅은 국민 생활 각 분야(종교·학술·실업·미술 등)가 각기 국민을 위한 분야로서 각각(종교·학술·실업·미술) 그 본분에 충실하게 존재할 수 있게 하는 존재였다. 영웅은 지배하고 명령하는 존재가 아니라, 민중 개개인이 스스로 변화될 수 있도록 지도하여 개개인이 근대 민족/국민국가의 국민과 같이 국가의 주체가 되도록 만드는 데 헌신하는 지도자였다.

신채호의 국민적 영웅은 바로 민족적 공복(公僕) 같은 존재였다. 영웅은 "東國이 東國人의 東國이" 되게 하고, "國民乎 며 英雄乎"이 되게 하는 지도자였다.[104] 따라서 신채호의 영웅론은 궁극적으로 한국인 각자가 민족적 영웅이자 민족적 공복이 되어야 한다는 것이었다. 그리하여 다 함께 자주적으로 민족적 독립의 의지와 목적을 공고히 하고 단합하여 국가의 독립을 이루자고 역설하는 것이었다. 따라서 신채호의 영웅론, 영웅의 출현에 대한 기대는 한말의 개혁적 지식인 일반이 근대적인 변혁과 정치혁명을 지향하면서도 군주의 존재를 부정하거나 민권을 구현하는 데까지는 나가지 못했던 혁명적 실천의 한계를 갖고 있었던 것과는 결을 달리하였다. 신채호는 "국민적 영웅이 있어야 종교도 학술도 실업도 미술도 국민적인 것이 되고, 또 그렇게 되어야 국가가 그 국민의 국가가 될 것이므로 국민적 영웅이 국민이고 영웅이다"라고 하였다. 이와 같이 신채호는 '국민적 영웅'을 국민을 이끌어가는 존재이자 국민을 지배하는 지도자나 국민이 떠받드는 위계적 존재로 설정하지 않았다. 국민적 영웅은 국민과 민족을 위하여 앞장서서 이끌어가는 '공복'과 같은 존재였다. 민족의 자유와 독립을 보장할 수 있는 새로운 국가를 건설하기 위하여 헌신하는 인물로 설정되었다. 민족을 근대적인 민족국가의 국민이 될 수 있도록 변혁하는 국민의 일원이고 동시에 영웅이었다. 국민적 영웅은 "국민이며 영웅"이었다.

　이와 같은 신채호의 민족적·국민적 영웅이자 국민인 영웅관은 그 당시에는 혁명적인 것이었다. 이는 신채호가 전근대적인 군주제를 부정하고 '공화국'의 건설을 제창하면서 스스로 새롭게 혁신된 '신민'이 공화국의 주체가 되어야 한다는 신민회에 참여하여 인민을 혁명적 주체로 인식한 것과 맞물리는 것이었다. 신채호가 말한 '국민적 영웅', 민족적 공복, 국민이며 영웅이라는 존재는 바로 각 민족 구성원이 민족적 영웅과 같은 존재가 되어 합심하여 우리 민족의 독립과 독립 민족국가 건설을 위하여 헌신해야 한다고 역설한 것이었다.

　신채호는 인류의 역사 발전 단계를 '가(家)'의 관념뿐이던 시기에서 '가와 국(國) 양 관념의 교체선'이던 시기를 거쳐 '국가 관념이 대치'하는 시기에 이르렀다고 하였다. 이에 의하면 20세기는 국가 관념이 대치하는 시기였다. 그는 "20세기의 국가는 국민의 共產을 作하면서 국민은 국가의 公權을 有함에 이르게 되었다"라고 하였다. 그러면서 "인민이 정권에 무관하면 정권이 귀족에 있든 군주에 있든지 간에 그것은 진정한 국가가 아니다"라고 하였다. 신채호는 정치권력이 인민에게 있는 국민주권론을 설파하였다.[105] 또한 "이십 세기 국가의 경쟁은 그 원동력이 한두 사람에게 있는 것이 아니라 그 국민 전체에 있다"라고 강조하였다. 이는 모두 신채호의 국민주권론을 함축적으로 상징한다.

신채호의 국민주권론은 관념적으로 국민이 주권을 가진 존재이므로 국민에게 주권을 주어야 한다는 것이 아니었다. 국민이 주권을 가져야 하는 현실적인 이유를 제시하고 때문에 국민이 주권을 가질 수 있도록 스스로 실천하고 책임져야 한다는 것이었다. 신채호는 이십 세기 국가 경쟁의 원동력은 국민 전체이고 따라서 경쟁의 승패 또한 "한두 명에게 이르는 것이 아니라 그 국민 전체에 미치게"된다고 하였다. 때문에 "국민 동포가 이십 세기 신국민이 되지 아니함은 불가하다"라고[106] 하였다. 이렇게 신채호의 국민주권론은 지극히 현실적이고 실리적인 현실 판단 위에서 제시된 것이었다. 그는 "전제봉건의 舊陋가 去하고 입헌공화의 복음이 遍하여 국가는 인민의 낙원이 되었으며, 인민은 국가의 주인이 되었다"라고 하면서 '입헌군주'가 아니라 '입헌공화'의 국민 주권이 구현되는 공화주의를 지향하였다.

신채호가 기대한 국민적 영웅의 실체는 '20세기의 신국민'의 출현을 바란 글에서 분명하게 나타난다.

"오호라 국민동포여 동포는 무무히 세계의 추세를 察하여 此를 利用하며 문명의 진보를 보아 이를 환영하며 한국의 지위를 順하여 이에 분발할지어다. 此는 吾儕가 覺悟 二字로 國民同胞에게 獻하는 바오."[107]

신채호는 국민 동포에게 조속히 세계 추세를 고찰하여 이용하면서 문명의 진보를 이루고 한국의 지위를 향상하기 위하여 분발하는 '각오'를 당부하였다. 신채호의 영웅은 이 '각오(覺悟)'로 국민 동포에게 헌신하는 사람이었다. 굳은 각오로 세계정세의 변화에 조응하고 또 그 변화를 이용하여 진보를 이루며 한국의 지위를 국제 정세에 걸맞게 높아지도록 헌신하는 사람이 신채호가 말하는 '영웅'이었다. 국민 동포가 각자 국민 동포를 위하여 이러한 각오를 실천하면 그것이 곧 "20세기의 신국민"이 되는 것이기도 하였다. 이러한 20세기의 신국민이 되는 과정에서 국민 동포 가운데 민족적 국민적 영웅이 출현하는 것이었다. 그러므로 20세기의 신국민이 바로 "국민적" 영웅이었다.

신채호는 다음과 같이 역설하였다.

"諸公은 或 何處 草根石窟에서 一個 英雄이 産出하여 此國 山河를 整頓할 줄로 信하는가 古代에는 一國의 原動力이 恒常 一, 二豪傑에 在하고 國民은 其 指揮를 隨하여 左右할 뿐이러니 今日에 至하여는 一國의 興亡은 國民 全體實力에 在하고 一, 二豪傑에 不在한다."[108]

어디서 갑자기 영웅이 나타나 이 국가의 문제를 해결해 주는 것이 아니라는 것이다. 고대에는 국가적인 원동력이 항상 한두 명의 영웅에게 있었으므로 국민은 그의 지휘에 따라 움직였다. 그러나 오늘날에 이르러서는 한 국가의 흥망은 그 국민 전체의 실력에 달려 있다고 하였다. 옛날과 같이 한, 두 명의 영웅이 국가의 흥망을 좌우할 수 없게 되었다고 진단하였다. 따라서 국민 전체의 실력이 중요하다고 하였다.

그러면서 신채호는 20세기 한민족은 '신국민'이 되어야만 한다고 강조하였다.

"今日 韓國人士中에 何故로 政治家는 政治에 敗하며 實業家는 實業에 敗하며 其他何種의 事業家든지 外人에게 必敗하느냐하면 日 新國民이 아닌 所以이며, 何故로 國家精神이 無하며 何故로 國民能力이 無하냐하면 日 新國民이 아닌 所以며 何故로 國을 責하는 者가 有하며 何故로 民을 賣하는 者 가 有 하나하면 日 新國民이 아닌 所以니 故로 日 國民同胞가 20세기 新國民이 되지 아니함이 不可하다 하는 바라."[109]

'신국민', 20세기의 새로운 국민은 국가 정신이 투철하고 국민 능력이 배양되어 국가와 민중을 책임지는 사람들이라고 하였다. 정치가는 정치로, 종교가는 종교로, 실업가는 실업으로 기타 각각의 분야에서 국민 각자가 모두 자신의 능력에 따라서 무력이나 학술 등으로 경쟁적인 제국주의 세계에서 이길 수 있는 국민 개개인이자 전체로서 능력을 갖춘 국민이 되어야 한다는 것이었다.

그런데 신채호가 "국민동포"라고 칭한 한민족의 실상은 수백년에 걸친 악정(惡政)으로 근면함도 진취력도 정치상 권리도 사회정책적인 각종 시설도 모두 부족한 처지에 있었다. 그러니 인민의 국민경제에 대한 사상이나 능력이 부족한 지경이었다. 한국이 기후나 토지 천연

자원 등 경제적으로 풍요할 수 있는 조건을 갖추고 있는데도 불구하고 생산이 부족하고 상업이 부진하면서 노는 사람들도 많으니 재정이나 교통이 발달하지 못했다고 진단하였다.

따라서 신채호는 이제 한민족은 그러한 부진 상태에서 벗어나야 한다고 하였다. 그는 다음과 같이 역설하였다.

"정치 사상을 奮興하며 정치 능력을 長養하여 독립적 국민의 天能을 張하며 입헌적 국민의 자격을 具하여 국가의 命을 유지하며 민족의 복을 확장해야 한다."[110]

신채호는 이제 20세기의 한국인이 '새로운 국민'으로 거듭날 것을 당부하였다. 국민 각자가 능력을 배양하고 발휘하여 국민 전체의 실력을 양성함으로써 국가의 주권을 회복하고 근대 민족국가의 자주적인 국민으로 거듭나야 한다고 역설하였다. 국민 개개인이 각자 스스로 새로운 근대 국민국가의 국민으로서 거듭날 수 있도록 실력을 양성해야 한다는 것이었다. 그리하여 20세기 근대 국민국가의 주체로서 각자가 모두 평등하고 자유로우며 정의롭고 공존하는 존재가 되어야 한다고 하였다.[111] 이는 국민의 국가, 국민을 위한 국가(新國)를 만들어야 한다는 것이었다.

이러한 '신국민'이 신채호가 기대한 국민적 영웅이었다. '신국민'은 "종교도 학술도 실업도 미술도 국민적인 것이 되고" 그렇게 되어 "東國이 東國人의 東國"이 되게 하는 존재 곧 '국민적 영웅'이었다. 각자 스스로 새롭게 갱신되어(自新) 새로운 국민으로 거듭나 민족을 위하여 헌신하는 공공의 일꾼으로 한민족 각자가 모두 경쟁력을 갖추어야 한다는 것이었다. 그러면 제국주의 국가인 근대 민족국가의 국민과 같이 경쟁력을 갖추게 되어 국가를 지킬 수 있다는 것이다. 이러한 의미에서 '신국민'은 국민적 영웅이자 새로운 20세기의 국민이었다. 신민회를 통해 공화국을 제창하면서 자신(自新)된 신민(新民)이 공화국의 주체가 되어야 한다고 했던 신채호에게, 스스로 갱신된 새로운 인민과 20세기의 신국민은 자기 자신을 근대적인 새로운 주체로 거듭나게 한 혁명적 주체이자 영웅이었다.

 신채호는 현실의 근대 국제관계를 직시하고 자신과 대자적인 관점에서 한국의 실상을 파악하고 직면하였다. 그리하여 근대 국제관계의 주체인 근대 민족국가로 한국이 거듭나야 한다는 의미에서 국권 회복을 위한 애국계몽운동에 투신하였다. 애국계몽운동을 통해, 신채호의 근대적 주체로서의 민족국가에 대한 인식은 국권을 회복하기 위해서는 민족의 애국심을 함양해야 한다는 것과 직결되었다. 이 민족의 애국심을 함양해야 할 필요는 신채호에게 한민족의 민족적 정체성을 확립하고 공고히 하는 문제와 맞물렸다. 그리하여 민족운동의 무게 중심이 근대 민족의식의 정립이라는 민족 문제로 옮겨갔다. 그 결과, 국권을 회복하고 새롭게 건설될 근대 국가 공화국의 주체가 될 민족이 무능하고 나태한 전근대적인 대한제국의 국민에서 국가의 흥망을 책임질 수 있는 유능하고 실력 있는 새로운 국민으로 거듭나야 한다고 역설하기에 이르렀다. 신채호는 '신국민'의 출현을 희망하고 기대하였다. 그러나 신채호가 기원하고 역설했던 '국민적 영웅', '20세기의 신국민'은 1910년 일본이 한국을 병합할 때까지도 나타나지 않았다.

제2절 3·1운동을 통해 근대적 혁명의 주체로 재인식된 민중

　신채호는 신민회에서부터 신국민을 주창하기에 이르기까지 근대적인 공화국을 지향하는 혁명 인식을 발전시키며 그 주체가 근대적인 '신민', '신국민'으로 거듭난 '국민적 영웅'이 되어야 한다고 하였다. 그러나 국권 상실기 민족독립운동에서 그러한 근대적 주체는 아직 전격적으로 출현하기 어려웠다. 여전히 민족은 민족의식도 민족적 정체성과 주체적 민족인식도 채 정립되어 있지 않았다. 더욱 많은 실력의 양성이 필요한 실정이었다. 무엇보다 국민 각자가 스스로 민족적·국민적 실력을 양성해야 한다고 자각하는 것이 선행되어야 하였다. 제국주의 국제관계의 근대적 주체로서 선진 근대 민족국가와 대결하면서 경쟁해야 할 한민족은 여전히 전근대적인 의식에서 벗어나 근대적으로 계몽되어야 할 인민이었다. 새로운 국민, 신국민으로, 인민 개개인이 국민적 영웅으로 거듭나서 새롭게 되기를 고대해야 하는 것이 현실이었다.

　신채호가 일본의 한국 병합 직전 신민회의 국외 독립 기지 건설 계획을 실행하고자 중국으로 망명하여 국외에서 독립운동의 차원에서 역사 연구와 교육활동을 지속한 것은 그러한 현실을 타개하기 위해서였다. 한민족이 '신국민'으로 거듭나 국권을 회복하고 공화국이라는 근대적인 '신국가'를 건설하는 국민적 영웅이 되는 데 필요한 역사 연구와 실천을 기한 것이라고 할 수 있다. 이러한 신채호의 민족독립운동과 민족독립운동 사상은 신민회의 독립운동에 참여하면서 정립된 국민주권론이 그 초석이 되었다고 할 수 있다. 그리하여 신채호가 1917년 7월 해외 독립운동자들이 대동단결하여 선언한 대동단결 선언에 동참하여 한민족의 임시정부 수립을 촉구하고, 한민족사의 전통에 근거하여 주권불멸론을 제기하면서 1910년 한일병합을 순종의 국권 포기로 국가의 주권이 자연히 국민에게로 이양된 것이라고 주장하게 하였다. 이 대동단결 선언은 신민회의 장정에 이어서 공화주의 이념에 입각한 국민주권설의 정립을 내포한 것이었다. 대동단결 선언은 이후 3·1운동을 통하여 수립된 상해 대한민국임시정부가 국가의 정치체제로서 민주공화국을 제창하는 데 중요한 의미를 갖게 되었다.

그렇지만 한국인들은 일본에 의해 대한제국이 병합되어 국권을 박탈당할 때까지도 국제관계에서 국가의 주권을 행사하는 외교권을 박탈한 보호국의 의미를 실질적으로 자각하지 못하고 내정 주권을 논하였다. 일본제국주의의 한국병합 이후 한국인들은 일본의 조선총독부가 무단통치를 실시하여 어떤 형태이든 조선인의 정치적·사회적 행위를 일절 허용하지 않았으므로 적극적으로 항거하지 못하고 숨죽이며 억눌려 있었다. 일제의 식민 지배체제 아래서도 한국인들은 여전히 '자신(自新)'하여 '신국민'이어야 한다는 자각이나 실행을 하지 못하였다. 그리하여 제국주의 일본의 식민지 피지배 민족이자 일제의 한 지역인 '조선'의 '조선인'이 되었다.

일본의 한국병합으로 '조선(朝鮮)'이라는 전통적으로 한반도의 역사적 실체로서 존재한 국가 이름이 한민족의 전근대 왕조 국가를 의미하는 것이 아니라 제국주의 일본 국가의 한 지역명으로 되었다. '일제하 조선'은 일본의 한 지역을 의미하는 용어가 되어 사용되었다. 일본은 일찍이 국가 이익의 관점에서 '조선 문제'의 해결자임을 자처하면서 체계적으로 한국의 식민지화를 준비하였다. 그리하여 한국을 병합할 때도 굳이 '식민지'라는 용어를 사용하지 않았다. 그 대신에 "병합(倂合)"이라는 새로운 용어를 찾아내서 사용하였다. 병합이라는 말은 "한국이 완전히 폐멸하여 제국 영토의 일부가 된다는 의미를 분명히"하려는 의도에서 새로이 찾아내 사용한 용어였다.[112] 그리고 이른바 대일본제국 헌법이 적용되는 본국 일본을 의미하는 '내지(內地)'에 대하여 일본의 제국헌법이 적용되지 않는 본국 밖의 지역을 의미하는 '외지(外地)'를 뜻하는 의미로 대한제국에 대신하여 '조선'이라는 명칭이 사용되었다. 일본의 한국 '병합'은 이른바 '제국'을 표방한 섬나라 일본이 인근 한반도를 일본 국토의 일부로 삼아서 서양 열강과 같이 성장할 수 있는 대륙국가인 제국이 되고자 한 것이었다. 다시 말해 한민족을 완전히 폐멸시켜서 한반도를 일본 국가의 일부로 영구히 복속하여 성장하기 위한 디딤돌로 삼으려고 한 것이었다.

이러한 일본의 피지배 아래 있던 보호국 시기에 신채호는 애국계몽운동을 통하여 한민족의 민족의식을 각성시키고, 민족적 정체성을 공고히 하기 위한 한민족의 역사 연구와 교육을 실행하였다. 한국인들을 단군 이래 역사적으로 한반도에서 형성된 운명공동체인 하나의 민족으로 정립해갔다. 한국인들은 일제의 한국병합 이후 시행된 무단통치에 억눌려 적극적으로 항거하지는 못했지만 국내외에서 항일 독립운동을 하였다. 이는 일제의 보호국화 이후 각성되어간 한국인들의 민족의식이 확산·심화되는 자양제가 되었다.

다른 한편으로 선진 자본주의 국가들 간의 식민지 쟁탈전인 제1차 세계대전을 통하여 식민지·약소민족에서 반제국주의·민족의식이 고양되었다. 또한 제1차 세계대전 중에 성공한 러시아혁명정부는 모든 민족의 자결을 대내외에 선포하고 실행하였다. 이에 대하여 전쟁에서 거리를 두고 있던 미국의 윌슨대통령이 자유민주주의 국가를 대표하여 민족자결을 포함한 14개조 선언을 발표하였다. 이러한 국제 정세의 변화를 배경으로 제국주의전쟁으로 발전한 자본주의적 발전을 비판적으로 보고 이에 대한 개조(改造)를 주창하는 운동이 세계적으로 확산되었다. 세계 개조 사조의 확산과 미국 대통령 윌슨의 민족자결 선언은 조선인들이 민족자결의 실현 가능성을 확신하고 항일 민족 독립의 의지를 전 민족적으로 분출시키는 동인이 되었다.[113]

1919년 3월 1일 한민족의 독립을 선언한 것은 민족대표를 자임한 일부 지식인들이었지만 3·1운동은 특정한 민족 지도자나 지도 세력에 의해 지도되거나 조직되지 않은 가운데 한국인들의 민족적 주체의식과 항일 독립 민족국가 건설의 의지를 대내외적으로 각성시키고 결집시키며 전국적으로 전개되었다. 3월 중순 이후 공간적으로 급속히 확대되어 갔다. 3월 상순에 북부 지방, 부·군청 소재지, 교통이 편리한 지역에서 주로 발생한 시위는 중순에 이르면 중남부 지방, 면 단위 이하 지역, 심지어 산간벽촌에 이르기까지 독립 만세의 함성이 메아리쳤다. 공간이 확산하면서 참가계층도 폭이 넓어졌다. 학생, 교사, 하급 종교 지도자, 학교 졸업 청년, 노동자, 소부르조아, 하급 관공리, 양반 유생 등 민족 구성원의 대다수가 운동에 참여하였다. 그중 일부는 항일운동을 조직하고 주도하였다. 이에 따라서 투쟁 양상도 발전하였다. 계급·계층 간, 종교단체들 간에 연대투쟁이 활발하게 전개되었다. 또한 시위 자체가 조직화되고 지속화되는 현상이 두드러졌다. 지역에 따라서는 각종 비밀결사와 결사대가 조직되어 항일 시위를 준비하고 이끌어갔다. 소규모 지역 단위의 고립된 분산성을 극복하여 생활권을 중심으로 한 지역별 연대투쟁이 모색되어갔다. 주로 리(里) 단위 시위에서 점차 리 단위 연대, 면(面) 단위 연대, 심지어 군(郡) 단위로 연대하는 투쟁으로 벌어나갔다. 이렇게 항일운동이 고조되자 '사물에 대하여 아무런 분별도 없는 4, 5세의 소아까지도 작은 국기를 들고 만세를 부를' 정도라고 말할 만큼 항일운동이 전개되었다.[114]

    그 결과 민족적 주체성과 정체성을 공고히 하고 독립투쟁을 전개하여 식민지가 된 민족을 독립시켜서 근대적인 민족국가를 건설해야 한다는 염원과 의지가 결실을 거두게 되었다. 자주 독립한 민주공화국, 대한민국의 건설을 목적으로 한 대한민국임시정부가 수립된 것이다. 한민족이 일제의 무단통치 아래서도 3·1운동으로 봉기한 것은 자주적으로 일본제국주의의 압제에서 벗어나 근대적인 독립 민족국가를 수립하기 위해서였다. "인류평등의 대의를 극명"하고 "민족자존의 정권을 영유케"하고자 한 것이었다.[115] 대한민국임시정부의 수립은 일본제국주의에 대항하여 '민족'의 이름으로 조선인(조선민족)의 자유와 평등 그리고 독립 민족국가 수립의 의지를 천명하고 실천한 것이었다. 이후 한국인의 민족적 독립과 민족국가 건설의 의지는 대한민국임시정부로 상징되어 조선인들의 민족의식과 민족주의 정서를 공고히 하면서 식민지 시기 민족독립운동이 지속적으로 전개되는 정신적·심정적 기반이 되었다.

무엇보다 3·1운동은 민중의 민족적·계급적 자각과 인식이 크게 고양되는 직접적인 계기가 되었다는 점에서 중요한 의미를 갖는다. 민중은 사회적으로 목소리를 내는 것이 의미가 있다는 것을 새롭게 자각하고 정치·사회생활 등 모든 영역에서 서서히 주도적으로 목소리를 내고 역할하기 시작하였다.[116]

신채호는 이러한 3·1운동의 의의를 다음과 같이 높이 평가하였다.

"우리들은 어찌하여 이날을 기념하는가? 이날은 우리나라가 죽음에서 삶으로 가게 된 날이기 때문이다. 이 날은 우리 민족이 뼈에서 육체를 회복한 날이기 때문이다. 종합하여 말하면 이 날은 곧 우리 한민족 역사상에 가장 보배롭고 가장 고귀하고 가장 경애로운 기념일이다."[117]

그리고 이와 같이 3·1운동을 높이 평가한 이유를 다음과 같이 부연 설명하였다.

"지난 한민족 역사상 국민이 일치하여 행동한 것은… 몇 번 있었다. … 평민과는 무관하였다. 이조 이래로는… 가장 많은 수의 농민과 상인의 여러 백성들은 논의하지 못하였다. 부인과 여자는 소위 애국 구국 등의 명사에 대해 묻지 못하였으니 불과 소수 일부분을 위한 전유물이 되었을 뿐이다. 이 독립선언의 役은 한 장의 종이로 비로소 날아오르게 된 것이 아니라 전국에서 호응한 것이다. 선비·농민·남자·여자·노인·약자·속세인·승려는 물론 만인이 한 소리를 내고 온 대중이 한 마음이 되어 우리의 독립을 이루고자 한 것이다. …『동국통감』권 50의 기록을 살펴보면 이날의 役과 같은 장쾌한 일이 있다. 그러한 즉 이날의 역은 곧 5천 년 이래의 제1건의 큰일이라고 할 수 있다

　　이 역은 진실로 5천 년 이래의 제일 큰 사건이다. 이날은 진실로 5천 년 이래 최대의 기념일이다. … 대저 조선은 우리 조선인의 조선이다."[118]

　　신채호가 3·1운동을 한민족 5천 년 역사상 제일 큰 사건이고 최대의 기념일이라고 한 것은 3·1운동이 일부 지식인이나 지도층이 아니라 남녀노소를 막론하여 국민 모두가 일치하여 전개되었기 때문이었다. 과거 사회적으로 목소리를 낼 수 없었던 국민 중 가장 많은 수를 차지하고 있던 농민이나 상인은 물론, 여성을 포함한 사회경제적 약자 등 일반 백성들이 하나로 일치된 민족으로서 통합적으로 행동하여 민족과 국가의 독립을 선언했기 때문이다. 전국에서 전 국민이 하나의 목소리로 힘을 모아 독립을 선언하였다. 재래의 신분적 귀천이나 남녀의 차별, 빈부의 격차와 상관없이 모두 평등하고 자유로운 한민족의 일원으로서 한 소리를 내고 한 마음이 되어 독립을 이루고자 하였다. 이러한 3·1운동을 통해 본 한민족의 민중은 신채호가 20세기의 새로운 국민이 되어야 한다고 역설했던 바로 그 '신국민'의 모습이었다.

　　따라서 신채호는 3·1운동이 일어난 1919년 3월 1일을 5천 년 역

사상 최대의 기념이라고 하는 한편, "이날의 역은 곧 우리 국민의 대각오의 시작이다"라고 하였다.[119] 3·1운동을 통하여 신채호는 민중을 공화국 건설의 주체로 설정했지만 국민적 영웅의 출현과 국민적 영웅에 의해 또한 국민적 영웅인 '신국민'으로 거듭나야 한다고 역설해야 했던 것에서 벗어나 다시 보게 되었다. 민중은 3·1운동을 통하여 스스로 민족적 독립의 의미를 자각하고 행동하는 근대적인 주체로 거듭나고 있었기 때문이다. 신채호는 3·1운동에 동참한 한국인들을 보며 '신국민', '국민적 영웅의 출현 가능성'을 직접 보고 느끼며 인정할 수 있게 되었다. 그는 다음과 같이 말하였다.

"民衆은 神人이나 聖人이나 어떤 英雄豪傑이 있어 '民衆을 覺悟'하도록 指導하는 데서 覺悟하는 것도 아니요 '民衆아 覺悟하자', '民衆이여 覺悟하여라' 그런 熱叫의 소리에서 覺悟하는 것도 아니요 오직 民衆이 民衆을 爲하여 一切 不平 不自然 不合理한 民衆向上의 障礙부터 먼저 打破함이 곧 '民衆을 覺悟케'하는 唯一方法이니 다시 말하면 곧 先覺한 民衆이 民衆의 全體를 爲하여 革命的 先驅가 됨이 民衆 覺悟의 第一路니라."[120]

신채호는 민중이 국민적으로 각오하는 것은 어떤 성인이나 영웅호걸이 지도할 수 있는 것도 아니고, "민중아 각오하자"고 한다고 해서 될 수 있는 것도 아니라고 하였다. 오직 민중이 스스로 자신들을 위하여 일체의 불평등과 불합리한 장애들을 타파하는 행동에 나섬으로써 가능하다고 하였다. 스스로 각성한 민중이 민중 전체를 위하여 혁명적인 선구가 되는 것이 민중이 국민적으로 각오하는 첫 번째 길이자 방법이라고 하였다.

신채호는 3·1운동을 통해 민족적으로 봉기한 민중을 보았다. 그들은 더이상 '신국민'으로 거듭 나야 할 계몽의 대상이 아니었다. 신채호는 그들은 이미 '신국민'으로 거듭난 존재라고 재인식하였다.

따라서 1923년에 신채호가 의열단의 독립운동 이념과 독립운동을 이론화한 〈조선혁명선언〉에서 민중은 혁명의 주체가 되었다. 3·1운동의 경험은 신채호가 현실을 한탄하면서 서양 근대 민족국가와 같이 자주 독립한 민족국가의 국민과 같은 근대화 혁명의 주체가 되어 그 실력과 역량을 발휘할 수 있는 "신국민"으로 거듭나야 한다고 역설했던 한민족의 민중을, 신국민으로 거듭나는 대 각오를 시작한 혁명의 주체로 인식하게 하였다.

그리고 이와 같은 3·1운동의 귀결로 한민족을 대표하는 정부적 기구로서 대한민국임시정부가 수립되는 데 참여하게 되었다. 그렇지만 신채호는 곧 정부적 조직체에서 행하는 정치 세력들의 정치 행태에 회의하게 되었다. 신채호는 3·1운동 직후 4월에 상해에서 독립운동가들이 대한민국임시정부를 수립하려 할 때 적극적으로 참여하여 임시의정원 회의에 참가하였다. 1919년 8월 18일부터 9월 17일까지 상해 임시정부는 1919년 제6회 의정원 회의를 개최하여 이승만을 초대 대통령으로 삼아서 출범하였다. 이때 신채호는 이승만이 1919년 2월 미국의 윌슨 대통령에게 조선의 위임통치 청원서를 제출했던 행위를 지적하면서 이승만의 대통령 추대에 반대하였다. 그렇지만 결국 이승만을 대통령으로 하여 상해임시정부가 출범하였다. 이에 신

채호는 임시정부와 결별하고 반임시정부 활동을 전개하기 시작하였다.[121]

신채호가 볼 때 이승만 등이 미국에 청원한 위임통치론은 비록 그것이 전략적인 것이라고 할지라도 절대로 받아들일 수 없는 매국적인 행위였다. 이승만이 미국에 위임통치를 청한 것은 신채호로서는 용납할 수 없는 일이다. 이승만은 항일 민족의 독립이 아니라 일제 식민지의 변형된 형태와도 같은 조선에 대한 통치를 미국에 위임하는 청원을 하였다. 이는 친일행위와 다를 것 없는 종속적인 친미 행위였다. 그러한 매국적 행위를 한 인물이 비록 국외에서 일부 민족지도자들이 명목상으로 수립하는 임시정부이기는 했지만 한국인이 최초로 조직하는 근대적인 정부 기구를 대표하는 대통령이 된다는 것은 용납할 수 없었다. 신채호에게 제국주의 열강의 하나인 미국이 한국을 통치하는 것은 일본의 식민지나 다를 바가 없었다. 미국에게 조선의 위임통치를 기꺼이 요청한다는 것은 한국을 식민지화한 제국주의 일본에 자치나 참정을 요청한 것과 같은 매국 행위였다. 그는 다음과 같이 말하였다.

"따라서 오늘 우리들은 비록 어떠한 기이한 재주와 도덕 진보, 능력과 같은 것이 있다 하더라도, 진실로 이로써 척왜(斥倭)와 살왜(殺倭)를 하는 데 쓰일 수 있는 자가 없다. 민을 버리는 것이다. 척왜는 불필요하다고 여기고 독립을 얻으려 하는 자는 어지러운 도적(盜賊)이 된다. 자치의 논의와 참정의 설은 진실로 사람마다 능히 배척하려는 것이며, 진실로 安派의 평화 광복이라는 논의에 이르러서는 가장 쉽게 사람을 마취시키고, 그 매진하는 용기를 잃게 만든다. 우리들은 진실로 3·1의 役을 완성시키고자 하면서 독립의 열매를 수확하고자 하니, 장차 이러한 유형의 망령된 사람들이 불가분하게 있다면, 아울러 일인과 더불어 배척하고자 한다."[122]

　신채호는 아무리 특별한 재주나 도덕적 진보 또는 능력이 있더라도 그것이 진실로 일제를 배척하고 물리치는 데 쓰이지 않는다면 한국 인민을 버리는 것이라고 하였다. 일제를 배척하는 것이 필요하다고 생각하지 않으면서 독립하고자 한다면 그 사람은 혼란한 도적이라고 하였다. 자치나 참정을 말하는 것은 결국 인민을 배척하고 마취시켜서 독립운동에 매진하는 용기를 잃게 만든다고 비난하였다. 신채호는 그러한 사람들을 망령된 사람들이라고 하여 분리하고 일본인과 함께 배척한다고 하였다. 신채호는 그래야 3·1운동을 진실로 완성하여 독립이라는 열매를 맺을 수 있다고 하였다.
　신채호에게 이승만의 위임통치 청원은 친일과 같은 매국 행위였으므로 그를 결코 대한민국임시정부의 수장으로 받아들일 수는 없는 일이었다. 그래서 신채호는 이승만을 대통령으로, 자신을 국무총리로 거론할 때부터 반대하였다. 결국 이승만이 통합된 대한민국임시정부의 대통령으로 추대되자 임시정부와 완전히 결별하였다. 그리고 독립운동의 연장선상에서 반(反)임시정부 활동을 전개하였다.
　신채호는 임시정부와 결별한 직후인 1919년 10월에 동지들과 상해에서 창간한 『신대한』을 통하여 대한민국임시정부에 반대하는 입장을 밝혔다. 상해임시정부를 비판한 핵심은 이승만이 미국에 위임통치안을 제출했다는 사실과 임시정부가 독립운동의 주요 방략으로 외교론을 택했다는 점이었다. 신채호가 임시정부의 외교론을 비판한 것은 독립운동 노선으로서는 전투성이 철저하지 않다는 것이었다. 더불어서 신채호는 대한민국임시정부 내에서 보이는 파쟁과 이를 정리하지 못하는 무능을 지적하고 비판하였다. 같은 맥락에서 신채호는 1919년 11월 임시정부에서 사퇴하고 개인 자격으로 일본의 초대에 응하여 장덕수와 함께 일본을 방문했던 여운형도 비판하였다.[123] 여운형이 이승만이나 임시정부처럼 전투성이 철저하지 않기 때문에 일본의 초대에 응하여 방일했다는 것이다.

신채호가 항일 독립운동 노선의 철저하지 않은 전투성을 적극적으로 비판한 것은 항일 독립운동은 철저한 전투성이 최우선되어야 한다는 논리를 바탕으로 한 것이다. 강한 민족주의가 강한 제국주의와 군국주의로 전개되어 경쟁적으로 약한 민족주의를 침략하기 때문에 그에 대항하는 독립운동이 외교적 방법이나 일제와 대화나 협상으로는 결코 성공할 수 없다는 것이다. 이러한 방법은 오히려 결국 제국주의 강자와 타협하거나 절충하게 되는 길이지 자주적으로 독립할 수 있는 길이 아니라는 것이었다. 이러한 관점에서 신채호는 대한민국임시정부의 외교독립론이 전투성이 철저하지 못하다고 비판하였다.

신채호는 보호국화 이래 전개된 일본제국주의의 실체를 보면서 애국계몽운동에서 직접적인 항일 민족독립운동 노선으로 전환하였다. 신채호가 이승만을 대통령으로 한 대한민국임시정부와 외교독립론을 비판한 것은 직접적인 항일 투쟁노선을 유연하게 타협할 생각이 없다는 점을 분명히 한 것이었다. 신민회의 주요 인물이었던 신채호는 신민회의 결정에 따라서 신민회운동의 실천 목표인 민족독립전쟁에 대비하는 국외 무관학교와 독립군 기지 건설 및 독립군 창건을 직접 실행하고자 중국으로 망명하였다. 비록 신민회는 해체되고 말았지만 신채호는 직접투쟁노선을 견지하였다. 신민회는 애국적인 한인 동포를 국권회복운동의 주체로 육성하고자 국내외를 가리지 않고 하나로 단합시키고자 하였다. 이를 위험하게 여긴 일제가 1911년 9월 이른바 '데라우치총독 암살음모사건'을 날조하여 해체하였다. 신채호는 신민회가 해체된 후에도 신민회의 항일 독립운동 노선을 신민회운동의 연장선상에서 지속하였다.

　신민회가 독립전쟁에 대비한 것은 일본제국주의의 힘이 더욱 커지면 침략 야욕 또한 확장되어 만주나 태평양으로까지 나갈 것을 예상한 것이라고 할 수 있다. 그렇게 되면 불가피하게 러일전쟁뿐만 아니라 중일전쟁이나 미일전쟁이 발발하게 될 것을 상정한 것이었다. 일제에게 중국이나 미국과의 전쟁은 한국병합과 같이 단순한 일이 아니라 힘든 전쟁이 될 것이므로 그 기회를 잡아서 항일독립전쟁을 준비한다는 것이었다. 신민회가 국외에서 독립군을 양성하면서 준비하여 일본이 중국이나 미국과 힘겨운 전쟁을 벌일 때 한인 독립군을 국내로 들여보낸다는 계획이었다. 일제가 외국과 전쟁을 치루는 사이에 국외에서 들어온 독립군과 국내의 항일 독립운동 세력이 함께 힘을 합쳐서 일거에 봉기하는 항일독립전쟁을 일으켜 우리 힘으로 일본제국주의를 물리치고 국권을 회복한다는 계획이었다.

　이러한 신민회의 항일민족독립전쟁을 준비하기 위하여 첫 발을 내딛은 사람 중 하나가 신채호였다. 신민회가 국내에서 일제의 탄압으로 해체되는 중에도 국외에 있던 신민회 회원들은 만주 봉천성 유하현 삼원보에 신한민촌을 건설하고 신흥무관학교(新興武官學校)를 세웠다. 1917년에는 통화현 소북대에 분교를 설치할 정도로 발전시켰다. 1913년에는 이동휘 등이 중심이 되어 왕청현 나자구에 동림무관학교(東林武官學校)와 밀산현 봉밀산자에 밀산무관학교(密山武官學校)를 세웠다. 세 개의 무관학교와 독립군 기지가 창건되었다. 이들 국외 무관학교와 독립군 기지가 이후 만주에서 독립군이 창건되는 모체가 되었다. 신민회가 창건한 독립군은 처음에는 사병이 부족하여 장교를 중심으로 소규모의 부대로 꾸려졌다. 그러나 3·1운동 이후 국내에서 청소년들이 대거 찾아와 대규모의 독립군단이 편성되었다. 그리하여 청산리전투를 비롯하여 곳곳에서 일본의 정규군을 상대로 독립전쟁을 치루고 승리하였다.[124]

신채호는 이와 같은 국외 항일무장 투쟁을 통해 한국인들이 항일 민족의식을 더욱 굳건히 결집하여 직접 민족의 독립을 성취할 수 있다고 여겼다. 이와 대조적으로 임시정부의 외교적 항일 독립운동 노선으로는 항일 민족의식을 공고히 하거나 결집하기 어렵다고 보았다. 식민지의 임시정부가 제국주의와 외교를 한다는 것은 결국 타협적이고 전투성이 철저하지 못한 것이라고 여겨서 비난한 것이다. 신채호는 한국인이 민족의식을 공고하게 결집하여 직접 항일 독립운동을 통해 독립을 쟁취하는 것이 최선이라고 여겼다. 때문에 비폭력이나 무력을 불문하고 각종 방법으로 한민족이 일제히 궐기하여 국권을 회복하고 자유문명국을 수립해야 한다는 신민회에 가담했던 것이다. 신채호는 대한민국임시정부에서도 그러한 직접 항일 무장 투쟁 독립운동 노선이 견지되어야 한다고 보았다.

대한민국임시정부는 3·1운동 전후 러시아혁명의 영향으로 확산되고 있던 공산주의를 포함한 이념적 통일전선체로 수립된 것이었다. 그런데 대한민국임시정부는 수립 직후부터 내부에서 이념적 균열이 발생하기 시작하였다. 1921년 1월에 소련에서 공산주의 민족독립운동을 하던 국무총리 이동휘가 대한민국임시정부를 탈퇴하고 노령 연해 주로 돌아가면서 임시정부 내부의 이념 갈등이 표출되었다. 이를 계기로 대한민국임시정부를 독립운동 지도 기관으로서 "통일적인 강고한 정부 조직"으로 재정비해야 할 필요성이 제기되었다. 그리하여 같은 해 2월에 국민대표회의가 소집되었다.

신채호도 그 뜻에 찬성하여 북경군사통일회의 주문으로 간행한 잡지 『대동』을 통하여 '통일적인 강고한 정부 조직'의 재정비를 적극 지지하였다. 결국 대한민국임시정부도 국민대표회의의 소집에 찬성하여 1923년 1월에 70여 독립운동단체 124명의 대표가 상해에서 국민대표회의를 개최하였다. 국민대표회의에서는 이승만 대통령 불신임안을 가결하였다. 그렇지만 임시정부의 재정비 문제를 놓고'개조파'와'창조파'로 나뉘어 대립하게 되었다. 이동휘의 고려공산당 상해파와 북경의 독립운동가들, 신채호·박용만·신숙 등 북경군사통일회, 그리고 김규식 등 상해임시정부의 일부 인사들이 상해임시정부를 완전히 재건할 것을 주장하였다. 이 창조파는 상해임시정부를 전면 부정하고 독립운동 노선을 무장 투쟁으로 하는 완전히 새로운 망명 임시정부의 수립을 강력하게 주장하였다. 결국 창조파는 1923년 독자적으로 회의를 열어서 김규식을 정부 수반으로 하는 사실상 새 임시정부를 수립하였다. 이에 상해임시정부가 국무원 포고 제3호와 내무부령 제1호를 통해 창조파의 새 임시정부를 격렬히 규탄하였다. 국민대표회의는 실패로 끝나고 말았다.[125] 이후 창조파의 새 임시정부는 거처를 1923년 8월 소련 블라디보스톡으로 옮겼다. 블라디보스톡에서 창조파의 새 임시정부는 종래 한인 공산주의운동을 적극적으로 지원했던 볼세비키정부가 일본과의 외교관계를 중시하여 자국 영토 안에 있는 한국인의 항일 독립운동과 임시정부 활동을 승인하지 않아 해산되었다.

신채호가 상해임시정부에서 창조파의 임시정부로 이어지는 일련의 임시정부 활동에 동참한 것은 무장 투쟁 노선에 입각하여 3·1운동을 통해서 각성되기 시작한 한국인들을 통합적으로 조직·단련함으로써 직접적인 항일 독립운동을 전개하기 위해서였다. 항일 독립전쟁을 일으켜서 한국인의 손으로 직접 일제에 의해 박탈되었던 국권을 회복하고 근대적인 공화국을 건설하기 위함이었다. 그러나 상해임시정부에서부터 시작된 민족을 대표하는 정부적 조직 기구의 결성과정은 신채호에게 극히 실망스러웠다. 정부적 조직은 민족을 통합하여 국권을 회복하기 위한 지도력과 단합된 힘을 모범적으로 보여주어야 할 것이었다. 그러나 정부적 조직을 결성하는 과정에서 민족 지도 세력들은 각기 이해가 갈등하며 이념적으로 균열되어 그 정치적 균열을 표출하였다. 이에 신채호는 크게 실망하였다. 3·1운동은 한국 민중이 국민적 영웅, 애국하는 새로운 자주적 국민으로 거듭날 수 있는 기회가 되었다. 그렇지만 민족 지도 세력들에게는 그렇지 않았다. 대한민국임시정부를 수립하고 운영하는 과정에서 표출된 민족 지도 세력들의 분열적 행태는 신채호의 국민적 영웅과는 거리가 멀었다.

신채호의 임시정부 조직에 대한 비판적 문제의식은 제국주의 열강인 미국에게 일본에 자치나 참정을 요청한 것과 같은 위임통치를 부탁한 이승만을 대통령으로 추대한 것에서 비롯되었다. 그렇지만 이 문제의식은 결국 대한민국임시정부의 정체성과 독립 운동노선에 대한 회의로 이어졌다. 또한 결국 국민대표회의를 파국으로 이끈 민족 지도 세력들 간의 이해 갈등과 이념적 균열은 신채호가 독립운동을 전개하면서 민족 지도자라고 자처하는 사람들에 대하여 회의하게 하였다. 이러한 사람들이 민족을 대표하는 정부적 조직을 조직하고 민족에 대한 통치권이 집중되는 것이 과연 필요한지에 대해서도 회의하게 하였다.

대한민국임시정부를 통해 갖게 된, 신채호의 민족 지도 세력과 그들이 결성하는 정부적 조직에 대한 회의는 1923년에 의열단 선언문으로 작성한 〈조선혁명선언〉에 잘 나타나 있다. 신채호는 조선혁명선언에서 임시정부의 외교론과 전쟁준비론에 대하여 일본과의 실력 격차를 적시하면서 회의적으로 평가하였다. 그리고 민중의 직접 혁명을 주창하였다.

"國亡 以後 海外로 나아가는 某某 人士들의 思想이 무엇보다 먼저 '外交'가 그 第1章 第1條가 되며 國內 人民의 獨立運動을 煽動하는 方法도 '未來의 日美戰爭 日露戰爭等 機會'가 거의 千篇一律의 文章이었고 最近 3·1運動에 一般人士의 '平和會義 國際聯盟'에 對한 過信의 宣傳이 도리

어 二千萬 民衆의 奮勇前進의 意氣를 打消하는 媒介가 될 뿐이었도다."[126]

"今日 今時로 곧 日本과 戰爭한다는 것은 妄發이다. 총도 장만하고 돈도 장만하고 大砲도 장만하고 將官이나 士卒감까지라도 다 장만한 뒤에야 日本과 戰爭한다 함이니 이것이 이른바 準備論 곧 獨立戰爭을 準備하자 함이다. 外勢의 侵入이 더할수록 우리의 不足한 것이 자꾸 感覺되어 그 準備論 의 範圍가 戰爭 以外에까지 擴張되어 敎育도 振興해야겠다, 商工業도 發展해야겠다, 其他 무엇무엇 一切가 모두 準備論의 部分이 되었다. … 內外 各地에서 목이 터질만치 準備! 準備!를 불렀지만 그 所得이 몇 개 不完全한 學校와 實力없는 會뿐이다. 그러나 그들의 誠力의 不足이 아니라 實은 그 主張의 錯誤이다. 强盜 日本이 政治 經濟 兩方面으로 驅迫을 주어… 衣食의 方策도 斷絶되는 때에… 實로 一場의 잠꼬대가 될 뿐이로다. 以上의 理由에서 우리는 '外交', '準備'의 迷夢을 버리고 民衆 直接革命의 手段을 取함을 宣言하노라."[127]

결과적으로 신채호는 3·1운동과 대한민국임시정부를 수립한 경험을 통하여 서로 상반되는 중요한 인식의 전환을 하게 되었다고 할 수 있다. 그 첫 번째가 민중에 대한 인식이 전환된 것이었다. 신채호는 민중을 근대 민족국가의 국민과 같이 자아 인식을 각성하여 국권을 수호하는 20세기의 새로운 국민으로서 새롭게 혁명적으로 변화되어야 할 대상으로 여겼었다. 3·1운동을 통해 민족적으로 봉기한 민중은 자신들의 힘으로 전국적으로 장기간에 걸쳐서 항일 독립운동을 전개하였다. 3·1운동은 민중이 스스로 민족적으로 각성되어 항일 민족의식과 항일 독립운동 및 새로운 국가 건설을 요구하는 주체적인 목소리를 내는 동인이 되었다. 그리하여 신채호는 3·1운동을 통해 민중이 항일 독립한 신국가의 신국민이 되기 위한 각오를 다지며 분출했다고 보았다. 그리하여 민중을 혁명의 주체로 재인식하였다.

다른 하나는 민중에 대한 긍정적인 인식의 전환과는 대조적으로 신채호는 3·1운동의 귀결인 대한민국임시정부의 수립 경험을 통해 민족 지도자들에 대한 인식이 바뀌었다. 신채호의 영웅론에 따르면, 민족 지도 세력들은 국민 가운데서 먼저 자주적으로 각성하여 전근대적인 민중이자 대한제국의 국민이었던 한민족을 새로운 독립 국가의 새로운 국민으로 스스로 거듭날 수 있도록 이끄는 국민적 영웅과 같은 존재라고 할 수 있다. 그런데 그들은 민중이 3·1운동을 통해 신국민으로 거듭나 대한민국임시정부를 수립할 수 있게 한 것과는 대조적으로 재래의 지배 세력이 정치권력과 이념을 놓고 균열했던 것과 같은 양태를 보였다. 이는 정부적 조직의 필요를 논했던 신채호가 민족 지도 세력과 그들이 결성하는 정부적 조직에 대해서 회의하는 결과를 낳았다.

이러한 3·1운동 이후 신채호의 민중과 민족 지도자들에 인식의 변화와 전환은 그가 의뢰받아 작성한 의열단 선언문을 통해 분명해졌다. 신채호는 이제 민중이 혁명의 주체가 되어 민중에 의한 민중을 위한 직접 혁명을 주창하기 시작하였다. 이러한 신채호의 혁명과 혁명 주체에 대한 인식의 전환은 향후 그의 사회혁명에 대한 인식에도 영향을 미쳤다.

제4장
1923년 의열단 선언과 함께 발전한 신채호의 사회혁명론

제1절 '조선혁명선언'과 신채호의 민중 직접혁명론

1923년 1월 신채호는 〈조선혁명선언〉을 집필하였다. 1922년 12월 북경에서 친분이 있던 의열단 김원봉(金元鳳, 1898~1958)이 의열단(義烈團)의 독립운동 이념과 방법을 천명하는 〈조선혁명선언〉의 집필을 요청하여 완성한 것이었다. 신민회에서 세운 신흥무관학교 출신인 김원봉은 1919년 11월 10일 만주에서 윤세주 등과 독립운동 단체인 의열단을 창건하고 초대 단장(義伯)이 되었다. 의열단은 조선 총독과 조선총독부 고관, 군부 수뇌와 매국적 친일파 거두 등을 암살 대상으로 삼고 국내의 경찰서 폭파, 요인 암살 등 무정부주의적 투쟁을 하였다. 의열단의 공약 제1조는 "천하의 정의의 事를 맹렬히 실행"키로 한다는 것이었다. 이에 따라 이름을 의열단(義烈團)이라고 하고 그 단장을 의백(義伯)이라고 하였다. 조국(祖國)의 광복을 위하여 목숨 바칠 것을 결의한 의열단은 일본제국주의를 내쫓아서(驅逐倭奴) 국권을 회복(祖國 光復)하기 위하여 목숨을 바치는 것, 그리고 계급 타파(打破 階級)와 국민들의 평균적인 경제력을 보장(平均地權)하는 것을 기본 강령으로 하였다.[128] 의열단은 '천하 정의의 실행'을 주창하면서 '조선의 독립'과 '세계의 평등'을 기본 목적으로 삼았다. 의열단이 천하의 정의로운 일을 "맹렬"하게 실행하기 위하여 취한 방법이 단원들의 암살과 파괴 및 폭동과 같은 테러 행위였다. 의열단은 그 암살 대상을 선정한 후 "칠가살(七可殺)"이라 명명하였다. 조선 총독을 비롯해서 조선총독부의 고관과 일본 군부의 수뇌, 대만총독, 매국노, 친일파의 거두, 일제의 밀정, 반민족적인 토호와 열신(劣紳)들이 대상이었다. 또한 "5파괴"라 하여 파괴의 대상도 선정하였다. 조선총독부와 동양척식주식회사, 매일신보사, 일제 경찰서와 기타 일본제국주의의 주요 기관들이었다.

김원봉은 이러한 의열단의 독립운동 이념과 방법을 이론화하는 선언서 작성을 신채호에게 의뢰하였다. 두 사람은 신민회의 인연뿐만 아니라 1921년 4월 신채호가 주동자가 되어 이승만의 위임통치안에 대한 '성토문'을 작성할 때에도 함께 서명한 바 있었다. 따라서 김원봉은 신채호의 민족독립운동에 대한 생각과 방법, 노선 및 민족 독립에 대한 혁명적인 인식 등에 대해서 잘 알고 공감하고 있었다고 여겨진다. 1919년 3·1운동 이후 한국인들 사이에서 항일 무장 투쟁에 대한 인식이 높아졌다. 1919년 11월에 창단한 의열단에도 단원이 증가하여 크게 성장하고 있었다. 그렇지만 의열단의 폭력적인 활동에 대해서는 비난이 일었다. 이에 의열단은 항일 민족독립운동을 하는 의열단의 이념을 논리화하여 정립해야 할 필요가 절실해졌다. 그 소임을 의열단장 김원봉은 신채호에게 요청하였다. 당시 의열단은 조선총독부의 파괴(1920년 3월 밀양폭탄사건, 1921년 9월 조선총독부 폭탄투하사건)와 일본제국주의 경찰서의 파괴(1920년 9월 부산경찰서 폭탄투하사건, 12월 밀양경찰서 폭탄투하사건) 및 다나카(田中) 일본군 대장 암살, 저격 등 그 기본 강령을 충실히 실행하고 있었다.

신채호는 애국계몽운동에 한계를 느끼고 신민회에 참여하면서 독립운동의 무장 투쟁노선을 적극적으로 지지하고 실천하고자 했었다. 또한 김원봉의 직접적인 항일 무장 투쟁 방식은 신채호가 주창하던 일제에 대한 '철저한 전투성'을 갖추지 않으면 할 수 없는 일이었다. 의열단 선언서의 작성을 요청받은 신채호는 그러한 의열단의 독립운동 방식에 깊은 관심을 갖고 〈조선혁명선언〉을 작성하였을 것으로 보인다.

신채호는 의열단이 결성된 이래 실행한 테러 활동이 의열단의 규모에 비하여 일제의 식민 통치체제 아래서 핍박받고 있는 한민족에게 상대적으로 큰 영향을 미친 전과를 높이 평가했다고 할 수 있다. 대한민국임시정부의 외교적 독립운동 방식이 전투성이 약하다고 비판했던 신채호는 전투성이 철저한 의열단의 활동 방략에 공감하여 그 활동을 이념적으로 논리화하는 작업에 임했을 것으로 보인다. 이는 신채호가 이승만이 미국에 조선의 위임통치를 청원한 것에 반대하여 대한민국임시정부와 인연을 끊고 임시정부를 비판하는 반임시정부 활동을 한 것으로 능히 짐작할 수 있는 바이다. 그 단체의 기본 강령이나 활동 방법에 공감하거나 동의하지 않으면서 그 단체의 이념과 독립운동 방법을 논리화하는 것은 지식인으로서는 할 수 없는 일이다.

따라서 신채호가 의열단의 기본 강령이나 독립운동 방법을 논리화한 〈조선혁명선언〉을 작성한 것은 직접 의열단 단원으로서 활동하지는 않더라도 의열단의 독립운동 방법에 공감하면서 그 활동을 뒷받침하고, 그 활동이 지향하는 독립운동의 궁극적인 목적을 이념화한 것이라고 할 수 있다. 그리하여 신채호가 작성한 〈조선혁명선언〉은 의열단 활동은 물론이고 스스로 3·1운동과 대한민국임시정부의 경험을 통해 재인식하게 된 근대적 혁명 주체와 혁명관에 대한 인식의 변화 또한 반영된 것이라고 할 수 있다.

신채호가 김원봉의 의뢰로 〈조선혁명선언〉을 집필할 때 김원봉은 의열단 측 책임자로 유자명(柳子明, 1894~1985)을 선정하였다. 그는 신채호와 합숙하면서 의열단 선언문을 함께 작성하였다. 유자명은 충청북도 충주 출생으로 본명은 유흥식(柳興湜)이다.[129] 그는 3·1운동 당시 충주간이농업학교 교사였다. 1911년 충주공립보통학교를 졸업하고 서울의 연정학원을 거쳐 1912년 수원농림학교에 입학하였다. 1916년에 졸업한 후 교원으로 취직하였다. 1919년 3·1운동이 일어나자 학생들을 중심으로 만세운동을 계획한 것이 사전에 충주경찰서에 탐지되자 보통학교 동창의 도움을 받아 피신해 중국으로 망명하였다. 1919년 6월 상해로 건너가 여운형(呂運亨, 1886~1947)의 소개로 신한청년당 비서로 활동하면서 대한민국임시정부 임시의정원 의원이 되었다. 이 시기에 유자명은 신채호의 임진왜란과 이순신 장군에 관한 강연을 듣고 크게 감명받아 신채호를 존경하게 되었다고 한다.

또한 당시 세계 사조의 하나로 풍미하고 있던 러시아의 무정부주의자 크로포트킨(Pyotr Alekseevich Kropotkin, 1842~1921)의 『상호부조론(相互扶助論)』을 비롯한 무정부주의 관련 글을 읽으면서 무정부주의(아나키즘 Anarchism)에 공감하게 되었다고 한다.

독점 자본주의를 비판하고 무정부 공산주의를 주장한 크로포트킨은 정치 지도자를 바꾸는 정치혁명이 아니라 소유와 지배제도 자체를 바꾸는 사회혁명을 주장하였다. 소유와 생산의 사회화와 함께 무정부, 자주 독립, 개인의 창의에 기초한 아나키즘을 주장하였다. 크로포트킨의 상호부조론은 아나키즘 사회가 되기 위하여 자급자족하는 지역공동체가 되기 위한 방법이었다. 여러 문명단계에서 나타난 상호 부조 제도를 고찰하여 자연에는 상호 투쟁의 법칙 말고도 상호부조의 법칙이 존재하는데, 생존 경쟁에서 살아남기 위하여 종(種)이 계속 진화하기 위해서는 상호부조의 법칙이 중요하다는 것이었다.

유자명은 크로포트킨의 상호부조론이 일제의 침략에 반대하는 이론적 근거가 된다고 생각하였다. 또한 당면한 한국 사회의 문제는 계급모순보다 민족모순이 우선한다고 생각하였다. 그리하여 1922년 4월 북경으로 간 유자명은 북경대학의 리스청(李石曾, 1882~1973)과 같은 무정부주의자들의 영향을 받으며 무정부주의자가 되었다. 또한 신채호·이회영(李會榮, 1867~1932) 등과 교류하다 영어를 배우러 천진으로 가서 의열단 김원봉·이종암(李鍾岩, 1896~1930)과 인연을 맺고 의열단 단원이 되었다. 유자명은 의열단의 통신 연락과 선전 활동을 주관하였다. 『의열단간사(義烈團簡史)』를 집필하여 의열단의 정체성을 확립하는 데 기여하였다. 김성숙(金星淑, 1898~1969)에 의하면 의열단의 실질적인 활동은 유자명이 한 것이라고 하였다. 정화암(鄭華岩, 1896~1981)도 이 무렵 의열단이 발표한 문건은 대부분 유자명이 작성하였다고 한다. 유자명은 일본제국주의가 한국을 식민지화하고 인민을 탄압·학살하는 상황에서 국가 권력에 대한 반대는 곧 일본제국주의에 대한 반대를 의미한다고 하였다. 따라서 일본제국주의 침략의 원흉을 암살하고 일제의 통치 기관을 폭파하는 일이 바로 반일 애국하는 행동이라는 논리로 의열단의 투쟁노선을 정당화하였다. 유자명은 이러한 입장에서 항일 투쟁단체인 의열단의 활동을 무정부주의적 테러 활동으로 이끌었다.

이와 같이 의열단에서 가장 탁월한 이론가로서 활동하고 있던 무정부주의자 유자명이 신채호와 합숙하면서 의열단의 선언서 집필을 돕게 된 것은 신채호가 의열단의 무정부주의적 테러 활동에 공감하면서 의열단의 이념과 운동 방법을 논리화하고 정립하는 데 영향을 미쳤다고 할 수 있다. 그리하여 신채호가 의열단의 테러 활동에 따른 민족독립운동을 "혁명"이라고 명시하고, 이를 행하는 독립운동가들을 스스로 각성된 민중으로서 '신국민'과 같은 존재로 규정하면서 독립 혁명운동이 민중에 의해 민중을 위하여 이루어지는 직접 혁명이라고 논리화하는 데 영향을 미친 것으로 보인다.

1923년에 신채호가 의열단의 독립운동과 이념을 정립한 〈조선혁명선언〉에서 민중은 이제 명실공히 혁명의 주체로 정의되었다. 신채호는 "今日 革命으로 말하면 民衆이 곧 民衆自己를 爲하여 하는 革命인 故로 '民衆革命'이라 '直接혁명'이라 칭함"이라고 하였다.[130] 이제 오늘날의 혁명은 민중이 자기를 위하여 하는 혁명이므로 민중혁명이고 직접혁명이라는 것이었다.

여기서 혁명은 자주 독립 민족국가를 수립하기 위한 항일 독립운동을 의미하는 것이었다. 신채호는 조선혁명선언에서 식민지화된 조선민족이 생존을 유지하자면, "강도 日本을 驅逐할지며 강도 일본을 구축하자면 오직 革命으로써 할 뿐이므로 革命이 아니고는 강도 일본을 구축할 방법이 없다"라고 하였다.[131] 일본을 강도로 규정하고 이 강도를 구축하는 방법은 오직 혁명뿐이라는 것이다. 이는 유자명이, 한민족의 국가를 표방하는 일본제국주의에 반대하고 그 통치 기관을 폭파하는 일이 곧 반일 애국하는 행동이라고 의열단의 활동을 정당화한 것과 같은 맥락에서 '혁명'을 통한 항일 민족독립운동을 의열단의 이념으로 정리한 것이라고 할 수 있다. 항일 민족독립운동이, 제국주의 식민국가를 전복시키고 한민족이 주체가 되는 근대 민족국가를 수립하는 정치혁명이라고 한 것이었다. 신채호는 3·1운동을 통해 일체의 차이를 불문하고 한마음 하나가 되어 항일과 민족 독립을 선언했던 한민족이, 일본제국주의의 무단통치 아래서 얼마나 힘겹게 생활하고 있는지 뼈저리게 인식하고 있었다. 민중은 "飢 寒 困 妻呼 兒啼 稅納의 督棒 私債의 催促 行動의 不自由 모든 壓迫에 졸리어 살려니 살 수 없고 죽으려 하여도 죽을 바를 모르는"존재라고 하였다.

그렇지만 한민족의 민중은 3·1운동을 통해 "대각오"를 시작하였다. 그리하여 민중이 민중의 생존을 향상하는 데 장애가 되는 일체의 불평등과 불합리함을 타파하고자 스스로 "先覺"하기 시작했다고 강조하였다. 따라서 3·1운동을 통해 각성한 민중은 이제 스스로 민중 전체를 위한 혁명을 해야 한다고 하였다. "선각한 민중이 민중 전체를 위하여 혁명적 선구가 되어" 일본 강도를 구축하는 혁명을 일으켜야 한다고 하였다. 민중이 선구가 되어 민족 독립 국가를 수립하기 위한 정치혁명을 일으키게 되면, 그것은 단순히 정치권력을 교체하는 것이 아니라 민족적으로도 평등을 이루어서 민중 스스로 자주독립하게 되는 것이었다. 그 결과 수립될 민족국가는 모든 불평등과 불합리한 피해만 입고 있던 민중이 스스로 정치혁명을 이룬 국가가 될 것이라고 하였다. 따라서 민중의 생존 여건을 향상하는 사회혁명이 정치혁명과 함께 이루어질 것이라고 하였다.

신채호는 칠가살·오파괴와 같이 암살과 파괴의 대상을 설정하면서까지 암살, 파괴, 폭동을 열렬히 실천하는 것을 중요한 독립운동 방략으로 채택한 의열단과 의열단원들의 테러 활동이 갖는 투철한 전투성에 공감하였다. 그리고 그것이 갖는 효과 다시 말해 그 활동이 민중에게 미치는 영향에 공감하였다. 그리하여 의열단의 활동을 '스스로 각성·각오한 민중의 직접혁명'이라고 논리화하였다.

무정부주의, 아나키즘(Anarchism)은 모든 제도화된 정치 조직이나 권력, 사회적 권위를 부정하는 사상 및 운동을 일컫는다. 권력이나 정부의 통치 부재(不在)를 의미하는 고대 그리스어 'anarchos'에서 유래한 것으로 국가 없는 사회를 의미한다. 무정부주의는 국가와 법 또는 감옥이나 사제(司祭)·재산 등이 없는 사회를 지향한다. 하나의 사회 철학이자 정치 이념으로서 개인의 자유를 최상의 가치로 여겨 개인의 자유를 억압하는 모든 기구를 부정하는 것이다. 무정부주의의 특징은 대개 다섯 가지로 규정된다. 첫째는 인간은 본래 선한 능력을 가진 착한 존재라는 것이다. 그런데 관습이나 제도, 권력이 선한 인간을 타락하게 만든다고 본다. 둘째는 사회적 존재인 인간은 자발적으로 서로 협력할 때 가장 인간다워진다고 한다. 인간의 본능은 공동체적인 삶을 추구하고 공공적인 삶을 추구하는 사회가 가장 자연스러운 것인데, 이에 반하는 것이 국가라는 것이다. 셋째, 사회의 여러 제도 가운데 특히 사유재산과 국가가 가장 인위적인 것이라고 한다. 이것이 사람들을 서로 타락하게 하고 착취하게 한다는 것이다. 어떠한 형태든 모든 권위적인 요소는 개인을 억압한다고 보는 것이다. 넷째, 모든 사회 변화는 자생적이고 직접적이며 대중적인 기반을 둔 것이라야 한다고 한다. 그렇지 않게 조직화된 모든 운동은 권위적인 조작의 산물에 불과하다는 것이다. 권위적으로 조직화된 혁명은 억압을 또 다른 억압으로 바꾸는 것에 지나지 않는다고 한다. 따라서 변화는 외부적인 통제 없이 자유롭고 독립적인 개인들로 이루어지는 대중의 자연적인 느낌에 의해 표출되고 이루어져야 한다는 것이다. 다섯째, 산업문명은 생산수단을 소유하는 형태를 불문하고 인간의 정신을 파괴한다고 본다. 결국 기계가 인간을 지배하게 되므로 산업문명 위에 선 사회는 인간의 내적인 힘을 누르는 것이라고 한다.

　　이러한 무정부주의의 일반적인 특징은 신채호가 작성한 〈조선혁명선언〉에서 3·1운동 이후 재인식되기 시작한 민중을 스스로 각성한 혁명의 주체로 명시하고, 그러한 민중이 테러 활동과 같이 직접 행동을 통해 민중에 의한 민중을 위한 민중혁명으로, 직접혁명을 일으켜야 한다고 의열단의 이념과 운동 방법을 논리화한 것과 일맥상통한다.

그렇지만 신채호가 〈조선혁명선언〉을 작성한 1922년 말에서 1923년 초에 신채호는 무정부주의자가 아니었다. 1928년 신채호의 심문조서에 의하면 신채호는 황성신문에 근무할 당시 고토쿠 슈스이(幸德秋水)의 『長廣舌』(1902)을 읽고 무정부주의에 공명했다고 한다.[132] 신채호는 일찍이 1900년대 말 고토쿠 슈스이의 저술을 통하여 무정부주의에 관심을 갖게 되었다. 그러다 직접 무정부주의를 접하게 된 것은 유자명과 함께 중국의 대표적인 무정부주의자인 북경대학 리스칭과 교류하면서였다.[133] 그렇지만 그때도 신채호는 무정부주의자는 아니었다. 『천고』 제2권 제2호에 남명(南溟)이라는 이름으로 게재한 "크로포트킨의 죽음에 대한 감상"이라는 글에서 신채호는 "무정부주의는 내가 강구하는 바는 아니니 어찌 不可를 말하겠는가?"라고 하였다. 1920년대 초 신채호는 무정부주의자가 아니었다.

신채호는 무정부주의자는 아니었지만 무정부주의자 크로포트킨의 죽음을 애석해할 정도로 크로포트킨의 삶과 상호부조론에 공명하였다.

"크로포트킨은 본래 귀족의 자제로서 고유한 부귀를 버리고 혁명의 세계에 투신해 노동일꾼과 더불어 그 즐거움과 괴로움을 함께하니, 어찌 의연하고 위대한 장부가 아니겠는가. … 크로포트킨과 같은 자는 진실로 세속에 따르지 않고 오로지 믿는 바에 따라 행동하는 사람이어서 세상의 추이가 함께 하지 않는 것이로구나. 내 어찌 큰절하지 않을 수 있겠는가. 예부터 가장 위대한 사람의 가장 큰 이상이 자신에게 거의 미치지 않아도 직접 그것을 보니, 레닌의 성공을 보고 크로포트킨의 고집을 나무라는 사람은 진실로 어리석은 사람이다."[134]

"내가 슬퍼하는 것은 成敗의 흔적에서 진리를 구하고자 함을 그칠 줄 모르는 것이다. 기왕에 크로포트킨의 죽음을 슬퍼하면서 한마디 덧붙인다."[135]

신채호는 세속적인 성공에 연연하면서 시류의 변화를 좇아가기에 급급한 현실을 부정적으로 보았다. 이러한 세상에서 자신의 신념과 뜻에 따라서 주어진 특권을 버리고 자신의 신념을 실천하는 삶을 살다간 크로포트킨을 존중하고 그의 죽음을 애석해하였다.

사실 신채호는 석가·공자·예수와 함께 마르크스와 크로포트킨을 언급할 정도로 크로포트킨의 무정부주의 사상을 높이 평가하였다. 그리하여 한국 청년들에게 크로포트킨의 "청년에게 고하노라"는 논문의 세계를 받자고 강조하기도 하였다.[136] 무엇보다 신채호는 크로포트킨의 상호부조(相互扶助)론에 공명하였다. 크로포트킨은 사회 조직의 일반 원리를 상호부조와 상호지지에서 찾았다. 크로포트킨은 사회 진화의 원동력을 경쟁이 아니라 상호부조라고 증명하고, 이를 통해 강권주의와 제국주의를 철저하게 이론적으로 비판하였다. 무정부주의 이론가들이 사회 진화를 등한시한 데 반해서 크로포트킨은 다윈의 진화론을 적극적으로 수용하고 받아들여서 연구에 활용하였다.

이러한 크로포트킨의 사상과 입론은 약육강식의 국제관계를 사회진화론에 입각하여 인식했던 신채호의 사상과 친화력을 갖기에 충분하였다. 크로포트킨은 상호부조가 인류의 문명을 발달시킨 사회생활의 조건을 창조해 왔다고 하였다. 또한 상호부조가 앞으로 인류의 이상적인 사회생활을 가져올 요소이기도 하다고 강조하였다. 이러한 관점에서 크로포트킨은 스펜서 등의 사회진화론이 지니고 있는 우승열패(優勝劣敗)와 약육강식(弱肉强食)을 공례(公例)로 보는 강권주의를 격렬하게 비판하였다. 하물며 동물도 같은 종끼리는 약육강식을 하지 않고 상호 부조하여 진화하는데, 인류가 같은 인류끼리 상호부조하지 않고 약육강식하여 침략하고 압박하고 파괴하는 것은 용납할 수 없는 악이라고 하였다. 크로포트킨의 상호부조론에서 강권주의 제국주의는 인류 최대의 악이고 적이었다. 따라서 철저하게 이론적으로 비판되고 부정되었다.[137]

이러한 크로포트킨의 상호부조론은 무정부주의가 대개 반(反)전통주의를 지지하는 것과는 결을 달리했으므로, 동아시아에서 전통 유가의 성선설(性善說)이나 묵가의 겸애설(兼愛說)과 연결되어서 이해되었다. 크로포트킨의 상호부조론은 내가 하고 싶지 않은 일은 남에게 베풀지 말아야 한다(己所不慾勿施於人)는 유교의 전통 사상이나 계나 품앗이 같은 공동체의식 및 관습과 연계되었다. 민중의 봉건적인 질곡과 식민 지배체제에서 독립하여 자유를 찾고자 한 열망과 친화력을 가졌다. 그리하여 3·1운동 이후 사회 변혁의 주체로 등장하고 있던 민중에게 큰 영향을 미쳤다. 또한 약육강식의 사회진화론을 극복하는 데도 적합하였다.[138] 이러한 크로포트킨의 상호부조론을 신

채호나 이회영 등은 대동사상과 결합하여 이해한 것으로 보인다.[139]

특히, 신채호에게 크로포트킨의 상호부조론은 제국주의와 군국주의를 비판하면서도 제국주의나 군국주의의 다른 측면이기도 했던 민족주의를 역설적으로 민족 독립의 유일한 방법으로 강조했던 자신의 민족주의 주장을 보완할 수 있는 중요한 이론적 근거가 될 수 있는 것이었다. 또한 크로포트킨은 "모든 혁명은 민중 속에서 시작되는 것"이라고 하여 민중혁명론을 논하였다.[140] 이는 신채호의 혁명적 주체로서의 민중과 '신국민'의 논리와 일맥상통하였다. 3·1운동을 경험하여 민중을 혁명의 주체로 새로 발견한 신채호는 크로포트킨의 민중혁명론에 크게 공감한 것으로 보인다. 따라서 신채호가 무정부주의자 유자명과 합숙하면서 집필한 〈조선혁명선언〉에서 민중의 직접혁명을 강조한 데는 크로포트킨의 민중혁명론이 미친 영향도 있는 것으로 보인다.

신채호는 크로포트킨의 죽음을 애도한 글에서 무정부주의자는 아니지만 그의 삶에 공명하여 애도한다고 밝혔다. 그리고 식민지민이 된 자신은 일본제국주의의 철쇄에 속박되어 자유롭지 못하니 제국주의의 적을 몰아내는 것이 급무라고 강조하였다.

"이 몸이 적에게 잡혀 온몸이 모두 철쇄에 속박되어 움직이기가 자유롭지 않았다. 이때를 당해 가장 급한 것은 적을 몰아내는 데 있다. … 나는 비단 무정부주의를 궁구하지 않았을 뿐 아니라 곧 그 역사의 전말을 상세히 보기에 이르진 못했고, 비단 크로포트킨의 죽임이 언제인지 모를 뿐 아니라 곧 그 생년이 어느 해인지 미처 기록하지 못했다. … 나는 단지 日譯·漢譯한 단편적인 글귀를 볼 수 있었을 뿐이며, 일찍이 책을 읽거나 말을 듣지 못했는데 갑자기 그 사람을 논하는 것이 옳은가? 오호라? 내가 이 글을 쓰는 것은 그 사람을 논하고자 하는 것이 아니라 다만 내 소감을 쓰려는 것일 뿐이다."[141]

그러면서 신채호는 세상을 구하고자 하는 지향 이념조차 급변하는 현실을 한탄하였다. 특히 한국인들에게 그 변화가 더 심하게 나타나는 사실을 지적하였다. 신채호는 각기 자기의 식견만, 그것도 시류에 편승하여 급변하고 있는 한국인들의 현황을 냉소적으로 비판하였다.

"인류의 사상이 어찌 그리 박약한가. 군주를 존숭하는 시대에는 곧 진시황이 暴威로 신성을 萬世할 수 있었지만, 루이 14세의 신하가 오히려 신처럼 하늘처럼 경아하던 황제도 또한 머리에 백발이 생기는 것을 면하지 못했다. 共和의 시대에는 곧 九重궁궐의 존엄한 군왕도 홀연히 단두대에 올라 온 나라의 인민이 혁명의 피를 갈음하길 그칠줄 모른다. 武를 숭상하는 시대에는 곧 세 수 없이 많은 힘을 다하고 수많은 재물을 소비해..

무릇 우리나라 같은 경우는 그것이 더욱 심하다. 종교에 국한하면, 공자를 존숭하는 자는 공자 이외에 다른 사람이 있다는 것을 알지 못하면서 예수를 숭배하는 자는 예수 이외에 다른 사람이 있다는 것을 알지 못한다. … 견문으로 옮기면, 곧 미국인과 교류한 자는 미국을 가장 신성한 문명국으로 여겨서 워싱턴을 유일한 위인으로 삼는다. 일본에서 돌아온 자는 비록 일본을 악착스럽고 가소롭다고 여기면서도 그 사상·언론은 제국 명치시대 등의 모 교수·모 박사의 범위를 벗어나지 않는다. 이 때문에 일반이 품고 있는 정견으로써 장래의 건설을 도모하려는 자는 오히려 세계 대세에 따라 옮겨 다녀 감히 자기의 일정한 주장이 있지 못한다."[142]

이 글에서 잘 나타나는 것처럼, 신채호는 국제 정세의 변화와 함께 바뀌는 사상(思想)·사조(思潮)와 그에 연동하여 독립운동의 이념과 독립 국가의 이상형이 바뀌는 것을 지적하고 비판하였다. 그러면서 독립운동의 이념과 독립 국가의 이상형이 어떻게 바뀌더라도, "가장 급한 것은 적을 몰아내는 데 있다"고 강조하였다. 최우선의 과제이자 목적은 일제를 몰아내는 것이라고 강조하였다. 신채호는 다음과 같이 역설하였다.

"칼날을 휘둘러 전기가 되고 …, 왜병의 혁혁한 기염은 전국의 동포가 가위눌려 죽기에 족하고, 천황의 한 조각 명령은 이천만 생명이 곧 죽고도 남음이 있다. 우리는 이때 다만 왜를 몰아내고 독립을 옳다고 택한 것일 뿐이므로 어찌 다른 것을 물을 겨를이 있겠는가."[143]

일본 천황의 말 한마디에 이천만 한민족이 죽고 사는 문제가 달려있고 일제의 군대가 억압하고 있으니 그들을 내쫓고 독립하는 것이 당연하지 다른 말이 필요 없다는 것이다. 일제의 군국주의적 억압에 저항하는 적극적인 항일 무장 투쟁으로 독립을 선택하는 것이 필연이라고 하였다.

이렇게 신채호는 크로포트킨의 상호부조론과 무정부주의에 공명하면서도 섣불리 무정부주의에 투신하지는 않았다. 신채호에게 가장 중요하고 그래서 최우선시된 것은 오직 일본제국주의를 쫓아내고 민족이 독립을 이루는 것이었다. 따라서 칠가살이나 오파괴와 같이 암살과 파괴의 대상을 설정하고 테러 활동을 독립운동의 방략으로 취한 의열단의 독립 이념과 방법을 이론화하는 작업을 할 수 있었다고 할 수 있다. 신채호는 〈조선혁명선언〉을 통해 스스로 행동하는 주체가 된 민중이 '신국민'의 '각오'로 직접 제국주의 국가 일본을 전복하는 정치혁명을 이루고 민중 각자가 정치경제적으로 평등하게 주인이 되는 사회혁명을 이루어야 한다는 것을 논리적인 이념으로 정립하고자 하였다.

제2절 무정부주의자가 된 신채호의 사회혁명론

신채호는 3·1운동을 통해 재인식하게 된 민중을 〈조선혁명선언〉에서 혁명의 주체라고 명시하였다. 이것은 일본제국주의의 압제 아래서 가장 핍박받고 있는 민중이 스스로 자신들의 처지를 개선하기 위하여 국권을 회복하는 항일 독립 혁명을 일으켜야 한다는 것이었다. 민중이 직접 혁명을 일으켜서 제국주의의 지배에서 벗어나게 되면 민족을 독립시키는 직접혁명의 주체가 된 민중이 민중 자신을 위한 사회를 이루게 되어 자연히 사회혁명도 이루어질 것이라고 여긴 것이다. 따라서 신채호가 제국주의에서 민족을 독립시키는 정치혁명인 민중의 직접혁명을 논리화한 것은 결과적으로 민중의 민중을 위한 사회로 한국인들의 사회를 혁명적으로 개혁하는 사회혁명과 맞닿은 것이었다.

이와 같은 신채호의 한국 사회의 혁명적 변화에 대한 지향은 무정부주의를 본격적으로 수용하면서 구체화되어갔다. 신채호는 대한민국임시정부가 수립되는 과정을 직접 경험하면서 민족운동의 지도자들과 그들에 의해 이루어지는 정부적 조직체에 대하여 회의하게 되었다. 그리하여 이렇게 조소하였다.

"십 년 이전에는 입헌군주로써 귀착점으로 하고 그 이외는 모두 이단사설이다. 대전 이후에는 국민공화로써 오로지 하고 그 이외는 지나친 사건이다. 오호라! 北歐大國(소련)의 기초가 이미 정해져 勞農主義 사조가 더욱 번성하니, 장차 조선의 애국지사들도 옛 가옥을 허물고 신식 비행기에 타 망막한 천공을 높이 날며 세계는 하나라는 노래를 고창할지 또한 알 수 없다."[144]

신채호는 입헌군주제에서 국민공화국로, 그리고 노농주의 소비에트 러시아식 공산주의에 이르기까지 세계 정세의 변화에 따라서 다양하게 변모해간 정치 지도 세력들의 이념적 추수를 비판하였다. 세계 추세와 그 사조의 변화에 조응하면서 각기 지향하는 이념과 국가적 정부 형태 또한 바꾸어 가며 그 이해관계에 따라서 분열하고 갈등하는 한국인 정치 지도자들과 한국 사회의 분위기에 낙담하였다.

따라서 신채호는 이해관계의 핵심이 되는 돈, 자본의 문제에 대해서도 비판적이었고 냉소적이었다. 그는 그보다 더 중요한 것이 있다고 역설하였다.

"그러면 朝鮮을 求하자면 金錢을 排斥하여야 될 것인가. 아마 全 世界가 一大 共産社會되기 前에는 個人이나 一國을 勿論하고 淵의 淸貧主義를 지니고는 살아가지 못할 것이다. 그러나 우리 社會는… 아직까지도 金錢을 모이느냐 하면 社會의 救濟를 爲하야 모이느니 朝鮮의 復活을 爲하야 모이느니 하는 巧한 回答도 있을 것이오…

金錢 以外에 同志도 있느니라 金錢 以外에 同族도 있느니라 금전 이외에 恥辱도 있느니라 하야 금전 가진 자의 耳孔에 항상 不絶하는 이 되야 금전으로 手段을 삼고 그 이외의 목적을 찾도록 하면 朝鮮挽救의 策이 되리라 하노라."[145]

신채호는 자본은 전 세계가 모두 하나로 공산주의 사회가 되지 않는 한 국가나 개인을 막론하고 필요하다는 것을 인정하였다. 그러면 우리 사회가 국가와 사회를 구할만한 자본을 모았는지 자문하고 그렇지 못한 현실을 지적하였다. 모두 자본을 중시하고 국가와 사회를 구하기 위하여 자본을 모으자고 하지만 결국 이합집산하고 갈등하여 국가와 사회를 구하기 위한 자본도 모으지 못한다고 지적하였다. 그러면서 신채호는 그보다 더 중요한 것, 더 궁극적으로 "조선"을 구하기 위한 방법이 있다고 하였다. 신채호는 그것이 바로 서로 "동지

(同志)"가 되어 힘을 합하는 것이라고 강조하였다. 돈이나 정부적 조직보다 '조선'을 구하기 위하여 한인들이 서로 분열하지 않고 서로의 '동지'가 되어 힘을 모아 단합하는 것이 중요하다고 하였다.

다른 한편으로, 신채호는 대한민국임시정부와 결별하고 러시아 지역에서 구국 활동을 하면서 제국주의로 발전한 자본주의와는 또 다른 형태의 공산주의 소비에트의 정치 사상과 한인 공산주의자들에 대하여 회의하고 실망하게 되었다. 공산주의 혁명에 성공한 소비에트러시아는 1919년 국제공산주의운동 단체인 코민테른을 결성하고 식민지와 약소민족의 민족해방운동을 적극적으로 지원하였다. 그렇지만 소비에트 러시아는 그들이 주창한 반제국주의 민족해방운동을 블라디보스톡에서 모색하려는 국민대표회의의 창조파 임시정부의 활동을 승인하지 않았다. 공산주의가 주창한 반제국주의 민족해방운동보다, 공산주의 소비에트 러시아 국가와 일본 간의 현실적인 국제관계가 더 중요했기 때문이다. 이념적으로 주창했던 반제국주의 민족해방운동보다 소비에트 러시아라고 하는 국가적 이해관계가 더 중요했던 것이다. 이러한 공산주의 국가의 실체는 신채호가 크로포트킨의 죽음을 애도하는 글에서 입헌군주제·국민공화제와 함께 세계적인 사상적 조류가 바뀌게 되면 소비에트 러시아의 공산주의도 하나의 사견이 될지 모른다고 냉소하게 하였다.

또한 국민대표회의에 참여했던 러시아령의 고려공산당도, 소비에트러시아 정부에 대한 입장의 차이와 그에 따른 항일 공산주의독립운동의 방식의 차이로 상해파와 이르쿠츠크파로 분열되었다. 양파는 각각 창조파와 개조파를 주도하면서 결국 독립운동 전선을 분열로 이끌었다. 게다가 한인 공산주의 독립운동가들은 1921년 소비에트 러시아령 자유시(알렉세예브스크)에서 한국독립군 부대와 교전한 소비에트 적군 군대가 독립군을 학살하고 창조파의 활동을 인정하지 않았음에도 불구하고 소련 국제공산당의 지시를 우선적으로 따랐다. 신채호는 한인 민족 지도 세력에게뿐만 아니라 그들과는 다른 이념을 지향한 공산주의 독립운동 지도 세력에게도 실망하였다.

결국 신채호는 중국의 조선인 무정부주의자들과 함께하였다. 그들은 공산주의와 공산주의 독립운동을 사이비혁명적 허식인 공산의 전제라거나 공산당 이용자의 애매한 사대 사상이라고 비판하였다.[146] 그는 다음과 같이 말하였다.

"인류의 진보는 그칠 때가 없고 1,100년은 진실로 한 순간이다. 사물의 생겨남을 모두 깨달으면, 타인과 내가 모두 空해지니 무정부주의 또한 유치하고 부족한 道가 되고, 크로포트킨을 옛 사람으로 여기지 않을지 어찌 알겠는가."[147]

인류는 끊임없이 진보하고 이와 함께 사상과 이념 또한 바뀌어 무정부주의나 크로포트킨도 지나간 무의미한 것이 될지도 모른다고 자조하였다. 그렇지만 무정부주의는 "이미 있는 국가체제를 변혁하여 다 같이 자유롭게 잘 살자는 것"이었다.[148] 이미 존재하는 국가체제에 문제가 있다는 것은 주지의 사실이므로 특정 국가나 소수의 지배 세력만이 자유롭게 잘 사는 것이 아니라 모든 국가와 모든 인민이 다 같이 자유롭게 잘 살 수 있도록 변혁해야 한다는 것이었다. 현재 그 이념은 자유주의도 공산주의도 아니고 무정부주의라고 하였다. 이렇게 그는 무정부주의를 받아들였다.

이러한 신채호의 사상적·이념적 변화는 〈조선혁명선언〉을 집필하고 언젠가부터 '민족'이나 '국가'와 같은 용어를 거의 사용하지 않기 시작한 데서부터 나타나고 있었다고 할 수 있다. 국가의 독립과 이를 위한 한국인들의 민족의식 각성을 역설하던 신채호는 민족이나 국가와 같은 용어 대신에 한반도에서 생활하고 있는 우리 동포를 의미하는 '조선'이나 '조선사회'라는 용어를 더 많이 사용하기 시작하였다.

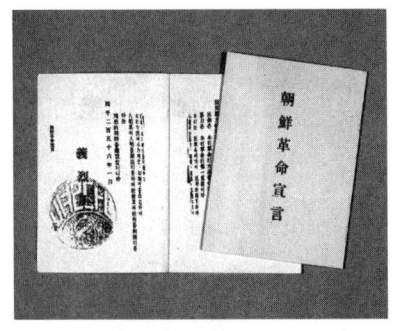

사진 6 조선혁명선언문. (출처: 독립기념관)

〈조선혁명선언〉에서 신채호가 3·1독립운동을 통하여 자주적 주체로 거듭난 민중을 혁명의 주체로 규정한 것은 크로포트킨의 상호부조론을 핵심으로 한 무정부주의로 경도되며 나타난 변화였다. 신채호는 이회영·유자명·정화암 등이 1924년 4월 북경에서 조직한 재중국 조선무정부주의자연맹에 1926년에 가입하였다. 그리고 그는 1927년 9월에 광동에서 조선·중국·일본·대만·베트남·인도 6개국 대표가 모여 무정부주의동방연맹을 조직할 때 조선 대표로 참가할 정도로 무정부주의 조직 활동에 적극적으로 임하였다. 신채호는 1928년 4월 주도적으로 한국인을 중심으로 무정부주의동방연맹 북경회의를 개최하고 선언문도 직접 작성하였다. 이 회의에서 신채호는 신문·잡지와 같은 선전 기관의 설립과 일제 관공서를 폭파하기 위한 폭탄제

사진 7 중국 뤼순 감옥에 수감된 신채호.
(출처: 단재신채호선생기념사업회)

조소의 설치를 결의하였다. 신채호는 이 결의를 실천하기 위하여 자금을 마련하기 위한 활동을 하다가 1928년에 체포되었다.[149] 12월 13일 제1회 공판에서 신채호는 "나는 의심 없는 무정부주의자"라고 하였다.[150] 신채호는 복역 중이던 1936년 2월 무정부주의자로서 생을 마감하였다.

신채호가 수용한 무정부주의의 핵심은 이미 있는 국가체제를 변혁하여 다 같이 자유롭게 잘 사는 새로운 사회를 만드는 데 있었다. 다 같이 자유롭게 잘 살아야 하는 대상이자 주체는 민중 개개인이었고, 민중 개개인이 자유롭고 평등한 사회를 만드는 것이 신채호가 지향한 무정부주의였다. 무정부주의자가 된 신채호에게 그 이전 단계에서 그가 제창했던 민중이 직접 독립을 위하여 일으키는 정치혁명은 민중이 민중 개개인의 자유와 평등을 실현하기 위하여 행동하는 무정부주의 사회혁명으로 전화되었다.

신채호가 지향한 무정부주의 사회혁명의 내용은 1928년 4월 신채호가 무정부주의동방연맹 북경회의를 개최하고 무정부주의혁명을 선언한 무정부주의동방연맹의 〈선언〉에 잘 나타나 있다. 신채호는 무엇보다 대한민국임시정부의 경험을 통해 민족 지도자들이나 지식인들 및 그들이 주도하는 정부적 조직에 대하여 회의하게 되었다.

이 경험으로 신채호는 그가 고대했던 국민적 영웅과 같은 존재 다시 말해 민중의 각성을 이끌어내어 모두 국민적 영웅과 같은 새로운 국민이 될 수 있게 이끄는 지도자와 같은 존재이면서 동시에 국민 속에서 출현하기도 하는 존재에 대한 희망을 잃었다. 그가 기대했던 지식인 등 민족 지도 세력은 국민적 영웅과 같은 역할을 하거나 할 수 있는 존재가 아니었다. 그리하여 신채호는 지식인 등 민족 지도 세력 일체를 부정하였다. 그는 다음과 같이 말하였다.

"동서 역사에 전하여온 帝王 聖賢이 강도나 野獸를 옹호한 강도 야수의 走狗이다. 민중이 왕왕 그 약탈에 견딜 수 없어 반항적 혁명을 행한 때도 많았지만 마침애 기개 狡滑漢에 속아 다시 그 강조적 지배자의 지위를 허여하여 以暴易暴의 현상으로서 역사를 繰返하고 말았다. 이것이 곧 다수의 민중이 소수의 야수들에게 유린당하여 온 원인이다."

신채호는 역사상 제왕이나 성현이라 불린 지도자들을 강도나 야수의 주구였다고 비난하였다. 정치 지도자들과 이념적 지도 세력들이 패권 다툼을 그치지 않아 폭력이 폭력을 허용하는 역사가 반복되었다고 하였다. 결국 지도자들의 패권 다툼으로 다수의 민중이 소수의 야수인 지배자들에게 유린당해 왔다는 것이다.

또한 신채호는 근대에 들어서 입헌을 말하고 국민 공화를 말하지만 결국 근대의 자산가들 또한 무산민중을 고려하지 않고 자신들의 이해만을 추구하기 때문에 그들 또한 역사상의 강도나 야수와 같은 지도자들과 다름이 없다고 비난하였다. 때문에 민중혁명은 그 싹부터 도려내버려진다고 하였다.

"彼等 야수들이 중세기 이래 자유도시에서 발달하여 오는 과학과 공업적 機械-증기기계·전기기계 등을 竊取하여 나날이 정치적·경제적·상공업적·군용적 모든 시설을 확대하며 증가하여 한 大地球가 우리 무산민중의 頭腦身骨을 가루가 되도록 갈고 있는 일개의 맷돌짝이 되고 말았다.

그러나 彼等은 우리 민중의 참상에는 눈이 멀었다. 우리 민중의 비명과 哀呼에는 귀가 멀었다."

"군인의 총과 경찰의 칼로 혁명적 민중을 위압하는 동시에 신문·서점·학교 등을 設始 혹 매수 혹 검정하여 彼等의 주구인 기자·학자·문인·교수 등을 시키어 그 야수적 약탈, 강도적 착취를 공인하며 변호하며 민중적 혁명을 삭멸하려 한다."

신채호는 산업혁명 이래 세계가 변했지만 전 세계가 '무산민중'이 뼈가 닳도록 일해야만 하는 맷돌짝처럼 맞물려서 돌아가고 있다고 지적하였다. 새로운 지배 세력인 자산가들은 자본으로 언론과 지식인들을 활용하고, 그들의 돈을 받은 언론과 지식인들은 강도와 같은 자산가들의 무산민중 착취를 변호하기 때문에 민중이 혁명적 시도조차 할 수 없도록 박멸해 버린다고 비난하였다.

이러한 신채호의 현실 인식은 종래, 민족주의에서 제국주의·군국주의 세계로 현실을 인식하고 국가와 민족의 힘을 길러야 한다고 강조했던 것과는 완전히 다른 것이었다. 바로 이러한 인식의 변화가 민족주의자 신채호를 무정부주의자 신채호가 되게 했다고 할 수 있다.

무정부주의자가 된 신채호는 민족과 국가를 언급하지 않았다. 총체적인 정치·사회·경제적 지배 세력의 존재 그 자체의 의미를 부정하였다. 정치나 경제 체제의 문제나 운영의 문제를 언급하지도 않았다. 현실적으로 보이고 체감되는 지배 세력의 문제를 지적하고 그에 대한 비판의 대척점에 '민중적 혁명'을 위치시켰다. 이러한 신채호의 인식은 경험적으로 형성된 것이었다. 정치 지도 세력들이 한국의 국권 회복과 민족의 독립을 주창하고 외치면서도, 단합하지도 않고, 주체적으로 항일 민족투쟁에 대한 전투성을 철저히 강화하지도 않고, 국권 회복과 민족 독립을 위한 직접 행동에 나서지도, 민족의 독립을 위한 자주적인 이념 체계를 구축하지도 못한 현실을 비판적으로 숙고한 결과였다고 할 수 있다.

신채호는 민족독립운동가들이 민족을 위하여 헌신하기보다는 대한민국임시정부와 같은 정부적 조직을 통하여 민족에 대한 지도권을 확보하는 데 더 급급하다고 보았다. 신채호는 민족독립운동가나 지식인들이 자유주의나 공산주의와 같은 세계적인 정치 사상의 추이에 편승하여 각 민족 구성원의 자유롭고 평등한 사회적 인권이 보장될 수 있는 총체적인 사회 혁명에는 관심이 없다고 판단하였다. 민족 지도자들이 민족 독립 이후에 수립될 신국가의 정권을 선점하기 위하여 정치혁명에 치중하고 있다고 보고 이를 비난하였다.

그리하여 신채호는 그러한 현실을 대체할 새로운 대안, 해결책을 무정부주의에서 찾았다. 그는 다음과 같이 말하였다.

"彼等의 세력은 우리 대다수 민중의 용허에 의해 존재한 것인즉, 우리 대다수 민중이 부인하며 파괴하는 날이 곧 彼等이 그 존재를 잃는 날이며 피등의 존재를 잃는 날이 곧 우리 민중이 열망하는 자유·평등의 생존을 얻어 무산계급의 진정한 해방을 이루는 날이다. 개선의 날이므로 우리 민중의 생존할 길이 여기 이 혁명에 있을 뿐이다."

결국 지배 세력이 행사하는 권력도 대다수 민중이 그 지배를 받아들이지 않으면 존재할 수 없다는 것이다. 지배 세력이 존재하는 것도 민중이 그 지배 세력이 행사하는 권력을 허용하기 때문에 가능하다는 것이다. 그러니 민중이 그 지배를 받아들이게 하려면 지배 세력이 행사하는 권력이 민중을 위하여 사용되어야 한다는 것이었다. 그렇지 않고 지배 세력이 자신들의 권력 장악이나 유지를 위하여 서로 경쟁만 하면 민중이 그 지배 세력이 행사하는 권력을 받아들일 수 없게 되어 지배 세력의 존재 의미를 용납할 수 없게 된다고 하였다. 그러한 상황이 오면 민중 스스로 민중이 원하는 자유와 평등한 삶을 위하여 '혁명'을 일으키게 될 것이라고 하였다. 그리하여 지배 세력이 없는 민중, "무산계급의 진정한 해방"을 이루게 될 것이라고 하였다. 이렇게 신채호는 지배 세력이 행사하는 권력의 근거가 민중에게 있다는 사실을 되새기며 지배 세력의 권력이 민중을 위하여 정당하게 행사되어야 한다는 것을 역설적으로 강조하였다. 그렇지 않으면 민중이 지배 세력의 존재 자체를 부정하는 '혁명'을 통하여 민중 스스로 '해방'되어야 한다고 하였다.

그리하여 신채호는 민중이 허용할 수 없게 권력을 행사하는 지배 세력의 존재를 부정하는 혁명, 무정부주의 혁명을 논하였다. 이 무정부주의혁명은 "민중이 열망하는 자유·평등의 생존"을 보장하기 위하여 행하는 총체적인 사회혁명을 의미하는 것이었다. 이 사회혁명은 "人世의 지배계급의 세력은 모두 민중의 시인으로 존재한 것인즉" 민중이 철저히 부인하여 모든 세력을 추풍낙엽과 같이 소거해 버리는 혁명이었다.[151] 사회혁명은 "민중이… 과거의 사회제도를 일체 부인하고 지상의 만물을 萬衆의 공유임을 선언"하는 것이었다.[152]

신채호가 무정부주의자가 된 것은 1929년 제3회 공판에서 밝혔듯이, "오직 현 제국주의 제도에 불평과 약소민족의 미래를 위하여 단행한 것"이었다.[153] 그는 "지상의 민중"은 대개 "강국의 민중"과 "식민지의 민중"이라는 두 부분으로 나뉜다고 하였다. 강국의 민중은 지배 세력이 아니라 피지배 세력이기는 하지만 식민지 민중이 받는 피지배의 고통과는 비교할 바가 아니라고[154] 하였다. 그리하여 신채호는 강국의 민중과 식민지 민중 간의 연대를 부정하였다. 이는 프롤레타리아의 연대와 이를 통하여 이루는 공산주의 혁명을 부정하는 것이었다. 그렇지만 신채호는 일본을 제외하고, 비슷한 처지에 있는 동방의 각 식민지와 반식민지의 무산대중이 연대해야 한다고 〈선언〉에서 주장하였다.

무정부주의자가 된 신채호는 궁극적으로 모든 민중 개개인이 자유롭고 평등해지기 위한 혁명을 지향하였다. 그러므로 정치체제 변혁을 넘어선 사회혁명을 목적으로 하였다. 따라서 지배 세력이 없는 무정부주의적 사회혁명을 추구하였다. 이는 지배 세력의 권력욕과 스스로를 위한 권력의 행사 및 그로 인한 지배 세력 간의 권력 다툼을 문제시하고, 지배 세력도 그들이 통치하는 정부적 조직도 없는 사회, 민중이 민중 모두의 자유와 평등을 위하여 스스로 전 사회적인 혁명을 일으켜서 만들어가는 사회혁명을 지향한 것이었다.

그렇지만 일본제국주의의 지배 아래서 핍박받고 있는 한민족의 현실은 그러한 사회혁명을 논하면서 사회혁명을 일으키기 위한 운동을 전개할 수만은 없는 실정이었다. 신채호의 무정부주의 사회혁명은 현실의 국가임을 자임하는 일본제국주의 지배체제의 전복과 함께 한민족 내부의 정치경제적 분열과 이건도 혁명적으로 전복해야 가능한 것이었다.

때문에 신채호는 개인적인 이해관계와 자본에 좌우되는 한국 사회의 현실을 보면서 "조선"을 구하기 위한 방법은 돈보다 먼저 서로 "동지(同志)"가 되어 힘을 합하는 것이라고 강조한 것이다. 같은 이유에서 신채호는 도덕과 주의(主義)의 표준을 논하면서 "조선의 도덕과 조선의 주의를 위하여 정진하라"고 하였다. 그러자면 우선적으로 식민지 상태에 있는 조선이 해방되어야 할 것이었다. 그는 다음과 같이 말하였다.

"人類는 利害 問題뿐이다. 利害問題를 爲하야 釋迦도 나고 孔子도 나고 예수도 나고 맑스도 나고 크로포트킨도 낫다. 時代와 境遇가 같지 않함으로 그들의 階級의 衝動도 같지 않하여 그 利害攝準의 大小曠狹은 있을망정 利害는 利害함이다. 그 외 제자들도 本師의 精義를 잘 理解하여 自家의 利를 求함으로 中國의 孔子가 印度와 다르며 日本의 孔子가 中國과 다르며 맑스도 카우쓰키의 맑스와 레닌의 맑스와 중국이나 일본의 맑스가 다 닮음이다. 우리 朝鮮 사람은 매양 利害 以外에서 眞理를 찾으려 함으로 들어보면 朝鮮의 釋迦가 되지 않고 釋迦의 朝鮮이 되며 孔子가 들어오면 朝鮮의 孔子가 되지 않고 공자의 조선이 되며 무슨 主義가 들어와도 朝鮮의 主義가 되지 않고 主義의 朝鮮이 되려 한다. 그리하여 道德과 主義營爲하는 朝鮮은 있고 朝鮮을 爲하는 道德과 主義는 없다. 이것이 朝鮮의 特色이냐. 특색이라면 특색이나 奴隸의 特色이다. 나는 朝鮮의 道德과 朝鮮의 主義를 爲하야 哭하랴 한다."[155]

신채호는 인간사회는 이해관계에 따라서 움직인다는 사실을 직시하고 지적하였다. 신채호의 논지는 지극히 현실주의적이었다. 그는 종교도 이념도 모두 인간사회의 이해관계에서 생겨났다고 하였다. 따라서 각 인간사회의 이해관계는 시대와 형편에 따라서 다를 수밖에 없다는 것이다. 종교도 이념도 각 국가가 처한 상황과 시대 및 조건에 따라서 다양하다는 것이다. 조선의 경우에는 특히 조선의 종교나 조선의 이념이 아니라 무슨 종교의 조선, 무슨 주의의 조선이 되었다고 비판하였다. 그리하여 도덕이나 이념을 영위하는 조선은 있지만, 조선을 위한 주의나 도덕은 없다고 하였다. 이를 신채호는 주체적이고 자주적이지 못하여 사대주의적으로 다른 이의 것을 따르는 "노예의 특성"이라고 비난하였다.

신채호는 "朝鮮의 道德과 朝鮮의 主義를 爲하야 哭"한다고 하였다. 신채호의 무정부주의 사회혁명은 조선의 도덕과 조선의 주의 곧 식민지 피지배 민족인 조선과 조선의 민중을 위한 공동체를 만들기 위한 방법을 모색하여 이론화한 것이었다. 신채호에게 무정부주의는 궁극적으로, 국가적인 이해관계나 정치 세력의 권력투쟁에 의하여 "약소민족"을 식민지화하고 수탈하는 제국주의 국가체제와 사회체제를 변혁하여 약소민족의 민중이 다 같이 자유롭고 평등하게 잘 살기 위한 것이었다. 따라서 신채호의 무정부주의 사회혁명론은 먼저 식민지 약소민족인 조선이 자유로워지기 위한 정치혁명을 이루는 민족해방혁명이 선행되어야 하는 것이었다. '식민지 조선인'들이 하나로 단결하여 제국주의 지배체제를 전복시키는 '민족해방혁명'을 이루어야 약소민족의 민중 개개인이 모두 자유롭고 평등하게 잘 살 수 있는 사회혁명도 이루어질 수 있을 것이었다. 일제 지배체제에서 '식민지 조선'이 자유로워지기 위한 민족독립운동은 3·1운동을 통해 민중이 스스로 혁명의 주체로 거듭날 수 있었듯이, 그 과정에서 민중이 스스로 총체적인 사회혁명의 주체로 거듭나서 지배 세력도 통제적 기배 기구도 없이 민중 개개인이 자유롭고 평등한 사회를 만들게 될 것이었다.

제 3 부

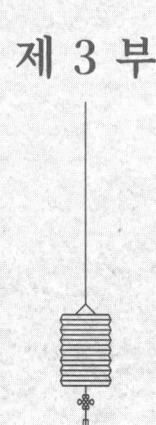

신채호의 근대적 민족주의와 국가 건설론

제1장 들어가는 말
근대 민족주의와 민족국가

'민족주의'라는 용어는 일반적으로 프랑스혁명 이후 법률적·정치적 이데올로기를 칭하는 말로 사용된다.[156] 민족주의(Nationalism)가 프랑스혁명과 나폴레옹전쟁을 통해 그리고 20세기의 반제국주의운동을 통해 세계사적인 보편적 현상으로 추동되었기 때문이다.[157]

몽테스키외, 볼테르, 루소 등 계몽사상의 토양 속에서 발발한 프랑스혁명은 특히 루소의 인민주권론에 기초하여 자유·평등·박애라는 보편적 가치를 주창하면서 절대주의 체제에 항거한 시민혁명이었다. 루소의 인민주권론에 기초하여 절대주의 지배체제에 대항하여 인민의 자유와 평등 및 박애라는 사회 구성원 모두에게 '보편적인 가치'를 주창하였다. 시민혁명의 시기를 안소니 스미스(Anthony D. Smith)가 '민족적 이념의 시기'라고 했던 바와 같이,[158] 시민혁명 시기에 주권은 오직 민족이라는 실체에만 귀속되고, 민족은 모든 민족의 구성원이 충성을 맹세하고 헌신을 약속할 수 있는 대상이라는 믿음이 확산되고 일반화되었다. 민족만이 인간을 다스리는 법을 제정할 수 있고 그 법을 집행할 수 있다고 강조되었다. 이와 함께 처음으로 '조국(祖國)'이라는 말과 조국을 위하여 무기를 들고 싸울 것을 주장하는 내용들이 '민족'이라는 말과 같은 의미로 사용되기 시작하였다. 또한 이때부터 '시민'이라는 용어가 민족 구성체를 의미하는 호칭으로 사용되었다. 시민들은 역사적으로나 운명적으로 현실 세계를 구성하고 있는 다른 민족에 대하여 나름의 독자적인 정당한 몫과 권리를 가져야 하고 동시에 의무도 다해야 한다고 생각되었다. 민족을 상징하는 국기와 애국가 등 다양한 상징이 활용되며 시민의 동원이 촉구되고 시민과 민족의 동질감이 형성되어 갔다.[159] 이 모든 행위는 프랑스 민족 자신들을 위한 것이었고, 자유·평등·박애라는 혁명의 구호는 프랑스의 가치, 프랑스 민족의 보편적 가치가 되었다.

이렇게 민족이라는 용어를 통하여 공동체에서 심리적인 일체성이 확립되었다. 이것이 가능할 수 있었던 것은 민족은 공통된 역사와 문화를 공유하면서 그들이 속하고 또 인정할 수밖에 없는 하나의 조국에 귀속되고, 따라서 조국의 독립과 자족과 번영을 위하여 민족 성원으로서 시민이 기여해야 한다는 것이 전제된 신념으로[160] 연계되었기 때문이다.

이와 같이 프랑스혁명을 통하여 탄생한 내셔널리즘, 민족주의는 프랑스혁명을 방위하는 전쟁의 성격을 갖고 시작된 나폴레옹전쟁을 통해 유럽 각지에서 전개된 반(反)나폴레옹적 애국주의 운동으로 이어져 뜻밖의 중대한 결과를 낳았다. 민족주의가 프랑스 이외에서 추동되며 각 국가에서 인민의 '시민'의식과 '민족'의식을 각성시켰기 때문이다. 각국에서 자국의 민족과 민족주의가 형성되는 현상이 초래되었다. 그리하여 프랑스혁명과 나폴레옹전쟁을 통해 민족주의가 추동되는 역사적인 결과를 낳았다.[161]

프랑스혁명과 나폴레옹전쟁을 통하여 민족주의가 추동된 것은 '민족'이라는 새로운 개념이, 특권적이고 전제적인 전근대 기성 질서에 대하여 근대적인 시대적 요구를 반영했기 때문이다. 당시 제기되고 있던 일반 대중의 인민 주권을 실현할 수 있는 '정치적 평등권'을 내용으로 한 '시민적 요구'를 '민족'이라는 용어가 대변했기 때문이다. 바로 이 점에서 근대 민족주의는 민중이 전근대적인 기성 질서에 대항하여 근대적인 변혁을 요구하는 '혁명의 정치 원리'이자 '변혁의 이념'이었다.

이러한 민족 개념이 등장한 것은 서양에서 절대적이고 초월적인 신성(神性)에 대한 권위를 부정하는 세속화 과정에서 자아를 가진 인간형이 탄생하면서였다. 동시에 자아를 가진 인간을 통제하고 훈육해야 할 필요에서 역설적이게도 초월적인 권력자와 그 권위가 주창되었다. 그리고 이것이 주권 개념과 주권을 가진 권력 기구인 근대 국가·민족/국민국가로 귀결되었다. 그리하여 16세기 후반 근대 국가(state)가 등장하기 시작한 이래 인류의 지배관계 문제는 국가를 통하여 해결되어 왔다. 그리고 프랑스혁명 발발 이후 국가는 모든 전근대적인 신분적 의미들을 포용하면서 독점적이고 배타적인 요구를 하는 행위의 주체이자 기관을 의미하게 되었다.[162]

그 결과 전근대적인 기성 지배체제를 전복하고 근대적인 혁명 주체들의 시민적 요구를 민족과 민족주의로 담아낸 민족국가체제가 정립되었다. 시민혁명을 통해 민족이란 용어는 공통의 역사와 풍습 및 언어 등 문화를 공유하는 집단 곧 '우리'라는 공동체의식과 의미를 갖게 되었다. 이와 동시에 민족은 경제적 생산 단위로 발전하게 된 민족 공동체의 객관적인 상황과 결부되어 민족주의를 명분으로 하여 정치조직화가 이루어지는 동인이 되었다. 그리하여 15~16세기에 등장하여 17세기 절대주의에서 그 모습을 분명히 드러낸 근대 국가는 시민혁명을 통하여 국가이성 사상이 국민화된 민족주의가 현재화된 민족국가로 귀결되었다. 일단 민족주의를 명분으로 하여 조직된 정치권력체인 국가는 자신의 명분적 기반을 공고히 하고자 민족주의의 명분을 더욱 체계적으로 배양시켜 나갔다.[163] 이렇게 민족주의와 민족국가는 18세기 이후 유럽 근대사 속에서 역사적 현실 개념으로 자리하게 되었다.

한편, 개별 국가의 작동 원리로서 원리화된 "국가와 시민사회의 분리"라는 명제는 국제정치에도 반영되었다. 국가 간의 "정치적" 경쟁과 개별 국가의 자본주의적 대외확장정책이 별도의 일인 것처럼 관념화될 수 있게 하였다. 다시 말해 영국은 유럽 내에서는 민족국가들 간의 "세력 균형(Balance of Power)"의 원칙을 내세우면서 권력질서를 안정화하는 동시에 유럽 밖에서는 자본주의 경제의 확장을 위한 노력을 비서구 민족적 공동체를 대상으로 경주하였다. 이 점은 영국을 뒤따른 프랑스나 프로이센 등도 그대로 추구하였다. 이러한 국제정치에서의 "정치와 경제의 분리" 관념은 유럽만이 근대화된 지역이고 기타 지역 곧 식민지 경략의 대상은 "무주지"로 취급하였다. 그러므로 선점의 대상이 남아 있는 한 작동되었다.[164]

그러나 자본주의의 국제적 팽창은 선점의 대상으로 여겨진 지역이 확장되면서 더는 '무주지' 경쟁이 어렵게 되었다. 이는 경쟁적으로 식민지 쟁탈을 한 유럽 국가들 사이의 전쟁으로 전개되었다. 그 결과 전개된 제1차 세계대전은 선진 열강들 간에 일어난 전쟁이었지만 식민지 종속 지역들을 전쟁에 동원하였다. 이 과정에서 종속적인 여러 지역에서 자본주의적 발전을 촉진하였다. 동시에 식민지 종속국에서 민족적 자각과 민족의식이 싹트며 다양한 민족운동이 형성·조직화되는 결과를 낳았다. 그 결과 제1차 세계대전은 '민족자결'이 세계 각지로 보편화되는 사회적 기반을 만들어 냈다.[165]

또한 제1차 세계대전 중에 성공적으로 러시아혁명을 이룬 공산주의혁명정부는 자본주의적 발전으로 인한 제국주의전쟁을 비판하고 전쟁의 종식을 주창하면서 전선에서 이탈하였다. 나아가 러시아혁명정부는 약소민족의 자결권을 약속하는 '평화에 관한 포고'를 선언하였다. 그리고 '러시아 인민의 권리선언'을 공포하여 모든 국민과 민족 집단의 자결권 약속을 천명하고 실천하였다. 이러한 뜻밖의 사태로 자유주의 진영은 도덕이고 정의로운 공산주의에 비하여 제국주의 침략 전쟁을 하고 있는 비도덕적이고 탐욕스러운 자유주의라는 인식을 우려하게 되었다. 그렇지만 한창 전쟁 중이어서 그럴 여력이 없었다. 그러한 우려를 종식하고자 미국의 윌슨 대통령이 자유주의 국가를 대표하여 민족자결을 포함한 14개조선언을 공포하였다.

러시아혁명의 성공과 윌슨의 민족자결 선언은 제1차 세계대전의 종식을 촉진하였다. 그리고 민족자결 선언으로 알려진 윌슨의 14개 조항이 제1차 세계대전을 종식하는 베르사이유강화조약의 규범이 되었다. 비서구 식민지·약소민족에서 민족 독립에 대한 의지와 기대가 촉진되었다. 결국 윌슨의 민족자결 선언은 "승자를 위해서만 작용"하는[166] 것으로 드러났지만 식민지 제국(諸國)의 민족운동을 고양하는 결과를 가져왔다.[167] 20세기 식민지 국가들의 반제국주의운동은 칼턴 헤이스(Carlton J. H. Hayes)가 명시한 바와 같이, 민족이 보여주는 역사적인 전개이자 정치적인 운동, 그리고 민족 성원의 감정 상태로서의 민족주의[168]가 세계사적으로 전개되기 시작한 것이었다. 그 민족주의의 전개 양상은 유럽의 그것과는 다른 것이었다.

이와 같이 프랑스혁명과 나폴레옹전쟁을 통해 민족주의(nationalism)는 근대 민족국가체제의 기본 이념이 되었다. 그리고 자본주의의 국제적 팽창이 경쟁적으로 이루어지며 발생한 제1차 세계대전을 통하여 20세기 식민지 지역민들의 반제국주의 민족해방운동으로 전개되며 세계사적인 보편적 현상으로 추동되었다. 민족주의는 일차적으로 프랑스혁명과 나폴레옹전쟁을 통해, 그리고 20세기의 반제국주의 민족해방운동을 통해 세계사적인 보편적 현상으로 추동되었다.[169]

유럽 사회에서 민족주의는 자유와 평등 및 자결, 그리고 다원적 개성을 인정하는 것을 본질적인 속성으로 하여 형성되었다. 이 민족주의는 19세기부터 단순히 억압받는 민족의 복음이 아니라 억압하는 자의 자기변명으로 탈바꿈하였다. 그리하여 국수주의적이고 호전주의적이며 제국주의적인 양상으로 전락하여 비서구 사회 즉 아시아·아프리카 민족을 억압하고 통제하였다. 아이러니하게도 유럽 민족주의의 변질이었던 제국주의적 침탈을 당한 아시아·아프리카 지역에서 민족운동이 고양되는 계기를 가져다주어서 민족주의가 세계화

되는 역사적인 현상을 낳았다.[170]

이러한 민족주의의 세계화라는 역사적 현상은 프랑스혁명을 통해 탄생한 내셔널리즘(민족주의)이 동시기에 성장해 온 자본주의 체제의 등장과 기능적으로 결부되어 나폴레옹전쟁을 통하여 유럽 각지로 나아가 무주지로 여긴 비서구 사회로까지 전파된 된 것이었다. 민족주의의 아이러니라고 할 수 있다. 민족주의는 시발부터 시민혁명을 통하여 민족·시민·인민의 주권을 확보하기 위한 도전과 저항의 이데올로기로 탄생하였다. 이 민족주의는 '민족의 번영과 영광'을 위한 대외적인 전쟁을 통하여 대내적인 통합의 이데올로기로 활용되었다. 동시에 피침략국의 저항적 민족의식과 민족주의를 촉진하였다. 민족주의는 그 시발부터 대내적 통합의 원리이자 대외적 침략을 위한 통합의 이데올로기로 정립되어간 정치적 이데올로기로서 기능적으로 양면성을 가졌다. 이러한 민족주의의 이데올로기적 성격과 정치적 기능의 양면성은 그 시발부터 형성되어 표출된 것으로, 민족주의의 양날의 칼이다.[171]

'민족'은 기성 지배체제의 억압에 대한 민중의 저항과 자유의 의지를 응결시켜서 탄생하였다. 민족의 탄생은 정치공동체에 통합의 원리와 우애의 원리가 동시에 적용되기 시작했다는 것을 뜻한다. '우애' 없이는 진정한 통합이 불가능하다는 것이다. 따라서 민족은 전제주의와 특권에 대한 부정인 동시에 인민주권(人民主權)과 자치(自治)를 구현하는 '우리'를 일컫는 실체가되었다. 전통적인 혈통과 신분적 질서 그리고 왕권신수설과 같은 정치적 정당성의 낡은 근거를 민족(nation)이라는 새로운 원리가 대체하였다.[172] 그러므로 민족은 그것이 대변하는 사회 세력의 열망과 의지를 응결하여 담아낸 그릇과도 같았다.

주권이 인민에게 있다는 것, 인민 여러 계층이 근본적인 평등하다고 인정하는 것, 이는 모두 근대 민족 개념의 본질이며 민주주의의 기본 원리이다. 이런 의미에서 민족주의는 민주주의가 세상에 나타났을 때 취한 형태였고 민주주의는 민족의 개념 속에 들어 있으며 본래 민족주의가 민주주의로서 발달하였다.[173] 그리하여 민족주의가 프랑스혁명 이래 세계사적인 보편적 현상으로 생명력을 유지하면서 추동력을 가질 수 있었던 것이다.

민족주의는 각 민족은 그만의 특수성이 있고 따라서 민족주의가 최대의 가치로 추구하는 민족은 그마다 목표와 이념이 차이가 있기 때문에 민족을 단위로 하는 민족자결의 정치체제가 가장 정당성을 가진 정치라는[174] 것을 전제로 한다. 이러한 민족 중심의 정치와 개개인의 인간주의적 가치의 실현을 논했던 사상가들에게 공통적인 것은 억압받는 자들을 해방시켜 주고 그들의 자유와 평등을 실현해 줄 수 있는 참 인간주의 정치 질서는 민족을 단위로 하는 민족주의 정치의 실현이라는 것이었다. 민족주의가 세계사적인 보편적 현상으로 추동될 수 있었던 것은 모든 정치 구성원 특히 압제 하에 놓여 있는 민족의 성원들이 점차 의식하고 자각하기 시작한 민족 감정을 응결함으로써였다. 그러나 영국, 프랑스, 독일, 미국 등 각국의 정치·경제적 조건과 그에 대항한 사회적 조건이나 민중의 자주적 의지가 각기 달랐으므로 민족감정을 응결해나가는 방식 또한 달랐다. 따라서 어느 특정 사상가의 사상이 탁월한 창조적 의지의 절대성으로 인식될 수 없었다. 설사 어느 사상가의 이념이나 사상 체계가 그 시대의 진실한 민중의 의지를 초월하여 그 당시보다 미래에 가치를 둔 것이라고 할지라도, 그것은 여전히 민중의 의지가 미래로 외연된 것으로 인식되어야 할 것이다. 이러한 의미에서 민족주의는 바로 18세기라는 시대의 영향과 18세기 이전부터 축적되어온 역사의 가치, 그리고 18세기 이후의 미래에까지 계속 펼쳐질 수밖에 없는 즉 통시대적이면서도 보편성을 가질 수 있는 사상으로 정립되었다.[175]

'민족(Nationa)'을 단위로 한 민족주의는 전근대적인 정치적 생활공동체를 하나의 새로운 근대 개념인 네이션(국민, 민족)으로 응집하여 민족국가(Nation-state) 체제를 구축하고 민족의 평등과 자유를 구축하는 이념이 되었다. 민족주의는 압제 하에 있던 민중의 의지를 공통된 역사와 문화를 바탕으로 '민족'으로 응결해 냄으로써 민중(민족)의 의지가 민중의 해방과 해방된 민족의 미래로 외연되는 정치적인 이념으로 기능하였다. 이러한 이데올로기적인 활용성과 기능으로 민족주의는 출현 직후부터 억압받는 민족(민중)의 복음이 될 수 있었다. 민족주의를 통해 대내적인 통합을 이룬 민족국가는 대외적으로 민족을 대표하면서 국제관계의 주체가 되었다.

그런데 민족주의는 나폴레옹전쟁을 통해 드러났듯이, 처음부터 조국과 민족의 영광이라는 것을 명분으로 대외적인 침략의 명분으로 변질된 정치 이데올로기로 기능하였다. 근대적인 변혁을 통하여 평등한 시민과 시민의 자유를 포용한 시민적 혁명의 정치 원리였던 민족주의가 '조국'과 '국민'으로 규정된 특정 인간 집단과 그들의 주거지를 보호하고 번영하게 한다는 것을 명분으로 하여 대외적인 침략과 전쟁을 합리화하는 것으로 변질되어 힘을 발휘하였다. 민족주의의 변질이 갖는 실제적인 위력 또한 민족주의가 세계적으로 추동되며 함께 전파되고 현재화되었다. 민족주의는 대내적인 통합과 대외적인 결속력을 함께 발휘하는 정치적 이념으로서 제국주의의 위력을 발휘하였다.

　동시에 민족주의는 제국주의의 침략에 대항한 약소민족의 저항적 민족주의, 대항적 이데올로기로도 발달하였다. 제국주의로 변질된 민족주의는 대내적인 평등과 주권 실현의 지향을 의미하는 민족주의가 침략과 전쟁을 통하여 대외적으로 다른 민족의 평등과 주권을 억압하는 것이었다. 이로 인하여 민족주의는 제국주의의 침략에 대항하는 약소민족의 저항적 민족주의로도 발달하였다. 저항적 민족주의는 피침탈 약소민족이 제국주의의 민족주의로 박탈된 민족의 주권과 자유를 되찾고자 인민이 함께 저항하고 투쟁하여 민족의 생존을 온전하게 유지해 나가며 근대적인 독립 민족국가의 건설을 지향하는 것이었다. 그러므로 제국주의 민족국가와 조우하게 된 비서구 피침략 약소민족에서 발달하였다.

　제국주의로 전개된 서양의 내셔널리즘(이하 민족주의)의 시기, 20세기 초 동아시아 사회에서는 아직 서양에서와 같이 민족주의 이념체계가 정립되어 있지 않았다. 동진한 서양 제국주의 국가와 조우하게 될 때까지 동아시아에는 일찍이 유럽 제국주의의 식민지가 된 지역들과는 달리 오랜 역사와 전통을 통하여 나름의 문화와 역사를 이루고 생활해 온 전통적인 국가체제가 정립되어 있었다. 그러나 제국주의 서양 열강과 조우하여 근대적인 무력의 위력에 문호를 개방하면서 근대적인 힘의 원천인 근대화를 시작하여 실력의 양성을 꾀하면서 저항적 민족의식과 민족주의를 발전시켜갔다.

　동아시아에서 근대 민족주의는 서양에서와 같이 자주적인 역사적 경험을 통해 형성된 것이 아니었다. 서양 제국주의 국가들과의 조우를 통해 근대 문물의 위력을 직간접적으로 체험하면서 갖게 된 근대의 위협에 대응하여 그 힘의 원천이라고 여긴 서양식 근대화를 추진하면서 전통적인 국가체제를 힘있는 서양식 근대 국가체제로 변혁해가는 과정에서 저항적으로 형성되었다. 동아시아 각국의 근대 국가체제로의 변혁은 각국이 처한 상황에 따라서 각기 다양하게 이루어졌다. 따라서 근대적 민족의식이나 민족국가체제를 형성하는 민족주의 또한 각기 다른 방식으로 형성되었다. 한국도 마찬가지였다.

　이 장에서는 이러한 서양 근대의 역사적 경험을 통하여 형성된 민족주의와 민족국가의 내용을 배경으로 하여 제1부와 제2부에서 살펴본 신채호의 항일 독립운동과 한민족의 역사를 연구하여 한국인의 정체성과 민족주의를 이론적으로 정립하고자 한 내용을 '신채호의 근대적 민족주의와 국가 건설론'이라는 관점에서 재고하고 그 의미를 되새겨보고자 한다. 신채호가 한국이 일본에 의해 서양식 '개국(開國)'을 한 이래 근대적인 항일 저항적 민족의식을 각성시키고 민족주의를 발전시키며 민족의 해방과 근대적인 민족국가의 수립을 이루고자 했던 노력을 통해 그의 근대적인 민족주의와 근대 민족국가 건설론을 살펴보고자 한다.

제2장

1910년 병합 이전 신민회에 참가하며 정립된 신채호의 민족·국가관

제1절 한국 사회에 대한 비판적 인식과 개혁적 국권 회복 방안 모색

신채호는 1880년 충청남도 대덕군에서 신광식(申光植)의 차남으로 태어나 정통 주자학 교육을 받았다. 당시 신채호의 집안은 남인(南人)계로 중앙 정계에서 오랫동안 소외되어 형편이 어려웠다. 신채호는 일찍이 서당을 운영하던 조부에서 전통적인 주자학 교육을 가정교육(家學) 형태로 받았다. 학구열이 높고 영민하여 같은 가계의 신기선의 눈에 띄어 이와의 인연으로 1898년 19세에 성균관에 입학하였다. 이후 25세까지 성균관에서 수학했지만 당대의 유수한 지식인들에 비해 상대적으로 변변한 학맥이 있었다고 보기 어렵다.

성균관에 입학하기 위하여 상경한 신채호는 수도에서 한창이던 근대적인 정치·사회적인 변화를 몸으로 느끼며 보고 경험하였다. 그리고 급격하게 '개화'하면서 사회 개혁운동에 적극적으로 참여하기 시작하였다. 신채호는 지방에서 태어나 성장기에 전통 교육을 받고 상급 교육기관인 성균관에 입학하기 위하여 서울로 유학왔다. 당시 서울에서 전개되던 정치적·사회적인 변화를 접하면서 전근대적인 사회구조에 대한 변화의 필요에 공명하고 직접 행동에 나서기 시작하였다. 신채호는 성균관에 입학한 해에 독립협회 활동을 시작하였다. 이를 비롯해 자주·자강 민권 운동에 참여하면서 근대적인 사회 개혁운동을 전개하였다. 독립협회가 해산된 후에는 신규식·신백우 등과 문동학원을 설립하여 신교육을 보급하는 데 종사하였다. 당시 신채호는 '한문무용론'을 주장하고 '단발'을 단행하여 진보적인 개혁 의지와 성향을 직접 행동으로 표출하였다. 이러한 행동은 전통적인 신분제의 위계적 사회 질서가 여전히 중시되던 때에 양반가 출신 지식인으로서 일반적인 것은 아니었다. 그의 개혁적이고 독자적인 행동은 1905년 성균관을 졸업하여 성균관 박사가 된 후에 더 두드러졌다. 당초 신기선이 신채호를 추천하여 성균관에 입학할 수 있게 한 것은 관직에 진출하기 위해서였을 것이다. 그러나 신채호는 신기선이나 집안의 기대와는 달리 성균관 입학과 동시에 민권운동과 같은 근대적인 사회개혁 운동에 참여하였다. 그리고 졸업한 후에는 성균관 박사에게 보장된 관직으로 진출하지 않고 향리로 내려와서 산동학원을 열고 본격적으로 애국계몽운동을 전개하였다.

    1905년 '을사조약', 제2차 한일협약의 체결은 신채호의 사회개혁 운동과 사회개혁 사상의 발전에 중요한 전환점이 되었다. 당시 지식인들은 을사조약으로 인한 한국의 '보호국화'를 일본인들의 보호국론에 귀 기울이며 망국의 현실 자각을 유보하였다. 그러나 신채호는 보호국화를 직접적인 '국가존망(國家存亡)'의 현실로 인식하고 직시하였다.[176] 한국이 보호국이 되자 아무것도 할 수 없었던 '국가적 멸망'의 상황에 위기의식을 갖고 애국계몽운동의 한계를 절감하였다. 그리하여 '보호국'의 현실과 그로 인한 '국가적 멸망'의 위기에 처한 대한제국의 현실을 진단하였다. 그리고 그 위에서 현실을 극복하기 위한 인 대안을 직접 모색하기 시작하였다.

1905년 신채호는 『황성신문』 정간의 이유가 된 장지연의 "시일야방성대곡"에 답하는 형식으로 다음과 같은 글을 게재하였다.[177]

"사천 년 조국이 구학(丘壑)에 떨어지고 이천만 형제가 고해(苦海)에 빠졌으나 대한제군은 눈물을 거두고 내 말을 들으시오. … 대한인민은 어떻게 살까. … 천지간에 무국지민(無國之民)은 어느 곳에 살든지 노예는 고사하고 생명을 보전하기 어려운 것이오. 백번 생각해도 한국 동포의 살아날 방법은 학문(學問) 이외에 타책이 없으니 시각을 버리지 말고 금일부터 손을 써서 타국학문(他國學問)에 힘쓰시오. … 심성설화(心性說話)와 이기논변(理氣論辨)이 소용없소. 농공상의 실업학문(實業學問)이 절급한 것이오."

신채호는 사천 년의 역사를 가진 조국이 깊은 수렁으로 떨어지고 이천만 형제가 어려움에 처했지만 이를 한탄하거나 슬퍼하지만 말고 실질적으로 이 어려운 상황에서 벗어나기 위한 방안을 모색하여 실천해야 한다고 역설하였다. 국가 없는 인민은 결국 살아남기 어려우니 '한국동포'가 '한국동포'로서 살아남을 수 있는 방법은 오직 서양의 근대 학문을 배우는 길밖에 없다고 하였다. 재래의 구태의연한 관념적인 논의는 이제 그만하고, 농업과 공업 상업과 같이 '한국 동포'의 실생활에 도움이 되는 실업학문을 배워야 한다고 하였다.

"농공상의 실업학문이 절급"하다고 한 이 글은 신채호가 을사보호조약을 계기로 자각하게 된 현실에 대한 인식 다시 말해 국가 존망의 위기의식과 그 국망의 위기를 타개하기 위한 사회개혁 사상과 방향을 이해하는 데 중요한 시발점이 된다. 신채호는 보호국화를 한국인이 국가 없는 인민(無國之民)이 된 것이라고 판단하였다. 그리고 '대한'이라는 국가가 없어지면 한국 인민은 더 이상 '한국 동포'로서는 생명조차 보전하기 어렵다는 사실을 직시하였다. 이렇게 신채호는 당대의 지식인들이 '내정 주권' 운운하면서 보호국화를 안이하게 인식했던 것과는 대조적으로 '망국'에 직면한 현실을 직시하였다.

그리고 '망국'에 처한 현실을 극복하기 위한 방법, 다시 말해, "한국동포가 살아날 방법"은 오직 '학문'밖에 없다고 진단하였다. 이때 학문은 "심성설화와 이기논변"을 하는 전통적인 학문이 아니라 "타국 학문(他國 學問)"이었다. 서양 근대 학문과 같이 실용적인 농업과 공업, 상업을 발전시켜서 힘을 길러야 한다고 보았다.

보호국화를 망국으로 본 신채호에게 망국의 현실을 극복하기 위한 길은 오직 한가지였다. 심성설화와 이기논변을 버리고 "박학명변(博學明辯)"하여 "농공상의 실업학문"을 하는 것이었다. 이것은 한국인을 국망에 처하게 한 근대화한 일본과 서양 열강이 갖는 힘의 원천인 실용적인 근대 학문을 한국인도 적극적으로 탐구하고 학습해야 한다는 의미였다. 그리하여 그들과 같은 힘을 가져야 한다는 것이었다. 그러면 국가 존망의 위기를 극복할 수 있을 것이라는 바였다.

본시 어려서부터 유학을 공부한 신채호에게는 전통적인 학문인 유교(儒敎)와 유림(儒林)에 대한 신뢰와 기대가 내재되어 있었다. 전통적으로 정치와 사회를 이끄는 규범이 되었던 유교와 유학자들의 역할을 신뢰하였다. 이에 대한 기대도 당연히 전제되어 있었다.

신채호는 유자(儒者)가

"국가 사상이 심후하여 평시에는 도덕과 학문으로 황실을 비보(裨補)하고, 난세에는 백의종군하여 구적(寇賊)을 토벌하였으니 임진지변(壬辰之變)에도 팔도 의병장이 십분팔구 모두 유림 중 인물이 아닌가. … 충군애국(忠君愛國)과 구세행도(救世行道)는 유교의 본지라"

고 하였다. 또한 그는

"내가 생각하기에 장래 한국 부흥 여부는 오직 유림에 있다. … 유자(儒者)가 나선 연후에 사회도 개혁하고, 유자가 나선 연후에 고루하고 혼미한 국민을 각성시킬 것이고, 유자가 나선 연후에 문명 학문도 수입"

할 것이라고 하였다.[178]

신채호는 유학자는 국가 사상이 깊다고 높이 평가하였다. 유학자는 평상시에는 도덕과 학문으로 황실을 보호하고 임진란과 같이 국가가 어려울 때는 백의종군하여 적을 토벌하였다는 것이다. 그러니 유림은 군주에게 충성하고 국가를 위하고, 유교의 본지는 어려운 세상을 구하는 기본 도리라고 높이 평가하였다. 따라서 신채호는 앞으로 한국의 부흥 여부도 오직 유림에게 달려 있다고 보았다. 유학자가 나서서 사회도 개혁하고, 혼미한 국민을 각성키며 서양의 근대 학문도 수립해야 한다고 보았다.

그러나 유림은 그 보호국에 대한 이해를 통해 알 수 있는 것처럼, 보호국의 실상이나 보호국이 된 국제정치적 현실을 직시하고 이를 돌파하기 위한 노력을 적극적으로 전개하지 못하였다. 앞장서서 사회 개혁을 이끌며 "국민을 각성시키"거나 "문명 학문"을 수입하여 현실을 개혁하고 위기를 타개하고자 모색하기보다는 오히려 재래의 사대주의적인 태도를 버리지 못하고 있었다. 이것이 유림과 유교의 현실이자 대한제국의 현실이었다.

이에 신채호는 유림에 크게 실망하여 다음과 같이 비판하였다.

"공자도 노자에게 예(禮)를 물으시고 순자에게 악(樂)을 물으시어 박학명변(博學明辯)을 주로 삼고 도가 다른 이단에게 질문하는 것을 부끄러워하지 않았는데, 지금 신학(新學) 신설(新設)의 시비정사(是非正邪)도 알지 못하고 눈감고 반대하는 자 어찌 오류가 아니고 무엇이겠는가."[179]

신채호는 공자가 노자나 순자는 물론이고 이단에게도 물으며 널리 배우며 명확하게 분별하고자 한 것처럼, 유교는 본시 박학명변을 주로 삼는 것이라고 하였다. 그런데 국가가 망국의 위기에 처했는데도 유림이 공자처럼 널리 배우며 사리 분별을 명확하게 하여 박학명변하지 않는 것을 지적하고 문제시하였다. 유림이 새로운 힘과 무기가 되어 국망의 위기를 만든 "신학과 신설의 시비정사"도 알지 못하고, 알려고도 하지 않으니 잘못이라고 비판하였다.

이러한 유림에 대한 신채호의 비판은 유림이 본시 "충군애국과 구세행도"를 해야 하는 "유교의 본지"를 제대로 행하지도 이해하지도 못한다는 비난으로 이어졌다.

"유교 확장(儒敎 擴張)의 도는 유교의 진리(眞理)를 확장함에 있으니 그렇지 않으면 확장은 고사하고 오히려 멸망케 함이라. … 유학자의 맹안(盲眼)으로 존화주의(尊華主義)나 주장하면서 완고(頑固) 사상이나 고취하여 유교 확장을 외치는 자는 문명의 적이요 유교의 적이며 … 유교를 확장하려면 유교의 진리를 확장하여 허위(虛僞)를 버리고 실학(實學)을 힘쓰고, 소강(少康)을 버리고 대동(大同)을 힘써 유교가 빛을 우주에 비출지어다."[180]

신채호는 유교를 확장하는 길은 유교의 진리를 확장하는 것이지 그렇지 않으면 유교는 멸망한다고 하였다. 유학자가 눈이 감겨서 완고하게 중화사상이나 주장하면 그는 문명의 적이요, 유교의 적이라고 하였다. 그러니 유교를 지키고 확장하려면 유교의 진리를 확장하여서 허위를 버리고 실용 학문에 힘쓰며 '대동(大同)'에 노력해야 한다고 하였다. 신채호는 유교의 진리인 널리 묻고 배워 시세의 변화와 그에 대한 사리의 분별을 명확히 하는 박학명변을 '확장'하여 허례와 허식을 버리고 실용적인 학문에 힘쓰며 소소한 안락을 버리고 다 같이 크게 합동하는 데 힘써야 한다고 하였다.

신채호는 유림이 재래의 중화 질서 속에 안주하여 국망의 현실을 직시하지 않으며 구태의연한 사대주의나 사대주의적인 보수주의 행태를 비난한 것이다. 이를 "문명의 적"이요, "유교의 적"이라고 하였다. 이러한 유림에 대한 비판은 박학명변하는 유교의 진리를 확장하여 허위와 허식을 버리고 실질적으로 국력을 기르는 데 도움이 되는 실학에 힘쓰고 힘을 합하여 국망의 현실을 타개해야 한다고 역설한 것이었다.

여기서 신채호가 말한 '실학'은 두 가지 의미를 갖는다고 할 수 있다. 첫 번째는 전통적으로 사농공상(士農工商)의 전근대적인 위계적 신분제 사회 질서에서 하위에 놓여 있던 "농공상(農工商)의 실업학문", 서양 근대의 학문과 같이 실용적인 학문을 실질적으로 탐구해야 한다는 의미였다. 실질적으로 국가의 힘을 기르는 데 도움이 되고 바탕이 되는 실용 학문, 현실적으로 활용할 수 있는 학문을 해야 한다는 것이었다. '실학'은 기존의 세상을 변화시키고 국가를 망국의 상황에 놓이게 한 근대화된 일본이나 서양 열강의 "신학과 신설의 시비정사"를 파악하여 대응하기 위하여 탐구해야 할 실질적인 학문을 이르는 것이었다. 신채호는 한국을 망국의 위기에 놓이게 한 근대화된 일본이나 서양 열강의 근대적인 힘의 원천이 '실학' 곧 '실용적인 새로운 학문'이라고 파악하였다. 따라서 사변적인 논쟁이나 하는 전통적인 유학이 아니라 박학명변하는 유학 본연의 자세로 실학을 배워 힘을 길러야 한다는 것이었다.

신채호가 강조한 실학의 두 번째 의미는 전근대의 위계적 신분제사회의 하층에서 "농공상(農工商)의 실업학문"을 행하는 피지배 인민대중의 중요성을 역설한 것이라고 할 수 있다. 이는 신채호가 유학자에게 소강을 버리고 '대동'해야 한다고 한 것과 연계되어 이후 '신민'론으로 이어진다고 할 수 있다.

신채호는 유학자들이 실학과 함께 소강을 버리고 '대동'해야 한다고 역설하였다. 신채호는 '대동'을 유림을 비판하면서 망국의 현실을 타개하기 방안으로 제시하였다. 이는 한국 사회의 전통적인 기본 관념을 이루는 유학이나 그것이 갖는 의미를 존중하면서도 현실적으로 거스를 수 없게 된 정치·사회경제적인 변화를 받아들이면서 모색한 귀결이었다고 할 수 있다. 이것은 무엇보다 먼저 지도층이 재래의 수구적인 자세에서 벗어나 박학명변하는 유교의 본지에 충실해야 한다는 의미였다. 일상의 소소한 평안함(소강)을 버리는 자세로 박학명변하여 대동해야 한다는 것이었다. 그리하여 유림이 앞장서서 보수주의적인 사농공상의 위계적 신분 질서나 사회 질서에서 벗어나 한국인이 모두 하나가 되는 '대동'을 통해 국망의 위기를 타개해 나가자고 한 것이다.

이와 같이 신채호는 보호국화를 국가 존망의 현실로서 위기로 인식하였다. 그리고 위기를 극복하는 과제를 유림과 유교의 본질에서 모색하여 실천하고자 하였다. 유림이 보인 사대주의적이고 보수주의적인 태도에 대한 비판적 개혁을 통하여 충군애국해 온 유림 본래의 방식으로 국가 존망의 위기를 국민과 함께 극복하기를 기대하였다. 유학자들이 박학명변하면서 앞장서서 위기를 극복하기 위하여 선진국 외국의 힘의 원천인 실용적인 신학문을 배우고 적용할 것을 기대하였다. 그러면 이에 국민이 함께 힘을 합쳐서 근대적 실력을 양성하여 망국의 위기를 극복할 수 있을 것으로 기대하였다. 이때 중요한 것은 중화사상의 수용과 같은 사대주의적 수용이 아니라 국망의 위기를 직시하여 그 위기를 극복하기 위한 수용이었다. 관념적이거나 사대주의적으로 받아들이는 것이 아니라 처한 상황에 실용적으로 적용할 수 있도록 주체적으로 수용하는 것이었다. 그는 다음과 같이 말하였다.

"한국 사회가 외국 사회를 모방함이 옳은가 曰 옳지 않다. 모방함이 옳지 못한다 曰 옳다. 옳은 것은 무슨 까닭인가 曰 동등적 사상(同等的 思想)으로 모방함은 옳다. 옳지 못한 것은 또 무슨 까닭인가. 동화적 사상(同化的 思想)으로 모방함은 옳지 못하다. … 외국을 모방함에는 장점을 취하며 단점을 보충하여 해로움을 거울삼아 이익을 도모함이 그 법문(法門)"[181]

신채호는 단지 외국 사회를 모방하는 것은 옳지 않다고 분명하게 밝혔다. 이는 외국의 사상이나 학문을 따라 하기만 하는 것이 옳지 않다는 것이었다. 외국의 사상이나 학문을 우월적으로 보거나 좇아야 할 유행처럼 여겨서 주관이나 주체성 없이 따라하기만 해서는 그에 내재되어 있는 사고에 매몰되거나 동화될 수 있다고 주의하였다. 신채호는 외국의 것을 모방할 때 자주적인 관점에서 그 장점은 취하고 단점은 보충하여 사대주의적인 전철을 밟지 않아야 한다고 강조하였다. 실질적으로 도움이 될 수 있도록 자주적으로 신문물을 수용해야 한다는 것이었다. 이것이 신채호가 말하는 "동등적 사상으로 모방"하는 것이었다. 주체적인 관점에서 옳고 그름을 가려 필요에 적합하게 취사선택하여 수용해야 한다고 하였다.

신채호는 '동화적 모방'은 "아(我)의 정신은 없고 피(彼)를 복종하기만 좋아하고 아(我)의 이해는 생각하지 않고 피(彼)를 따르기만 힘써서 아(我)가 피(彼)의 나라로 변하고, 아(我)의 족(族)이 피(彼)의 족(族)으로 변하여 그 국가와 그 종족이 소멸 융화되는 모방"이라고 하였다. '동화적 모방'을 하지 말아야 한다고 강조한 것이다. 동화적 모방은 주관적인 생각이나 정신이 없이 피동적으로 좇기만 하여 주관적인 이해관계를 생각하지 않음으로써 결국 복종하게 만들기 때문에 결국 나라도 잃고 민족도 사상되어 타국과 타국의 종족으로 융화되고 소멸되고 마는 모방이라고 하였다. 따라서 한민족의 처지에서 주체적으로 한민족의 이해관계를 생각하여 필요하고 유익한 것을 받아들이는 주체적인 신사상·신학문의 수용을 강조하였다. 이를 신채호는 '동등적 사상의 모방'이라고 하였다.

이러한 신채호의 국가 존망의 위기 극복을 위한 주체적이고 비판적인 개혁의식은 유림과 마찬가지로 수구적이고 무능한 황실과 국가를 분리하였다. 그리고 국가를 이루는 인민의 역사적인 공동운명체로서의 국가에 대한 관념으로 확장되었다. 그는 "한국이 수백 년 이래 대외 경쟁이 없었기 때문에 국가적 관념이 약하여 혹자는 황실(皇室)을 국가로 믿고, 혹자는 정부를 국가로 믿으므로 국가에 대한 책임은 군주가 맡는 것이고 관리나 갖는 것이요 일반 백성에게는 국가가 흥하거나 망하거나 물을 바가 아닌 줄로 생각"한다고 한탄하였다.

신채호는 한국인들이 수백 년 동안 대외적인 전쟁이나 경쟁이 없었기 때문에 국가 관념이 약하다고 하였다. 때문에 어떤 이는 황실이 국가라고 생각하고 다른 이는 정부가 국가라고 생각하고, 국가에 대한 책임은 군주나 관리에게 있다고 생각한다는 것이었다. 일반 백성, 국민은 국가가 흥하거나 망하거나 그에 대한 책임이 없다고 생각하니 백성, 일반 국민의 국가에 대한 인식을 고쳐해야 한다고 생각하였다. 그는 다음과 같이 말하였다.

"시조 단군이 태백산에 내려와 이 나라를 개창하고 후세 자손에게 물려주니 삼천리 강토는 그 산업(産業)이고 사천 년 역사는 그 보첩(譜牒)이고 역대 제왕은 그 종통(宗統)이고 산하는 그 번울(藩鬱)이라. 오직 이천만 자손이 여기서 태어나고 여기서 자라고… 거주(居住)를 여기서 함께하고 의식(衣食)을 함께하고 휴척(休戚)을 여기서 함께하니 가(家)와 국(國)이 어찌 다를 바가 있으랴"[182]

신채호는 대한 국가의 시조인 단군이 태백산에 내려와서 이 나라를 만들고 후세에 물려주었다고 하였다. 그러니 삼천리 강토는 '우리' 한국인이 생활하는 생활의 터전이고 사천 년의 역사는 우리의 귀중한 역사라는 것이다. 한반도에서 태어나고 자라서 함께 먹고 일하고 쉬며 생활하고 있으니 집과 국가가 다를 바가 없다고 하였다. 이러한 신채호의 인식은 "국가의 역사는 민족의 소장성회(消長盛衰)의 역사를 서술한 것"[183]이라고 하여 민족과 민족사, 민족국가에 대한 인식으로 발전하였다.

이와 같이 신채호가 한민족을 한반도를 바탕으로 한 가족에서 국가로 이어진 공동체로 인식한 것이, 민족국가에 대한 인식으로 이어져서 '보국론'으로 표출된 것이었다. 신채호는 국가가 없는 상태에서 종족이 보존되는 것은 결국 종족이 타국의 종족으로 동화되어 소멸하는 것을 의미한다고 하였다. 그러므로 '보국' 곧 국가를 보존해야 한다고 강조하였다. 국가가 존재해야 민족도 온전한 민족으로서 보존될 수 있다는 것이다.

이러한 신채호의 보국론은 보호국화를 망국의 상황에 처한 것으로 본 것이었다. 신채호는 "천지간에 무국지민(無國之民)은 어느 곳에 살든지 노예는 고사하고 생명을 보전하기 어려운 것"이라고 하였다. 한민족이 한국이라는 국가를 잃게 되면 비록 살아있어도 그것은 '한민족'으로 사는 것이 아니라 속박된 타 국가의 인민으로 사는 것이므로 한민족은 결국 사라지게 된다고 하였다. 한민족이 한민족으로서의 정체성을 유지하지 못하면 그것은 노예는 고사하고 한민족으로서 생명조차 보전하지 못한 것이라고 하였다. 그러한 삶은 살아도 산 것이 아니라고 하였다.

이것이 바로 신채호의 민족공동체로서의 국가를 지켜야 하는 이유였다. 국가를 통하여 생존하는 한민족과 한민족의 역사를 주체적으로 인식하고 그 위에 정립된 국가인식을 드러낸 것이었다. 이러한 신채호의 민족과 국가에 대한 인식은 근대 민족국가의 개념과 일맥상통하는 것이었다.

이러한 한민족과 한민족의 역사에 대한 주체적인 인식은 신채호의 개혁적이고 근대적인 민족국가 인식의 바탕이기도 하였다. 그리하여 군주와 국가의 이해가 양립하지 않을 경우에 군(君)을 버리고 국(國)을 따르"[184]는 국가관으로 연계되었다.

　이러한 신채호의 국가관은 당시 지배층을 비롯한 지식인들이 국가적 위기를 극복하기 위하여 정치체제의 개편을 주창하고, 민권을 논하고 군주권의 제한을 논하면서도 입헌군주제의 틀을 벗어나지 못했던 것과[185] 비교해보면 파격적이고 혁명적이었다.

　이와 같이, 신채호는 '을사보호조약'을 포함하여 격변하는 현실을 실제적으로 인식하고 그 대안을 모색하였다. 대외적인 주권을 상실한 보호국화를 사실상 국가적 존망의 위기가 현재화되기 시작한 것으로 보았다. 그리하여 그 자구책을 선진적인 타국의 근대적인 학문인 신학문을 주체적으로 수용하는 것에서 모색하였다. 이러한 신채호의 사고는 서양 제국주의가 전통적인 동아시아의 질서를 뒤흔들어 일본을 비롯한 동아시아 각국의 정치 변동과 근대화를 야기한 힘의 원천을 "동등적 사상으로 모방"해야 한다는 것이었다. 서양 근대 민족국가가 가진 힘의 위력을 깨닫고, 그 힘을 행사하는 국가와 힘의 원천인 근대 학문을 자주적으로 학습하여 제국주의의 침탈에 대처하는 무기로 사용해야 한다는 것이었다.

　신채호의 보호국화에 대한 국망 의식은 한반도를 터전으로 공동체적으로 생활해 온 한민족의 실재(實在)에 대한 민족적 정치 공동체 의식을 명료하게 현실적으로 인식하게 하였다. 국망의 인식 속에서 역사적 생활공동체로서의 민족에 대한 의식이 각성되었다. 그리하여 민족적 정치공동체로서의 국가에 대한 인식으로 연계되어 국가적 존망의 위기를 극복하기 위한 방법을 역사적 실재로서의 민족의 생존이라는 차원에서 실제적으로 모색하는 것으로 나아갔다. 그 귀결이 역사적 생활공동체로서의 민족과 현재 민족의 삶의 터전이자 미래에도 민족의 삶의 터전으로 존재해야 할 민족의 국가와 영토를 수호해야 하는 보국론으로 전개되었다고 할 수 있다.

이러한 신채호의 민족과 민족국가 나아가 민족주의에 대한 인식은 기본적으로 서양 근대 민족국가에 대한 학습과 인식을 전제로 한 것이었다. 서양 근대 민족국가의 힘과 그 힘의 원천을 파악하고 서양 열강 제국주의 국가들 간에 경쟁하는 국제정치를 현실적으로 인지한 것을 바탕으로 모색한 대안이었다고 할 수 있다. 신채호는 보호국화를 제국주의로 인한 국망의 위기로 인식하였다. 그리고 기성 지배체제를 현실적으로 직시하였다. 그리하여 전통적인 '박학명변'의 유교관에 입각하여 사대주의적이고 수구적인 유림과 군주를 비판하였다. '우리' 민족의 국가를 '민족' 구성원들이 그 사회적인 위계질서 상의 위치를 막론하고 널리 배워 힘을 모아서(대동하여) 함께 현실을 타개해야 한다고 하였다. 총체적으로 한국 사회를 개혁하여 국망의 위기를 극복해야 한다고 하였다.

제2절 신민회 참가를 통해 정립된 근대적 민족·국가 인식

1905년 을사조약으로 한국을 보호국화한 일본은 한국통감부를 설치하여 이른바 '통감정치'를 실시하였다. 대한제국 정부를 그대로 두고 일본제국주의가 시행한 통감정치는 소위 '보호국'이라는 위선적인 이름을 내걸고 한국을 보호하기 위하여 도와주겠다는 것이었다.

복잡하고 골치 아픈 대외관계는 일본의 한국통감부가 대신해주겠다는 것이었다. 그러니 한국 정부는 국내 정치(內政)의 주권을 갖고 행사할 수 있으니 충실하게 실력을 양성하면 된다고 하였다. 일본은 도와줄 뿐이지 주권을 박탈하려는 것이 아니라는 궤변과 함께 통감정치를 실시하였다. 일본군의 무력을 배경으로 시행된 일본 통감의 통제하에 놓이게 된 한국의 보호국화는 일본이 대외적인 주권을 '대행'하기 시작하면서 실질적으로 한국의 국권을 박탈하고 식민지화하기 시작한 것이었다.

1905년의 보호국화는 보호국화 이전에 한국인들이 대외적인 위협과 침탈에서 국가의 주권과 독립성을 상실할 위기에 대응하여 국권을 수호하기 위한 방법을 모색하면서 노력하던 때와는 상황이 완전히 달라진 것이었다. 보호국화는 이제 실제적으로 상실되기 시작한 국가의 주권을 당장 회복하지 않으면 언제 일본제국주의의 식민지로 전락하고 말지 알 수 없는 일촉즉발의 위기에 직면한 것이었다. 갖고 있는 국가의 권력을 공고히 확립하는 것과 박탈된 국가 권력을 되찾는 것은 전혀 다른 것이었다. 전자가 우선적으로 대내적으로 통합하여 국권을 확립할 방법을 모색하면서 대외적 협상력을 발휘해야 할 것이었다. 이에 비해서 후자는 국권을 박탈한 침탈국과 직접 대결해야 하는 국제관계와 국제정치의 문제가 우선되는 것이었다. 침략자와 대결하기 위한 대내적인 통합과 단결이 우선되어야 할 것이었다. 그러나 지배 세력이나 국민이 침탈자인 타국이나 타국과의 관계에 대한 인식이 각자 처한 상황과 조건에 따라서 다를 수밖에 없으므로 통합적으로 단결하여 행동하기 어려운 것이 현실이었다. 침략자나 국권 회복에 대한 입장과 태도는 침략자와의 이해관계에 따라 달라질 것이었다. 나아가 근대적 변화가 일고 있는 상황에서 국권을 회복한 이후 어떤 국가가 될 것인지 국권 회복 이후 상황에 대한 이해에도 차이가 있을 것이었다. 다양한 정치·경제 및 사회적 변수들이 작용하기 때문에 간단치 않은 문제였다.

이러한 점에서 보호국 시기는 아직 명실공히 국가가 주권을 상실하고 식민지로 전락된 것은 아니었다. 국제적으로도 공공연하게 식민지화되어 주권 상실이 확정되기 전에 국권을 공고하게 회복하는 것이 더욱 절실해졌다. 이 점은 입장은 반대지만 일본군을 배경으로 통감정치를 시행한 일본에도 마찬가지였다. 일본은 스스로 백인종 서양의 제국주의와는 다르다고 역설하면서 '동양 평화', '동양 각국의 연대'를 주장하였다. 그러면서 '보호'를 명분으로 한국의 외교권을 박탈하여 제도적으로 한국을 통제하는 첫발을 내딛었다. 그러니 한국인들의 국권 회복을 위한 저항이 조직적으로 커지기 전에 가능한 한 신속하게 또 다른 구실과 명분을 만들어서라도 명실공히 한국의 식민지화를 매듭지어야 하는 긴박한 시기였다.

군사력을 배경으로 통감정치를 시작한 일본의 한국통감부는 한국인들의 국권회복운동을 근본적으로 제약하면서 통제의 강도를 높여갔다. 한국인들은 일제의 보호국화에 저항하여 애국계몽운동과 의병운동을 치열하게 전개하였다. 한국인들의 국권 회복을 위한 단체적 조직 활동이 확대되고 더욱 중요해졌지만 합법적인 영역에서 국권회복운동을 하는 것은 점점 불가능해졌다. 이러한 상황에서 1906년 '헤이그특사 파견사건(Hague, 海牙特使派遣事件)'이 일어났다. 고종은 1906년 평화회의를 주창한 러시아 황제 니콜라이 2세(Nicholas Ⅱ)가 보낸 제2회 만국평화회의 초청장을 받고 일본의 강제에 따른 폭력적인 을사조약은 무효라고 대외적으로 주장하기 위하여 특사를 파견하였다. 전 의정부 참찬(議政府參贊) 이상설(李相卨, 1870~1917)년을 비롯하여 전 평리원 검사 이준(李儁, 1859~1907), 주러 한국공사관(駐露 韓國公使館) 참서관(參書官)이자 주러 공사(駐露 公使) 이범진(李範晉)의 아들 이위종(李瑋鍾, 1884~미상) 등 특사 3인은 6월 헤이그에 도착하였다. 그들은 숙소에 태극기를 게양하고 을사조약의 불법성과 일본의 한국 침탈상을 폭로하여 국권을 회복하는 데 필요한 열강의 후원을 얻고자 하였다. 결국 각국 대표의 협조는 얻는 데 실패하였다.

비록 고종의 헤이그특사 파견은 서양 열강의 후원을 얻는 데 실패했지만 소기의 외교적인 성과를 얻을 수 있었다. 고종의 특사들은 비공식 경로를 통하여 일본의 침략상과 한국의 입장을 담은 공고사(控告詞)를 만국평화회의 의장과 각국 대표에게 보냈다. 그리고 그 전문을 『평화회의보』에 발표하기도 하였다. 또한 영국 언론인인 윌리엄 스테드(William T Stead)의 도움으로 각국 신문기자단의 국제협회에 참석하여 한국의 실정을 알리고 주권 회복에 도움을 청하는 '한국의 호소(A Plea for Korea)'를 하였다. 이에 그치지 않고 특사들은 만국평화회의가 끝난 뒤에도 서양 각국을 순방하면서 국권 회복을 위한 외교 활동을 펼쳤다. 이러한 고종의 헤이그특사사건은 한국이 일본의 주권 박탈의 불법성과 한국인의 국권을 회복하기 위한 노력을 세계 열강에 외교적으로 알리는 항일 독립운동의 효시가 되었다.

그러나 고종이 헤이그 만국평화회의에 외교 특사를 파견한 것은 한국의 외교권을 박탈하고 공공연히 한국을 보호국화한 일본이 정치적으로 한국 정부에 트집을 잡는 좋은 구실이 되어 식민지화에 박차를 가하는 또 하나의 동인이 되었다. 우선 일본은 고종에게 을사조약에는 직인하지 않으면서 외교 특사를 파견한 책임을 물었다. 고종을 강제로 퇴위시키고 순종을 등극시켰다. 이어서 7월에 일본은 순종에게 한일신협약(정미 7조약)을 체결하게 하였다. 한국통감부를 통하여 한국의 내정에 대한 간섭을 자행하던 일본은 헤이그특사 파견을 계기로 순종을 등극케 한 후 대한제국의 국권을 완전히 장악하는 내용을 이완용(李完用) 내각에 제시하였다. 그리고 형식적으로 순종의 재가를 얻고 7월 24일 밤 7개 조항으로 된 신협약을 체결하였다. 이른바 '정미 7조약'이다. 정미 7조약은 한국 군대의 해산, 사법권의 일본 위임, 일본인 차관(次官)의 채용, 경찰권의 위임 등 이른바 '시정 개선'이라는 것을 명목으로 한국의 내정 권한까지 일본이 장악한 것이었다. 이로써 대한제국은 완전히 무력화되었다.

일본이 한일신협약을 통하여 한국의 사법·행정 및 관리 임면 권한을 빼앗으며 이른바 '일본인 차관정치'가 실시되었다. 일본제국주의의 차관정치는 1910년 강제로 한일병합을 이룰 때까지 한국을 실질적으로 식민지화한 것과 같았다. 신협약을 체결한 직후 일본은 신문지법과 보안법을 공포하여 일제에 대한 한국인을 억압, 통제할 법령을 마련하였다. 7월 31일에는 한국군 해산령을 내렸다. 대한제국은 더 이상 군대를 동원할 수 없게 되었다. 실질적으로 대한제국을 완전히 무력화시켰다. 이와 같이 일본의 한국에 대한 통제가 공식적으로 전격화되었다. 해산된 한국 군대 출신들은 각지에서 한국군 출신들을 중심으로 무장 항일운동을 전개하였다.

신채호가 1905년의 을사조약을 이미 국망이 시작된 것으로 인식했던 것처럼 그러한 상황을 국망으로 인식한 미국의 안창호는 대한제국의 군대가 해산된 뒤 '독립전쟁'을 주창하였다.[186] 그는 배일 사상과 국권 회복을 위한 민족독립전쟁을 치르기 위하여 동지들을 규합하고 국내로 들어왔다. 『대한매일신보』의 양기탁 등 만민공동회운동을 전개했던 애국계몽운동가들과 함께 신민회를 결성하였다. 그 취지에 동감한 신채호는 양기탁과의 인연으로 신민회에 투신하여 중요 인물이 되었던 것이다.

'신민회취지서'는[187] 신채호가 함께한 것으로 알려져 있다. 그 핵심 내용은 "금일 우리의 전략은 오직 위국(爲國)하는 것뿐"이라는 것이었다. 신민회는 국가를 위하는 것, 국가 주권의 멸망 위기에 놓인 국권을 수호하는 것을 최우선의 목적으로 한다고 명시하였다.

신민회의 설립 취지는 다음과 같다.

"일신을 돌보지 않고 이 나라를 유신(維新)하는 것을 목적으로 한다. 우리 한인은 내외를 막론하고 통일연합으로 그 진로를 정하고 독립 자유로 그 목적을 세움이므로 이것이 신민회가 발원하는 바이고 신민회가 품고 있는 바라. 요약하면 오직 신정신(新情神)을 일깨우며 신단체(新團體)를 조직한 후 신국(新國)을 건설할 뿐이다."

신민회의 목적은 일신을 돌보지 않고 오직 이 나라를 새롭게 하는 데 있었다. 국내외의 한인이 모두 힘을 합쳐 하나가 되어 국가의 독립과 자유를 위하여 '새로운 정신'을 일깨우고 '새 단체'를 조직하여 '새로운 국가'를 건설한다고 하였다. 국내외를 막론하고 통합해서 독립을 이루고 자유로워져야 한다는 것이었다. 이를 위해서는 사대주의적이고 수구적인 생각에서 벗어나 변화된 세계에서 살아남을 수 있는 새로운 정신을 일깨우고 새로운 단체를 조직하여 새로운 국가를 건설해야 한다는 것이었다.

신민회 취지서에서는 국망의 현실을 직시한 신채호의 비판적인 현실 인식이 개혁적이고 진보적인 새로운 국가 건설을 위한 새로운 정신과 새로운 단체의 결성으로 구현되고 있다는 것을 알 수 있다. 이렇게 그 뜻을 같이하여 참여한 신민회는 신채호에게 큰 영향을 미쳤다.

신채호는 1907년 한일신협약이 체결되고 이후 전개된 일본인 차관정치가 국권을 공공연히 침탈하는 현실과 해산된 대한제국 군대 출신을 중심으로 의병항쟁의 활성화되는 것을 체험하였다. 애국계몽운동의 한계를 절실하게 깨달았다. 그리하여 신채호가 항일 국권회복운동을 위한 새로운 실천 방법을 모색하는 데 신민회가 직접적으로 큰 영향을 주었다. 신채호는 일본제국주의가 실질적으로 국권을 박탈하고 있는 상황에서 단지 한국 인민에게 애국해야 한다고 계몽하는 것만으로는 국권을 수호하는 것도 회복하는 것도 가능하지 않다고 생각한 것으로 보인다. 다른 한편으로 해산된 한국군 출신들이 중심이 되어서 의병무장 투쟁을 활성화시키고 있었다. 이러한 상황에서 국외 독립군 기지 건설과 독립군 창건을 명시한 신민회의 혁명적인 행동강령과 목표는 애국계몽운동의 한계를 절감한 신채호가 자신의 개혁적인 사고를 정립하는 데 영향을 주었다. 그리하여 직접적인 항일 무장 투쟁 쪽으로 방향을 전환해 가는 데 큰 영향을 미친 동인이 된 것으로 보인다. 신채호는 1910년 4월 신민회 국외 독립기지 건설 계획의 하나로 중국으로 망명하여 무관학교에서 독립운동에 매진할 청년의 양성과 독립군 기지 건설 계획에 주력하였다.

또한, 보호국화를 '국망의 위기'로 인식한 신채호는 한반도에서 역사적으로 공동체를 형성하여 살아온 민족적 실재를 민족 정치공동체로 논리화하면서 보국론을 통하여 '박학명변'하면서 '대동'하는 민족국가에 대한 인식으로 발전시켜갔다. 신채호와 마찬가지로 보호국화를 국가 주권을 박탈당한 국망의 위기로 인식한 신민회의 취지서는 '국가를 위하는 것'과 '국가를 새롭게 거듭나게 하는 것'을 위하여 '통일연합'할 것을 주창하였다. 신민회의 궁극적인 목적은 새로운 정신으로 새로운 단체를 만들어서 새로운 국가를 건설하는 것이었다. 새로운 국가는 독립하여 자유로운 국가이자 새로운 정신으로 국내외의 한국인이 하나가 되어 이룬 국가, 한국인 각자가 자유로운 국가를 지향한 것이었다.

이는 '대한신민회통용장정'에서 획기적으로 '공화정체'를 제창하여 공화정의 주체가 새로워진 인민 곧 '신민'인 민중이 되어야 한다는 것으로 명시되었다. 신민회의 기타 행동요강과 목표는 새로워진 한국 민중 곧 '신민'이 주체가 되어 자유롭고 독립된 '공화정체'의 새로운 국가 다시 말해 '민주공화국'을 건설해야 한다는 것을 궁극적인 목적으로 하였다. 그리하여 이를 이루기 위한 내용들을 적시하였다.

이러한 신민회의 강령은 1905년 이후 주체적이고 적극적인 서양 근대 학문의 수용을 통하여 근대적인 민족과 민족국가에 대한 인식을 정립하면서 국권 회복 방안을 실질적으로 모색하던 신채호가 한국 역사를 연구하여 한국의 민족주의를 실질적으로 체계화고 구체화하는 기반이 되었다고 할 수 있다. 신채호의 신민회 활동은 그가 새로운 국가에 대한 인식을 구체적으로 정립하는 바탕이 되었다.

제3장
1919년 3·1운동을 통해 정립된 '민주공화국'의 이상과 현실

제1절 '대동단결 선언'의 국민주권론과 대한민국임시정부의 민주공화국 이상

신채호는 보호국화를 '국망의 위기'로 인식하면서 한반도에서 역사적으로 생활공동체로서 실재해 온 민족에 대한 인식을 시작으로 '박학명변'하면서 '대동'하는 민족국가에 대한 구상을 발전시켜갔다. 그의 민족과 민족국가에 대한 인식은 신민회를 통해 '위국'을 위한 '국가의 유신'과 '통일연합'을 주창하였다. 그리고 이를 통한 독립적이고 자유로운 신정신·신단체의 신국가를 건설하는 것으로 구체화되어 갔다. 신민회를 통하여 정립된 신채호의 새로운 국가에 대한 기본 구상은 '공화정체'이어야 하고 공화정의 주체는 새로워져서 '국가의 유신'을 이룬 한국 인민 곧 '신민'이어야 한다는 것이었다.

신민회의 강령에 비추어서 알 수 있는 것처럼, 신채호는 망국의 위기에서 국가를 구하여 "만국에 위엄을 빛나게 할 가능성을" 오직 "국민동포가 이십 세기 신국민 됨"에서 찾았다.[188] 이것은 보호국화에서 일본인 차관정치에 이르는 과정을 볼 때 대한제국을 선포한 황제나 사대주의적이고 수구적인 유림의 지배 세력에게 구국에 대한 일말의 기대도 할 수 없게 되었다고 판단한 것이었다. 그리하여 신채호가 고육지책으로 찾아낸 구국의 방법이자 희망 사항이었다고 할 수 있을 것이다.

신채호는 "보종보국론"[189]과 "보종보국이 元非二件"[190]에서 명시한 바와 같이, 국가를 잃게 되면 한국인·한민족은 살아도 산 것이라고 할 수 없다고 하였다. 국가가 없는 한국인이나 한민족은 인간 개개인으로서 생명을 유지하면서 살 수는 있어도 한민족으로서 정체성을 유지하면서 독자적인 공동체로 생활할 수는 없기 때문이다. 결국은 귀속된 국가의 일원으로서 민족적 정체성을 상실하게 되고 말 것이라고 하였다. 때문에 보종과 보국이 서로 다른 선택을 요구하는 문제가 아니라 하나라고 한 것이다. 그러나 굳이 보국을 선택한 신채호의 보국론은 유림의 보수적인 보국(保國)이나 보황(保皇)론과는 다른 것이다. 그것은 한국인의 역사적 생활 공동체이자 민족 공동체인 국가를 지켜야 '우리', 한민족, 한국인이 한국인으로서 한국인답게 한민족으로서 독자적으로 살아갈 수 있다는 것이었다. 무엇보다 한국인의 국권을 수호하여 한반도를 지켜야 한다는 것이었다.

신채호는 이와 같은 보국론의 연장선상에서 국망의 위기에 처한 현실을 극복하기 위한 방법을 한국인이 '오직 신민(新民) 됨'에서 찾았다. 민족주의의 시대이고 제국주의의 시대이며 군국주의의 시대라고 본 20세기에 제국주의에 의하여 국망의 위기에 처한 현실을 극복할 수 있는 방법은 오직 한국인이 새로운 인민이 되는 것뿐이라고 하였다. 이는 제국주의-군국주의-민족주의의 세계를 떠받치는 힘이 근본적으로 '민족'에 있다고 본 것이었다. 그러니 한국인들이 '20세기 민족국가'의 주체이자 주인이 되어야 한다는 것이었다. 다시 말해 한국인들이 근대적인 민족의식을 각성하여 '우리' 민족국가를 건설하기 위하여 자주적이고 주체적으로 항일 독립운동에 나서는 민족주의를 강고히 발휘해야 한다는 것이었다.

신채호는 기성의 지배 세력을 대표하는 유림에 실망하였다. 20세기의 세계적인 대변동이 동양으로까지 미쳐서 일본이 근대화하면서 한국의 국권을 침탈하고 있는데도 재래의 수구적이고 사대주의적인 관념에서 탈피하지 못했기 때문이었다. 그리하여 유교 본연의 '박학명변(博學明辯)'하는 태도를 견지하지 못하고 국망에 대처하지 못하는 기성 지배 세력을 비판하고 이를 개혁해야 한다고 역설하였다.

그는 "(일) 專制의 毒이 極하며 (이) 經濟의 困이 甚하며 (삼) 知識이 乏하는 소이"라고 하였다. 전제정치의 폐단을 지적하고 이로 인하여 경제적 곤란과 박학명변하지 못하여 시대 변화에 적합한 지식과 지혜를 갖추지 못했다고 비판하였다. 새로운 위기를 극복하기 위한 방책을 마련할 수 있는 새로운 지식을 수용하여 제대로 활용해야 한다는 것이었다. 그렇지 못한 기성 지배 세력과 체제를 비판하였다. 그렇기 때문에 한국인들이 정치 사상과 정치 능력이 결핍되었다고 진단하였다.

그리하여 신채호는 그러한 문제를 극복하기 위한 대안을 기성 질서의 지배층이 아닌 "국민 동포", 민족을 구성하는 일반인 한국 인민에서 찾았다. 전제정치에 대한 비판 위에서 신채호는 20세기에 융성한 국가와 정치는 한두 사람의 영웅에 의해 이루어지는 것이 아니라 국가와 정치를 자신의 일로 인식하여 국가에 관심을 갖고 문제가 있으면 문제를 알고 해결하기 위하여 함께 노력하는 '새로운 인민' 곧 '민족'에 의해 이루어진다고 판단하였다.

따라서 신채호는 국망의 위기에 처하게 된 한국 문제의 해결을 '신사상'으로 '새로워질' '신민' 곧 일반 국민인 '한민족'에서 찾았다. 그는 다음과 같이 주장하였다.

"오호라 同胞여 동포는 정치 사상을 奮興하며 정치 능력을 長養하야 獨立的 國民의 資格을 갖추어 國家의 命을 維持하며 民族의 福을 擴張하라."

우리 한인 '동포'가 정치 사상을 갖추어 정치 능력을 길러서 '독립적인 국민'이 되는 자격을 갖추자고 하였다. 그리하여 '국가의 령'을 유지하면서 민족의 복을 확장하자고 하였다. 이렇게 신채호는 국망의 위기에 처한 한국 문제의 해결을 국민 동포인 민족, 민족을 구성하는 인민이 강대국의 국민과 같이 주체적인 개인으로 새로워지는 것에서 찾았다.[191] '독립적 국민의 자격'을 갖춘 인민은 정치 사상을 갖추고 정치 능력을 함양하여 직접 정치에 참여하면서 국가를 보존하는 '새로운 국민', '새로운 인민'이었다.

20세기, 세계적으로 근대적인 변화가 일어나고 있던 시기에 신채호는 기성 지배 질서로는 국망을 극복하기 어렵다고 판단하였다. 그리하여 기성 지배 질서의 구습에 물들지 않은 피지배 세력인 인민이 근대적인 주체로서 거듭나는 것에서 국망 극복의 가능성을 찾았다. 기성 지배체제의 문제를 잘 알고 있는 피지배 인민이 국망의 현실을 직시하여 근대 민족국가의 국민과 같이 정치에 관심을 갖고 국망의 위기를 극복하고자 힘을 합하여 근대적인 민족국가를 건설해야 한다고 하였다. 국가가 망하지 않고 살아남을 수 있도록 할 수 있는 방법은 그렇게 인민이 국가의 주체가 되는 것뿐이라고 하였다. 한국의 인민대중이 스스로 '유신'한 신민(新民)이 되어 국가를 새롭게 '유신'해야 한다고 하였다. '신민'만이 국망의 위기를 극복할 수 있고 또 국망의 위기를 극복하여 자유롭고 평등한 국가에서 살기 위하여 스스로 인민이 '신민'으로 거듭나야 한다고 역설하였다.

　신채호가 국민 동포가 '신민'이 되어 국망을 극복하는 주체가 되어야 한다고 한 것은 그들이 망국의 위기를 극복하고 '유신'된 국가의 주인이 될 것이기 때문이었다. 피지배 민중이 주체적으로 새롭게 되어 독립된 자신들이 자유로운 새로운 독립 국가를 건설하면 그것이 곧 국망의 위기를 극복하는 것이기 때문이었다. 그것은 또한 그가 주창한 신국가, 모두가 자유롭고 평등한 새로운 국가를 완성하는 일이었다.

　신채호는 다음과 같이 주장하였다.

"서양은 암흑 시대가 지나가고 황금 시대가 돌아와 문명의 기운이 精神界에 팽창하여 도덕, 정치, 경제, 종교, 무력, 법률, 학술, 공예 등이 장족의 진보를 이루니, 이제 국가의 利가 날로 많아지고 인민의 복이 날로 커져 專制封建의 舊陋가 없어지고, 立憲共和의 福音이 두루 퍼져, 國家는 人民의 樂園이 되며 人民은 國家의 主人이 되야 孔孟의 輔世長民主義가 이에 실행되며, 루소의 平等自由 精神이 이에 성공되었도다."[192]

선진 서양 열강에서는 전제적인 구습이 없어지고 법에 입각한 공화정치가 이루어져서 인민이 국가의 주인이 되고 국가가 인민의 낙원이 되었다는 것이다. 그러니 서양에서 시민혁명을 통해 인민대중이 새로운 정신으로 입헌공화의 복음을 구현했듯이, 한민족 한국인도 '신민'이 되어 "문명의 기운이 정신계에 팽창하여" 입헌 공화의 자유롭고 평등한 국가를 만드는 주인이 되어야 한다는 것이었다.

신채호가 "충신론"에서 적시한 바와 같이 군주와 국가의 이해가 양립하지 않을 경우 군주를 버리고 국가를 따라야 한다고 한 것도 바로 이러한 의미였다. 20세기에는 국가도 인민도 종래와 같이 전근대적인 방식으로는 살아남을 수 없고 시대적 변화에 걸맞은 새로운 지식과 견문을 통하여 '유신(維新)'해야만 살아남을 수 있다고 한 것이다.

이러한 신채호의 국망의 위기 인식 위에 형성된 기성 지배체제에 대한 비판과 대안은 신민회 활동을 통하여 정립되어갔다고 할 수 있다. 신채호는 1910년 신민회의 국외 무관학교 설립과 독립군 기지 건설을 모색하기 위하여 중국으로 건너가서 권업회와 동제사 및 대종교 등에 가담하였다. 거기서 신규식, 박은식, 조소앙 등과 함께 국권회복운동을 전개하였다. 그리고 그들과 함께 1917년에 '대동단결 선언'을 하였다. 신민회에서 대동단결 선언에 이르는 일련의 항일 독립운동을 통하여 신채호의 기성 지배 질서를 대체할 수 있는 '신민'론과 '신국가'에 대한 인식이 구체적으로 정립되어 간 것으로 보인다.

1914년 제1차 세계대전이 일어나자 신채호는 신규식, 박은식 등 동제사의 구성원들과 함께 상해에서 대동보국단을 조직하고 시베리아와 간도 및 국내와 긴밀히 연락을 취하면서 국제 정세 변화에 대처하고자 하였다.[193] 신채호를 비롯하여 대종교와 동제사, 신한혁명당 등 중국에서 활동하던 사람들은 세계대전으로 전개된 20세기 국제 정세 변화를 경험적으로 인식하고 주시하면서 이에 대처한 국권 회복운동의 방안을 모색하였다. 그들은 1917년 소련의 2월혁명, 핀란드와 폴란드 등의 독립선언, 대한민국임시정부의 수립 및 각지에서의 독립운동 고조와 같은 흐름이 전개되고, 미국이 제1차 세계대전에 참전하면서 중국이 연합국 측으로 기울어지는 한편 스톡홀름국제사회주의자대회가 개최되는 등 급격하게 변화되고 있는 국제 정세가 유리하게 변하고 있다고 판단하였다. 이러한 정세 변화에 대처한 국권 회복의 방안을 모색하여 대동단결 선언으로 공표하였다.[194]

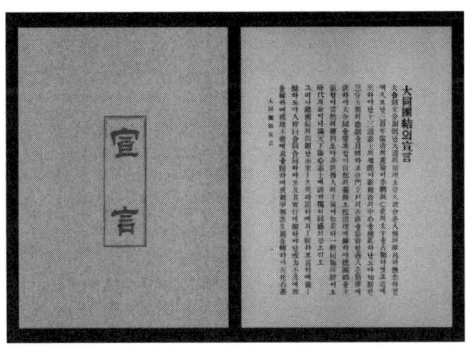

사진 8 대동단결선언문 (출처: 독립기념관)

잘 알려진 바와 같이 대동단결 선언은 '주권불멸론'에 따른 국민주권설과 '국가적 행동'을 주창한 것이었다. 그리하여 1919년 3·1운동 이후 대한민국임시정부가 수립되는 밑거름이 된 것이었다. 또한 다른 한편으로는 대동단결 선언을 통해 신채호가 자신의 국권 회복의 방안을 이론화하고 구체적인 실천 방식을 구현했다고 할 수 있다. 이는 신채호가 20세기의 국제적인 변동과 연동되어 맞게 된 국망의 위기에 대처하지 못하는 기성 지배체제와 지배층에 대한 비판적 인식에 기초하여 신민회의 '신민'과 신민에 의하여 '유신'된 국가 수립으로 정립했던 바를 논리적으로 구체적으로 정립했다는 의미가 있다.

먼저, 대동단결 선언은 민주국가 시기에 주권이란 민족 고유의 것으로 한 순간도 멈춰질 수 없는 것이라고 선언하였다. 어느 누구도 한 민족의 주권을 다른 민족에게 넘겨줄 수 있는 것이 아니라는 것이다. 황제가 국가의 주권을 마음대로 이민족인 일본과 주고받을 수 있는 것이 아니라고 한 것이다. 따라서 1910년 8월 29일 대한제국의 융희황제(隆熙皇帝)가 일본과 병합조약을 맺은 것은 종래 국가 주권을 행사하던 민족 지도자인 황제가 민족 고유의 주권을 방기한 것이지 일본에 양도한 것은 아니라는 것이었다. 1910년 8월 29일에 대한제국 황제가 민족의 주권을 방기(放棄)했으므로 민족의 주권은 본시 그 고유한 담지자(擔持者)인 민족에게 자동으로 귀속되었다는 것이었다.[195] 이와 같이 대동단결 선언은 한반도를 터전으로 오랜 시간을 거치며 생활공동체로서 살며 형성된 '민족' 고유의 권리를 민족의 국가 주권으로 정립하여 선언하였다. 한반도를 터전으로 한 한민족 고유의 주권이 정치공동체로서의 국가적 주권과 분리될 수 없다는 것을

'민족주권'으로 선언하였다.

"吾人同志가 완전한 상속자니 彼 皇帝權 消滅의 때가 곧 民權 發生의 때요, 舊韓國 最終의 一日은 즉 新韓 最初의 一日"이라는 것이었다.

이어서 대동단결 선언에는 다음과 같은 내용이 있다.

"我韓은 無始 以來로 韓人의 韓이오, 非韓人의 韓이 아니라. 韓人 間의 主權授受는 역사상 불문법의 國憲이오, 非韓人에게 主權讓與는 根本的 無效요, 韓國民性의 絶代 不許하는 바라. 고로 경술년 융희황제의 주권 방기는 즉 我國民 同志에 대한 默示的 禪位니 我同志는 當然히 三寶를 繼承하여 統治할 特權이 있고 또 大統을 相續할 義務가 있도다."

'우리 한국'은 처음부터 한인의 한국이고 한인들 사이의 주권 수수는 불문법과 같은 국가적 헌법이므로 한인이 아닌 사람에게 주권을 양여한다는 것은 있을 수도 허용할 수도 없는 일이므로 근본적으로 무효라는 것이다. 따라서 융희황제가 주권을 방기한 것은 한국 국민 동지에게 묵시적으로 주권을 선위한 것이된다고 하였다. 그러므로 당연히 한국인들은 국가와 영토 민족을 계승하여 통치할 특권과 의무가 있다고 하였다. 한국인·한민족인 황제가 행사하던 주권을 방기하면 '당연'히 '묵시적'으로 같은 한국인·한민족인 국민에게 주권이 자동 계승된다는 것이었다.

이러한 논지로 대동단결 선언은 한민족 인민의 국권 계승과 대통을 상속할 의무와 특권을 선언하였다. 대동단결 선언이 공포한 민족 고유의 주권은 곧 민족공동체인 국가의 주권이 이제 국민에게 있다고 국민주권을 선언한 것이었다.

　대동단결 선언의 국민주권설은 서양의 천부인권설이나 사회계약론에 의거하지 않고, 병합으로 국제관계에서 상실된 국가 주권의 문제를 한반도를 바탕으로 공동체를 이루어 생활해 온 민족사적 정통성을 바탕으로 민족 본래의 주권론으로 치환한 것이었다. 그리하여 이제 민족은 역사적으로 형성된 국가의 주권을 직접 담지(擔持)하게 되었다고 한 것이었다. 따라서 민족이 단합하여 국가의 주권을 실질적인 형태의 국가 독립을 통해 회복하고자 노력을 경주해야 하는 주체라고 선언한 것이었다. 이렇게 대동단결선은 민족이 '대동단결'하여 국권의 진정한 담지자로서 국권 회복과 국가 독립을 실천해야 한다는 독립운동 실천의 문제를 제기한 것이었다. 대동단결 선언은 구체적으로 그 실천 방안을 민족/국민이 대동단결하여 십시일반으로 재정을 마련하고 인물을 육성하여서 국가적 권위를 구현하는 것이라고 제시하였다.

　이와 같이 대동단결 선언은 한반도에서 유구한 시간 동안 생활해 온 민족사적 정통성에 따라 불멸의 민족 주권설을 주창하였다. 일본의 '병합'으로 한국 황제가 방기한 '민족 고유의 주권'을 자동적으로 상속하게 된 민족이 주체적으로 '대동단결'하여 국가의 대통을 상속할 의무와 국가를 통치할 특권을 이행해야 한다고 선언한 것이었다. 이러한 대동단결 선언의 요체는 바로 신채호가 "專制封建의 舊

陋가 없어지고, 立憲共和의 福音이 두루 퍼져, 國家는 人民의 樂園이 되며 人民은 國家의 主人이 되야" 한다고 한 것과 같은 것이었다.

이제 국가 주권의 담지자 곧 국가의 주인이 된 '우리 한인'이 국제관계에서 명실공히 국가 주권을 회복하여 국가적 권위를 발휘하는 국가를 만들어야 한다고 선언한 것이었다. 이는 신채호가 말했던 바와 같이, "孔孟의 輔世長民主義가 이에 실행되며 루소의 平等自由精神이 이에 성공"되는 국가를 건설하자는 것이었다. 그리하여 대동단결 선언은 무엇보다 '대동단결'을 역설하였다. 구체적으로 먼저, '통일기관'인 민족대회의를 만들어서 임시정부 조직과 같은 '통일국가'를 만들어야 할 필요를 제기하였다. 이는 민족이 대동단결하여 적극적으로 그리고 효과적으로 한인 독립운동을 총괄하기 위한 통일적 기관이 필요하다고 판단한 것이었다. 국가적 행동을 통해 더욱 효율적으로 자유롭고 평등한 새로운 독립국가 만들기를 실천하자는 것이었다.

신채호와 대동단결 선언은 '대동단결'하여 인민이 주인이 되는 국가를 구현하기 위한 국가적 실천을 주창하였다. 이 제안과 논리는 볼세비키혁명의 성공과 뒤이은 윌슨의 민족자결선언 등의 영향으로 제1차 세계대전의 종전이 가시화되고 민족자결을 포함한 윌슨의 14개 조항이 파리강화회의의 기본 방침이 되자 힘을 얻었다. 1918년 8월 신채호를 포함하여 여운형, 조동호, 선우혁 등은 상해에서 신한청년당을 조직하고 파리강화회의에 김규식을 '한국 대표'로 파견하였다. 국내에도 선우혁 등을 파견하였다. 파리강화회의의 민족자결 조항에 대한독립의 희망을 걸었다. 한국인의 독립 의지를 국제적으로 알리고자 하였다. 마찬가지로 국내에도 국제 정세 변화에 대응하여 대외적인 독립운동이 이루어지고 있다는 것을 알리려 하였다. 이러한 국권 회복을 위한 대외적인 외교적 단체행동이 행해지고 파리강화회의 기본 방침 중 하나가 민족자결이 되자, 일본제국주의의 무단통치 아래 억눌렸던 한민족의 항일 저항의식이 1919년 3·1운동으로 분출되어 대한민국임시정부가 수립되는 결과를 낳을 수 있었던 것이다.

이러한 국제정치와 국내 상황의 변화를 배경으로 신채호가 모색한 국권 회복 방안이, 신민회를 통해 '신민'과 신민에 의하여 '유신'된 입헌공화국 수립으로 정립되고 이후 대동단결 선언을 통하여 평등한 인민인 국민이 주권을 갖는 입헌공화제 국가로 구체화되어서 3·1운동 이후 대한민국임시정부 수립에 함께하면서 정립되었다고 할 수 있다.

대동단결 선언의 국민주권설과 임시정부 기구의 수립 주창은 한반도에서 발발한 3·1민족독립운동이 결실을 거둔 대한민국임시정부 수립으로 구현되었다. 3·1운동 직후 신한청년당과 동제사의 주도로 국내와 러시아 및 간도 등지의 주요 인사들이 상해로 모여 프랑스조계에 임시정부를 건설하고자 하였다. 그들은 서울에서 한성정부의 각원 명단과 임시정부 헌법 원문이 도착하자 1919년 4월 11일 프랑스 조계에서 제1회 임시의정원 회의를 개최하였다. 대한민국 임시헌장을 만들고 4월 13일 대한민국임시정부를 수립하였다.[196]

신채호는 제1회 임시의정원 회의 의원이 되었다. 신채호는 대동단결 선언의 국민주권설에 따라 한반도에서 한인 대표들이 모여서 수립한 한성임시정부의 법통을 계승해야 한다고 주장하고 대한민국 임시 헌장을 제정하는 데 뜻을 모았다. 1919년 4월 11일에 확정된 대한민국 임시 헌장은 제1조에서 대한민국은 민주공화제로 한다고 명시하였다. 또한 제3조는 대한민국의 인민은 남녀귀천과 빈부의 계급이 없고 일체 평등하다고 선언하였다.[197] 이는 대동단결 선언이 임시정부 기구의 수립과 이를 위한 민족대동 회의를 제의(提議)하면서 제시한 7강령 중 제3항에서 "大憲을 제정하여 民情에 합한 法治를 실행할 것"이라고 한 것과, 제4항에서 "獨立 平等의 聖權을 주장하야 同化의 魔力과 自治의 劣根을 防除할 것"이라고 한 내용이[198] 현재화된 것이었다.

    대한민국임시정부의 임시헌장 "제1조 대한민국은 민주공화제로 함"에 명시된 민주공화제는 역사적으로는 군주제를 부정하면서 등장한 공화주의가 인민이 주권을 갖는 민주주의와 결합된 것이었다. 서양의 민주주의와 공화제에서는 일반적으로 결합하지 않는 독특한 개념이라고 할 수 있는 것이다.[199] 그렇지만 신채호를 포함하여 신한청년당·동제사를 중심으로 상해에 모여서 대한민국임시정부를 건설한 인사들에게 '민주공화제'·'민주공화주의'는 변화된 국제 정세에서 살아남아야 할 한민족의 국가 주권을 선언한 대동단결 선언의 요체였다. 또한 그것은 신채호가 지향했던 바 "立憲共和의 福音이 두루 퍼져"서 인민이 국가의 주인이 되고 국가는 인민의 낙원이 되어 모두 평등한 주권을 갖고 행사하는 새로운 국가에 대한 이상향을 구축한 것이었다.

제2절 정치 지도 세력과 국가적 정부 조직에 대한 회의

　3·1운동과 대한민국임시정부의 수립은 신채호가 민중을 근대적인 혁명의 주체로 재인식하면서 이상으로 생각했던 공화제 국가 건설을 위한 정부적 조직이 결실을 거둔 것이었다. '민주공화제'를 국체로 한 독립 국가의 상이 현재화되는 성과를 거둔 것이었다. 3·1운동 직후 상해로 간 신채호는 대한민국임시정부에 적극적으로 참여하였다. 그렇지만 그의 참여 기간은 1919년 4월 초 대한민국임시의정원 회의가 시작될 때부터 7월 제6회 회의까지 4개월에 불과하였다. 신채호가 대한민국임시정부에 참여했던 경험은 정치 지도 세력과 국가적 정부 조직에 대하여 회의하고 이후 직접적인 항일 무장 투쟁을 더욱 강화하면서 무정부주의로 기우는 중요한 동인이 되었다.

　신채호는 1919년 4월 10일 제1회 임시의정원 회의에 참석하여 '대한민국' 국호와 정부 조직을 확정하는 데 관여하였다. 그러나 이승만이 국무총리 후보로 거론되자 격렬히 반대하였다. 이승만이 미국 정부에 한국에 대한 국제연맹의 위임통치와 자치를 제창했던 인물이기 때문에 신뢰할 수 없다는 것이 반대 이유였다.[200] 그렇지만 결국 임시의정원 회의에서 이승만은 국무총리로 선출되었다. 신채호는 임시의정원 회의에서 상해와 블라디보스톡, 서울에 각각 수립된 임시정부의 통합 문제와 임시헌법 개정 및 임시정부 개조 논의에 함께하면서 제5회 임시의정원 회의에서 전원위원회 위원장 겸 충청도 의원으로 선임되었다. 그러나 제6회 임시의정원 회의에서 임시헌법 개정안과 임시정부 개조안이 통과되고 이승만이 다시 대통령으로 선

출되자 신채호는 이에 극심히 반대하여 해임되었다.[201]

　　신채호는 임시의정원 전원위원과 임시의정원 의원직을 즉각 사퇴하였다. 이승만과 이승만을 지지한 안창호를 반민족적 지도자라고 극렬히 비판하면서 대한민국임시정부와 결별하였다. 그리고 신채호는 이승만으로 대표되는 독립운동의 외교론과 대한민국임시정부의 점진적인 준비론을 강력하게 반대하면서 직접적인 항일 무장 투쟁 활동을 전개하였다.[202] 신채호의 이승만과 대한민국임시정부의 독립운동 외교론에 대한 비판은 1919년 10월 상해에서 창간한『신대한』, 1920년 북경에서 박용만(朴容萬, 1881년~1928) 신숙(申肅, 1885~1967) 등과 만주 지역의 독립군 단체들을 통합하고자 만든 군사통일촉성회, 1920년 말에 발간한 잡지『천고』등을 통해 계속되었다. 신채호는『천고』를 통하여 목숨을 다하는 혈전(血戰)을 강조한 독립운동론을 천명하면서 민족의 단합과 독립운동의 이념을 정립하고자 하였다.[203]

　　그렇지만 상해 대한민국임시정부의 압력으로『신대한』지를 계속 발행할 수 없게 되었다. 그러자 신채호는 북경으로 옮겨가서 반대한민국임시정부에 입장을 같이 하는 박용만 등과 무장 군사 활동을 유일한 독립운동 방식으로 하는 제2회보합단을 조직하였다. 내임장(來任長)으로 선임된 신채호는 제2회 보합단을 '대한민국 군정부(軍政府)'라고 자칭하면서 상해의 대한민국임시정부를 비판하였다.[204] 3·1운동 이후 민족독립운동이 고조되어 독립운동의 하나로 국외 만주와 러시아에서 자연발생적으로 수많은 독립군단체가 조직되어 무장투쟁을 전개하였다. 항일 무장 독립군 단체들은 잘 알려진 홍범도(洪

範圍, 1868~1943)가 이끈 대한독립군의 봉오동전투나 김좌진(金佐鎭, 1889~1930)이 이끈 북로군정서 등의 청산리전투를 통해 대승을 거두기도 하였다. 그러나 독립군 단체들은 지휘계통이 하나로 통일되어 있지 못하여 통합적인 총력을 발휘하지 못하고 있었다. 이에 대하여 상해의 대한민국임시정부도 통솔 능력을 제대로 발휘하지는 못하고 있었다. 무장 독립군 활동을 본격화한 신채호는 항일 독립군부대의 통일을 절감하였다. 그리하여 신채호는 1920년 9월 박용만·신숙 등과 함께 군사통일촉성회를 발기하였다. 그리고 1921년 4월 21일 군사통일주비회를 개최하여 독립군 부대의 지휘 계통을 통일하여 무장 투쟁이 총력을 발휘할 수 있게 하고자 하였다.

1921년 4월 21일, 신채호·박용만·신숙 등을 중심으로 시베리아와 만주·하와이·국내 단체 대표자들이 효과적인 독립전쟁을 수행하기 위하여 '군사통일주비회'를 개최하였다. 이 회의에서 대한독립군단의 국내 총공격 준비, 군사 지휘권 문제, 이승만 위임통치 불신임과 대한민국임시정부 및 대한민국임시의정원에 대한 부인 안건 등이 가결되었다. 신채호는 회의 결과에 대한 결의문을 상해 대한민국임시정부로 발송하였다. 또한 미국에 한국의 위임통치 청원을 주도했던 이승만과 정한경을 규탄하는 성토문을 작성하여 김원봉·김창숙 등과 공동 명의로 발표하였다. 그리고 군사통일주비회 측은 대한민국임시정부의 재창조를 비롯하여 독립운동의 문제를 해결하기 위하여 국민대표회의를 소집하기로 하였다. 이 사실을 널리 알리고자 『대동』을 발행하기로 하고 이를 신채호가 담당하였다.[205]

상해의 대한민국임시정부 측도 1921년 1월 국무총리 이동휘(李

東輝, 1872~1935)가 탈퇴한 이후 분열이 본격화되어 재정비를 해야 했기에 국민대표회의 소집이 필요한 상황이었다. 1923년 1월 3일 70여 개 독립운동단체의 대표 120여 명이 상해에 모여서 국민대표회의를 개최하였다. 국민대표회의는 대통령 불신임안을 가결하고, 대한민국임시정부의 '개조'와 '창조'를 놓고 대립하였다. 결국 국민대표회의는 대한민국임시정부를 둘러싸고 창조파와 개조파로 나뉘어 격돌하게 됨으로써 성과 없이 결렬되고 말았다.

창조파 홀로 국민대표회의를 지속하였다. 창조파의 신채호는 대한민국임시정부를 부정하고 러시아나 만주에서 항일무장 투쟁을 독립운동의 기본 방침으로 하는 새로운 대한민국임시정부를 수립해야 한다고 강력하게 주장하였다. 1923년 6월 7일 창조파가 단독으로 개최한 국민대표회의에서 헌법을 제정하고 정부적 조직을 수립하였다. 이 회의에서 신채호는 문창범·박은식·이동휘 등과 함께 고문으로 추대되었다. 이렇게 창조파가 단독으로 국민대표회의를 마무리하자 부분적인 개조를 주장한 기성 대한민국임시정부의 내무총장 김구가 내무부령 제1호를 발표하여 국민대표회의의 해산을 명령하였다. 이렇게 국민대표회의는 완전히 실패로 끝났다.[206] 창조파의 새 임시정부 조직은 블라디보스톡으로 옮겨가 독립운동 기관을 만들고자 하였다. 그러나 일본과의 관계 악화를 우려한 소비에트 러시아정부가 반대하여 창조파의 새 임시정부 조직은 자연스럽게 해산되고 말았다.

신채호의 대한민국임시정부와 국민대표회의 경험은 그가 독립운동을 이끄는 정치 세력과 정부적 국가 조직에 대하여 많은 생각을 하고 향후 의열단 선언을 작성하게 되면서 무정부주의로 나가는 데 큰 영향을 미친 것으로 보인다. 신채호는 의열단 선언을 통해 자치론과 내정독립론, 참정권론은 물론이고 준비론과 점진론 등도 모두 기만적이라고 규정하였다. 신채호가 대한민국임시정부에 참여하면서 무엇보다 충격적이었던 것은 미국 정부에 한국에 대한 국제연맹의 위임통치를 청원한 이승만을 한국민의 대표로 모인 정치 지도자들이 새로 수립하는 대한민국임시정부의 대통령으로 선출한 것이었다.

신채호는 이승만을 다음과 같이 성토하였다.

"우리 이천만 형제자매에게 李承晩·鄭漢卿 등 對美委任統治請願 곧 賣國賣族의 청원을 제출한 사실을 들고 그 죄를 성토하노라.

… 평화회의가 개설되며 따라서 민족자결의 聲浪이 높았도다…

… 우리 朝鮮도 이 사상에 응하야 더욱 분발할 때… 더욱 美領의 동포들은 국민회의 주동으로 各處響應하여 勞動所得의 血汗錢을 걷우어 평화회의에 朝鮮 獨立 問題를 提出하기 위하여 대표를 뽑아 파리에 보낼 때 李와 鄭 등이 그 뽑힌바 되어… 合倂十年 人의 植民地된 痛恨을 잊었던가 獨立을 위하여 劍에 銃에 惡刑에 죽은 先忠先烈이 계심을 몰랐던가 朝鮮을 自來獨立國이 아닌 줄로 생각하였던가 遽然히 委任統治請願書 곧 朝鮮이 美國 植民地 되어지이다 하는 요구를 미국 정부에 제출하야 賣國賣族의 행위를 감행하였도다."[207]

신채호는 이승만이 미국 정부에 한반도에 대한 위임통치를 청원한 것을 크게 두 가지 측면에서 비난하였다. 무엇보다 그것은 한마디로 '매국매족 행위'라고 하였다. 한국이 본시 예속국이었던 것도 아니고 독립국이었는데 그것을 원래 독립국의 상태로 국권을 복원하자는 것이 독립운동의 기본 목적이라고 하였다. 그런데 이승만이 미국에 위임통치를 청원한 것은 친일파와 같은 매국하는 행위라고 하였다. 독립국이었던 국가를 식민지화하는 병합조약을 일본과 맺은 친일파나, 미국에 한국의 독립이 아니라 일본의 식민 지배를 대신하는 위임통치를 요청한 이승만이 무엇이 다르냐는 것이었다. 결국 이승만의 행위는 을사오적이자 매국노로 불리는 이완용(李完用, 1872~1937)이나 정합방론자 송병준(宋秉畯, 1858~1925), 자치운동자 민원식(閔元植, 1886~1921)과 같이 매국매족 행위라고 맹렬히 비난하였다.

　신채호가 이승만을 성토한 두 번째 이유는 이승만의 행위가 한국인들의 뜻을 대표하지는 않고 제멋대로 국민을 기만한 것이라는 것이었다. 세계대전의 종식과 더불어 고조된 민족자결주의와 함께 한국인들도 세계 각지에서 민족의 독립을 주창하면서 독립을 위하여 분발하고 있었다. 더욱이 이승만이 있는 미국에서는 동포들이 한민족을 대표하여 파리강화회의에 가서 독립을 청원하라고 피땀 흘려 번 돈을 모아 파견을 지원하기까지 하였다. 그런데 이승만은 이를 대변한 것이 아니라 위임통치를 청원하였다.

　신채호는 이승만을 성토한 첫 번째 문제에 대해서 한민족이 민족자결 사조의 고양을 배경으로 '대동'하여 독립 의지가 분발하고 있을 때 이를 모아 열강에 독립에 매진해야 할 정치 지도자가 민족의 염원과는 정반대로 위임통치를 청원한 것은 절대로 용서할 수 없는 매국매족 행위라고 단언하였다. 그런데도 대한민국임시정부를 구성한 국민 대표라는 사람들은 이 사실의 비시를 분명하게 규명하지도 않고 이승만을 국무총리로 선출하였다. 뿐만 아니라 그 사실이 명백해진 후에도 대한민국임시정부의 "대통령으로 선출한 죄는 더 중대"하다고 하였다. 이러한 신채호의 요지는 대한민국임시정부의 수반이 되겠다는 이승만이나 그의 위임통치 청원 사실을 알고서도 이를 문제로 삼지 않고 용인한 대한민국임시정부의 정치 지도 세력들 모두 철저한 민족적 저항 의지가 부족하다는 것이었다.

이러한 신채호의 이승만과 대한민국임시정부에 대한 성토는 파리강화회의에서 민족자결선언이 정치적으로 해결되고 만 사실을 주시한 것이었다. 그는 파리강화회의를 통하여 강대국들이 주창했던 '평화'와 민족자결이 "時局의 大勢나 列國의 利害關係에 의해 된 일"이라는 현실을 직시하였다.[208] 신채호도 민족자결을 하나의 기준으로 삼았던 파리평화회의에 민족의 독립에 대한 나름의 기대와 희망을 가졌었다. 그러나 제1차 세계대전을 종식하는 평화회의가 개최되고 민족자결이 논의되었지만 파리평화회의의 '민족자결'은 그 의미가 국제정치의 현실과 직결된 것이라는 사실을 인정해야 하였다. "평화의 名義와 實際가 다 부합"하지 못한 약육강식의 국제정치 현실을 재차 인식해야 했던 신채호는 이 사실을 똑바로 보고 현실적으로 인식할 것을 강조하였다.[209]

신채호는 파리강화회의의 실재를 통하여 독립이나 민족자결이 "七日痛哭"과 같이 읍소해서 될 일이 아니라는 사실을 논하였다. 따라서 외교를 통해 열강에 독립을 청원하거나 지원을 구하는 행위는 결국 "敵國 일부의 植民으로 自處하고 獨立以下 第二의 條件을 夢想

하게" 하는 행위라고 비판하였다. 독립을 향해 가는 과정의 하나로 일국이 아닌 세계 평화를 주창하면서 수립될 국제기구인 국제연맹에 위임통치를 청원했다고 하더라도, 그것은 곧 즉각적인 독립의 희망이나 가능성을 인정하지 않기 때문에 할 수 있는 일이라고 하였다. 이러한 행위는 즉각적인 독립이라는 최선이 아닌 차선책을 선택한 것이라고 비판하였다. 때문에 독립운동의 의지를 약화시키는 행위라는 것이었다. 당장의 위기를 모면하고자 차선책을 찾음으로써 결국 독립을 요원하게 한다는 것이다. 이는 스스로 '식민을 자처'하는 행위라고 맹렬하게 비판하였다. 그렇기 때문에 독립이 아닌 다른 조건을 생각한 것이고 이는 결국 독립운동의 동력을 약화시켜서 독립을 요원하게 또는 불가능하게 한다는 것이다.

신채호는 독립의 불가능성을 먼저 생각하지 말고, 독립 이후의 문제 또한 독립하고 나서 생각할 수 있도록 오직 현재 직면한 민족의 독립에 집중할 것을 강조하였다. 신채호는 우리가 할 것은 오직 "민족을 保全할 문제뿐"이라고 강조하였다. 그러면서 신채호는 우리가 해야 할 것을 다음과 같이 역설하였다.

"「제1, 독립을 못 하거든 차라리 죽으리라는 결심을 견고하게 하면서 제2, 적에 대한 파괴의 反面이 곧 독립 건설의 터이라」는 이해를 명확하게 하여 理想의 國家보다 먼저 理想의 獨立을 製造할 主義"

오직 민족이 독립해야 한다는 것만 생각하고 여기에 모든 생각과 행동을 집중해야 한다고 하였다. 그리하여 우리가 독립할 만한

소질이 있고 독립할 만한 지위에 있으면 大韓獨立史가 출현할 날이 있으리라"라고 하였다.[210]

　이와 같은 신채호의 이승만과 대한민국임시정부의 정치 지도자들에 대한 비판은 위임통치 청원 그 자체가 국가를 박탈당한 민족이 당면한 독립의 문제를 가장 먼저 긴박하게 해결해야 할 당면 문제로 인식하지 않았기 때문에 가능했다는 것이었다. 직접적으로 독립을 위한 투쟁을 하지 않고 제2의 조건이나 차선책을 생각하기 때문에 독립운동의 동력을 약화시키게 된다고 근본적인 문제를 제기한 것이었다. 이러한 근본적인 항일 투쟁에 대한 문제의식 속에서 신채호는 이승만의 위임통치 청원 문제를 그렇게 심각한 문제로 인식하지 않고 그를 대통령으로 선임한 대한민국임시정부의 정치 지도자들도 비판하였다. 그리하여 대한민국임시정부와 관련된 정치 지도 세력들과 대한민국임시정부의 외교론에 반대하고 그 의미를 부정하였다.

　신채호가 이승만과 대한민국임시정부에 문제를 제기한 두 번째 측면은 한국 민중이 독립의 의지를 각성하여 스스로 세계 각지에서 민족자결과 민족의 독립을 위하여 분발하면서 기꺼이 피땀 흘려 번 돈까지 기부하는 독립운동의 주체로 새롭게 거듭났다는 것을 전제로 한 것이었다. 대한민국임시정부는 민족 독립의 항일 주체로서 거듭난 한민족의 국가적 독립에 대한 의지와 열망을 대변하기 위하여 정부적 조직으로 결성된 것이었다. 이 대한민국임시정부는 그들의 의지와 열망을 하나로 모아서 항일 독립운동을 실질적·정책적으로 대변하고 실행에 옮겨야 한다는 것이었다. 정부적 조직이 결성되기 이전보다 더욱 강력하게 총체적으로 한국인이 대동단결하여 항일 독립운동을 전개할 수 있는 중추가 되어야 한다는 것이었다. 이것이 바로 국가적·정부적 기능을 수행하는 일이라는 것이다. 그런데 대한민국임시정부가 이승만을 수반으로 선출한 것은 그에 반하는 행위라는 것이었다. 국가 주권의 주체인 국민 민중이 염원하는 국가적 독립을 대변하지 않았기 때문이었다.

이와 같은 신채호의 대한민국임시정부와 이승만에 대한 비판과 성토는 대한민국임시정부에 동참하여 갖게 된 항일 독립운동과 정부적 조직 및 정치 지도자들에 대한 근본적인 문제의식을 표출한 것이었다. 3·1운동을 통해 민족적인 독립 열망이 고조에 달하고 민중은 민족과 독립 국가의 주체로 새롭게 나고 있었다. 그런데 이른바 정치 지도자라는 사람은 국민의 열망과 의지를 반영하기는커녕 오히려 현실을 운운하면서 안이하게 국제연맹에 위임통치를 청원하였다. 마찬가지로 민중의 독립과 국가 주권에 대한 의지를 독립운동을 통해 구현해야 할 대한민국임시정부의 정치 지도자들도 이승만과 같은 인물을 기꺼이 대통령으로 선출하고, 파리강화회의를 봐서도 알 수 있는 것처럼 가능하지도 않을 외교론을 독립운동 노선으로 취하였다.

이렇게 신채호가 대한민국임시정부에 참여한 경험은 정치 지도자들과 그들로 이루어진 정부적 기구가 민족 구성원인 인민과 인민의 독립을 위한 독립운동에 과연 적합한지에 대하여 회의하게 한 것으로 보인다. 민족의 독립과 독립된 민족국가를 건설해야 한다는 목적과 명분은 분명한 것이었다. 그런데 과연 현실의 정치 지도자들과 그들로 구성된 정부적 조직이 그 목적과 명분을 충실하게 구현하고 있는지를 회의하게 된 것으로 보인다. 그는 과연 대한민국임시정부가 선언한 '민주공화제'란 무엇이고, 그것이 구현될 수 있기는 한 것인지 의문한 것으로 보인다.

결고적으로 신채호는 기본적으로 대한민국임시정부가 스스로 선언한 민주공화제, 민주공화주의가 대한민국임시정부를 통해서는 실현될 수 없다고 생각했음을 알 수 있다. 그가 주창한 민족 구성원인 인민이 새로운 주체적인 인민으로 된 '신민'과 그들에 의하여 '유신'된 '신국가'가 3·1운동과 대한민국임시정부의 수립을 통해 첫발을 떼었다. 그리고 대한민국 임시헌장을 통해 민주공화제의 민주공화국으로 정립되었다. 그런데 그 내용을 채워야 하는 문제가 정작 새로운 정치와 국가를 이와 함께 외쳤던 정치 지도자들과 그들이 주도하여 성립한 대한민국임시정부 내부의 문제로 벽에 부딪히게 되었다고 판단하였다.

민주공화국 대한민국을 수립할 대한민국임시정부의 대표와 한국인을 대표하여 임시정부를 조직한 정치 지도자들에 대한 신채호의 문제의식은, 국권을 상실한 상황에서 누가 실질적으로 민의를 대변하고 대행할 수 있고 또한 누군가 대표들에 의해 조직된 정부적 기구는 소위 민족 대표들의 정치를 통해 인민의 의견을 제대로 대표할 수 있는 것인지 의구심을 가지지 않을 수 없게 했을 것이다. 대한민국임시정부 수립 당시 한국 인민을 대표하는 문제는 제5회 임시의정원 회의에서 신채호가 강력히 주장했던 것처럼, 국내에서 13도를 대표하는 사람들이 창설한 한성정부의 법통을 이어받아 국내의 13도 대표가 민족 전체를 대표하는 것으로 결의함으로써 일단락될 수 있었다.

그렇지만 '민주공화제'의 내용, 민주공화주의를 실천하여 완수하는 것은 이승만의 대통령 취임과 그를 선임한 대한민국임시정부 의정원 의원들을 볼 때, 신채호로서는 결코 용납할 수 없는 새로운 문제였다. 이 문제를, 신채호는 국민대표회의를 통하여 대한민국임시정부를 재창조함으로써 해결하고자 하였다. 그러나 국민대표회의도 결국 정치 지도자들 간의 이견을 좁히지 못했기에 실패로 종결되었다.

대한민국임시정부에서 국민대표회의에 이르는 일련의 국가적 정부 기구를 수립하기 위한 신채호의 정치 활동은 이승만의 위임통치 청원 문제뿐만 아니라 그 문제를 놓고 표출된 임시정부의 정치 세력들 간의 다양한 이해 갈등을 체험하게 하였다. 그리하여 민족의 독립 방법에 대하여 재고하는 중요한 동인이 되었다고 할 수 있다. 결국 신채호는 이승만을 대통령으로 뽑은 대한민국임시정부와 임시정부의 외교론에 반대하여 대한민국임시정부와 결별하였다. 그리고 죽을 각오로 직접적인 항일 무장 독립운동을 더욱 강력하게 진행하는 방향으로 나가며 무정부주의자가 되었다.

제4장
1923년 국민대표회의 결렬과 의열단 선언 이래 국가 인식의 변화

제1절 국민대표회의의 결렬과
　　　의열단 선언문으로 변화된 국가 인식

　　신채호는 반대한민국임시정부에 입장을 같이 하는 박용만 등과 무장 군사 활동을 유일한 독립운동 방식으로 한 전투적 독립운동단체를 조직하였다. 항일 무장 투쟁 독립군 부대를 통일하여 전투적 역량을 높이고자 군사통일주비회를 개최하였다. 이 회의에서는 군사 지휘권 문제뿐만 아니라 이승만과 임시정부 및 임시의정원의 부인 등을 가결하고, 이를 상해의 대한민국임시정부로 발송하였다. 3·1운동으로 거족적으로 분출된 민족의 독립 의지를 반영하여 수립된 통합 상해 대한민국임시정부에 대한 부인은 독립운동가들 사이에서 북경의 군사통일회 또한 신채호가 비난하는 하나의 분파와 같이 여기게 되는 결과를 낳았다. 그리하여 대한민국임시정부는 내무부령을 발하여 국민대표회의의 해산을 명령하였다. 결국 국민대표회의가 대한민국임시정부 개조안을 놓고 둘로 분열되었고, 신채호 등 창조파가 단독으로 헌법을 제정하면서 정부적 조직을 수립한 것은 분파적 행위라고 하였다. 이러한 인식이 확산되자 대한민국임시정부의 개조를 주장했던 기성 대한민국임시정부는 힘을 얻어 내무부령으로 국민회의의 해산을 명령하였다.

이러한 와중에 신채호는 1922년 12월 조선의열단의 의백인 김원봉에게 의열단의 독립운동 이념과 방법을 천명하는 〈조선혁명선언〉의 집필을 요청받고 1923년 1월에 완성하였다. 의열단을 이끌고 있던 김원봉은 '부단한 폭력과 함께 꾸준한 선전과 선동과 계몽이 반드시 있어야만 한다'고 생각하였다. 그는 의열단이 단순한 폭력단체가 아니라 민족독립운동단체라고 설명하고 그 투쟁 방법을 합리화하고 설명하는 이념을 천명하고자 하였다.[211] 신채호는 대한민국임시정부와 결별하고 전투적인 민족독립운동을 중시하던 데서 더 나아가 독립군의 무장 투쟁만이 유일한 독립운동의 방책일 수 있다고 생각하고 있었다. 군사통일회가 실패하고 국민대표회의 또한 분열되어 결렬된 상황에서 신채호는 이승만 성토문에 공동으로 서명한 김원봉의 의열단에 관심을 가졌다. 의열단은 암살과 파괴·폭력을 민족 독립을 위한 주요 운동 방법으로 선택한 무정부주의 단체였다. 김원봉의 제안을 수락한 신채호는 김원봉이 선정한 의열단 측 책임자인 유자명과 함께 합숙하면서 의열단 선언인 〈조선혁명선언〉을 집필하였다.

신채호가 작성한 〈조선혁명선언〉은 총 5장으로 구성되었다. 제1장에서는 일본제국주의가 "조선민족 생존"의 "적"이라고 선언하였다.

그리고 "혁명"으로 "강도 일본을 살벌(殺伐)하는 것이 조선민족의 정당한 수단임을 선언"하였다.[212] 이어서 제2장에서는 3·1운동 이후 국내에서 대두한 자치론·내정독립론·참정권론 등 일본제국주의에 대한 타협주의와 '문화운동'과 같은 일체의 타협적인 독립운동을 비판하였다. 이어서 제3장에서 대한민국임시정부의 외교독립론과 준비론 등 점진적인 독립운동을 비판하였다.

여기서 가장 주목되는 것은 신채호가 항일 독립운동의 방법을 설정하는 데 큰 영향을 미친 한말 신민회의 직접 투쟁·독립전쟁 방침이 비판의 대상이 되었다는 점이다. 이제 신채호는 신민회의 독립전쟁 방침을 '독립전쟁 준비론'으로 재해석하고 비판하였다. 신채호는 소위 시세를 안다는 지식인들·독립 운동가들이 "용기가 나지 아니해서" 직접 항일 투쟁 곧 독립전쟁에 바로 나서지 못하고 "준비 운운"했다고 비판하였다. 재야의 산림유생(山林儒生)들은 국망의 현실을 직시하고 그 성패를 계산하지 않고 전쟁에 뛰어들었다는 것이다. 그런데 신민회는 무기와 군대를 양성한 후 일본과 전쟁하겠다고 '독립전쟁 준비론'을 항일운동의 방침으로 정했다고 하였다. 즉각적으로 직접행동에 나서지 않았다고 비난한 것이다. 그리고 이를 대한민국임시정부의 독립전쟁 준비론과 연계시켰다. "준비"에 노력했지만 얻은 것은 불완전한 학교와 회 몇 개뿐이라며 신민회의 주장이 착오, "주장의 착오"를 했다고 하였다.[213]

그리하여 의열단 선언 제4장에서 신채호는 "민중이 곧 자기를 위하여 하는 혁명"이 "민중혁명"이고 이 민중의 "직접혁명"을 주창하였다.[214] 독립운동을 논하는 지식인이나 정치 지도자들로 구성된 단체나 정부적 기구를 신뢰할 수 없다는 것이다. 그러니 이제 새로워진 민중, '신민'이 직접 나서서 국망의 위기를 극복하고 국가와 민족을 구해야 한다고 하였다.

신채호는 직접혁명의 방법은 '파괴'에서 시작해야 한다고 하였다.

"革命의 길은 破壞에서 開拓할지니라. 그러나 파괴만 하려고 파괴하는 것이 아니라 建設하려고 파괴하는 것이므로 만일 建設할 줄 모르면 파괴할 줄도 모를지니 파괴할 줄을 모르면 건설할 줄도 모를지니라. 建設과 破壞가 다만 形式上에서 보아 區別될 뿐이요, 精神上에서는 破壞가 곧 建設이니라."[215]

신채호는 '혁명의 길'은 대상을 파괴하는 것에서 개척해야 한다고 하였다. 이때 '파괴'는 파괴를 위한 파괴가 아니라 새로운 것을 '건설'하기 위한 것이라고 하였다. 신채호는 "건설과 파괴가 다만 형식상에서 보아 구별될 뿐이요, 정신상에서는 파괴가 곧 건설"이라고 하여 정신적인 혁명을 역설하였다. 기성 지배체제의 인습에 익숙해진 정신을 혁명적으로 새롭게 해야 한다는 의미에서 '정신상 파괴' 곧 '정신적인 혁명을 이루는 건설'을 강조하였다.

그런데 그 '파괴'의 대상은 물론 기본적으로 "이족통치(異族統治)" 곧 일본의 식민 지배체제를 파괴하는 것이었다. 그러나 의열단 선언에서는 거기서 더 나아가 "특권계급" "경제 약탈 제도" "사회적 불평등" "노예적 문화 사상" 등 식민 지배체제를 포함하여 기성 지배체제 일체를 파괴의 목표라고 규정하였다. 전통적으로 신분제사회였던 기성 지배체제에서 일반 민중을 억압하면서 통제하던 모든 제도적 장치와 경제·사회적 불평등을 포함하여 그 문화 사상까지 총체적으로 파괴의 대상이자 목표라고 규정한 것이다.

그리고 그 목표를 달성하기 위한 방법이 '폭력'이라고 하였는데 이는 다음과 같은 말에 잘 나타나 있다.

"朝鮮 民衆은 오직 民衆的 暴力으로 新朝鮮 建設의 障礙인 日本 勢力을 파괴할 뿐인 줄 알진대 朝鮮 民衆이 한편이 되고 日本 强盜가 한편이 되어 네가 망하지 아니하면 내가 망하게 된 〈외나무다리 위에〉 선 줄 알진대, 우리 이천만 民衆은 一致로 暴力 破壞의 길로 나아갈지니라.

民衆은 우리 革命의 大本營이다.

暴力은 우리 革命의 唯一武器이다.

우리는 民衆 속에 가서 民衆과 携手하여 不絶하는 暴力-暗殺 破壞 暴動으로써 强盜 日本의 統治를 打倒하고 우리 生活에 不合理한 一切 制度를 改造하여 人類로써 人類를 壓迫치 못하며 社會로써 社會를 剝削치 못하는 理想的 朝鮮을 建設할지니라."[216]

신채호는 조선 민중이 새로운 국가를 건설하는 데 장애가 되는 것이 일본이라고만 생각하는 것은 잘못이라고 하였다. 의열단이 민중과 제휴하여 강도 일본의 통치를 끊임없이 타도하고 더불어서 "우리 생활에 불합리한 일체 제도를 개조"해야 한다고 하였다. 그리하여 인류가 인류를 압박하지 않는 사회, 이상적인 "조선"을 건설해야 한다고 하였다.

신채호가 〈조선혁명선언〉에서 선언한 직접혁명은 무장 군사 활동을 하면서 추진했던 이전의 활동들과는 차원이 다른 것이었다. 다시 말해 신채호는 1920년 무장군사 활동을 유일한 독립운동 방식으로 한 제2회 보합단을 조직하고 '대한민국 군정부(軍政府)'를 자칭하면서 산재한 항일독립군 단체들을 통합하여 지휘 계통을 정비하고자 군사통일촉성회를 발기했었다. 그리고 실천적 활동을 하기 위하여 1921년에 군사통일주비회를 개최하여 국민대표회의를 소집하기도 하였다. 이 모두 '신민'에 의한 '신국가' 건설을 지향한 것이었다. '대한국'이라는 새로 건설할 국가를 민주공화제의 이상형으로 새롭게 건설하는 것이 목적이었다. 그렇지만 전근대적인 억압적이고 위계적인 기성 지배체제 일체 파괴하는 '직접혁명'을 행하는 '폭력'의 행사를 주창한 것은 아니었다. 그러나 〈조선혁명선언〉에서는 종래의 정부적 조직인 군대나 정부적 무장단체가 아니라 새로워진 인민대중이 자발적으로 일체의 권위와 통제에 대하여 행하는 테러를 선언하였다. 그는 다음과 같이 말하였다.

"우리의 民衆을 喚醒하여 强盜의 統治를 打倒하고 우리 民族의 新生命을 開拓하자면 義兵 十萬이 一擲의 炸彈만 못하며 億千張 신문 잡지가 一回 暴動만 못할지니라."[217]

우리 민중을 깨우쳐서 강도 일본의 통치를 타파하여 민족에 새로운 생명을 개척하려면 그 무엇보다 폭탄 하나 던지는 것, 폭동 한 번 일으키는 것 같은 직접혁명이 가장 효과적이라고 하였다. 신채호는 3·1운동 이후 등장한 수많은 독립군 단체를 통합하여 지휘 계통을 정립하고자 했지만 결국 지도적 인물들이 통합하지 못하여 실패한 경험이 있었다. 독립군 단체의 지휘 계통을 통합하거나 통합적인 지휘 체계를 통해 독립군을 양성하는 것에 대하여 회의하게 된 것으로 보인다. 그리하여 이미 3·1운동을 통해 새롭게 민족의 주체로 거듭난 민중이 각성하여서 직접 '강도의 통치'를 타도해야 한다고 한 것이다. 우리 민족의 새로운 생명을 개척해야 하는데, 그렇게 하려면 십만 명의 의병보다 개개인이 직접 혁명으로 발사하는 탄환 하나가 더 효과적이고 수많은 신문 잡지의 논설과 논평이나 계몽보다 한 번의 폭동이 더 건설적이라고 하였다.

신채호는 의열단 선언서에서 일본의 한반도 식민 지배를 기본적으로 '강도통치'라고 하여 일본을 '강도'로 칭하면서 일본을 구축하고 그 통치를 타도해야 한다고 하였다. 강도를 타도하기 위한 민중의 항일 저항 의지와 직접적인 투쟁을 강조하였다.

그런데 〈대동단결 선언〉에서는 '강도'와 '강도통치'의 대상을 더 이상 일본에 국한하지 않았다. 더 나아가서 종래 민중을 억압하던 모든 억압적인 제도와 지배체제 그리고 그것을 운영하는 정치로 확장하였다. 그리하여 이 모든 일체의 억압 기제를 타도의 목표로 설정하였다. 그는 다음과 같이 말하였다.

"만일 그 압박의 主因이 되는 强盜政治의 施設者인 강도들을 擊斃하고 강도의 一切施設을 破壞하고… 人人이 그 〈餓死〉 이외에 오히려 革命이란 一路가 남아 있다는 것을 깨달아 勇者는 그 義憤에 못 이기어

弱者는 그 苦痛에 못 견디어 모두 이 길로 모여들어 계속적으로 진행하여 보편적으로 전염하여 擧國一致의 大革命이 되면 奸猾殘暴한 强盜 日本이 必境 驅逐되는 날이라."[218]

신채호는 모든 인간적인 압박의 주요 원인이 되는 강도정치와 그 행위자들을 모두 강도라고 하였다. 그리하여 일체의 억압을 타파하는 '혁명'만이 약자가 고통에서 벗어날 수 있는 길이라고 하였다. 약자가 고통에 못 견뎌서 모두 혁명의 길로 모여들어 "擧國一致의 大革命"이 되면 "강도 일본이 반드시 구축되는 날"이라고 하였다. 그리고 '거국일치의 대혁명'으로 '강도 일본이 구축되는 날'에는 강도 일본뿐만 아니라 기성 지배체제의 특권계급, 경제약탈제도, 사회적 불평등, 사대주의적인 노예적 문화 사상도 파괴되는 날이라고 하였다. 그리하여 민중이 "신조선 건설"을 이루어야 한다고 하였다.

신채호는 의열단 선언에서 군부대와 같은 정부 조직의 기구나 정치단체 또는 정치 지도 세력이 아닌, 민중 개개인이 직접 폭력적인 테러 방법으로 혁명을 일으켜서 '이상적인 조선을 건설'해야 한다고 하였다. 이와 같이 신채호의 독립운동 방법에 대한 생각이 바뀐 것은 일찍이 호감을 갖고 있던 의열단의 투쟁 방식을 무정부주의 항일 운동 단체의 이념으로 〈조선혁명선언〉으로 정립하면서였다.

신채호는 신민회도 비난하면서 지식인들이 대한민국임시정부와 같이 '독립전쟁을 준비'만 했지 직접 항일전투에 출전하려고는 하지 않았다고 하였다. 그리하여 민중의 직접혁명을 역설하였다. 그리고 "義兵 十萬이 一擲의 炸彈만 못하며 億千張 신문 잡지가 一回 暴動만

못할지니라"라고 하여 정부적·조직적인 군대의 전투보다 민중의 직접적인 '폭력', 테러에 더 큰 의미를 부여하였다. 민중이 죽을 각오로 폭력혁명을 개시하면 경찰의 칼이나 군대의 총으로도, 간교한 정치가의 수단으로도 막을 수 없다고 하였다.[219] 기성 지배체제의 무장 조직인 군이나 정치 세력은 물론이고 정치 일체를 인정하지 않았다. 이렇게 신채호는 의열단 선언문을 작성하면서 독립운동의 방법에 대한 생각이 무정부주의적으로 바뀌어갔다.

신채호가 〈조선혁명선언〉을 통해 무정부주의로 경도하기 시작한 것은 그의 용어 사용을 통해서도 드러난다. 신채호는 더는 '국가'라는 용어를 사용하지 않았다. 단지 외교론을 비판하면서 "公函이나 列國公館에 던지며 長書나 日本 政府에 보내어 國勢의 孤弱을 哀訴하여 國家 存亡 民族 死活의 大問題를 외국인 심지어 적국인의 처분으로 결정하기만 기다리었도다"라고[220] 지적할 때 '국가'라는 용어를 한 번 사용했을 뿐이다. 을사조약을 국망의 위기로 인식하고 이후 줄곧 강조하던 '국가의 중요성'이나 '국권 상실의 문제' 극복이라는 차원에서 자주 언급하던 '국가', 특히 '한(韓)'국가'를 언급하지 않았다. 그 대신에 신채호는 '조선민중', '신조선', '이상적 조선 건설'과 같이 '조선'이라는 용어와 '우리'민족'이라는 용어를 구분하지 않고 사용하였다.

이들 용어는 한반도에서 역사적인 실체로 생활해 온 생활공동체로서의 민중을 이르는 것이었다. 그는 다음과 같이 말하였다.

"우리는 日本 强盜政治 곧 異族統治가 우리 朝鮮民族 생존의 敵임을 宣言하는 동시에 우리는 革命手段으로 우리 생존의 敵인 강도 일본

을 殺伐함이 곧 우리의 正當한 手段임을 선언하노라"²²¹

신채호는 일본의 식민 통치를 '다른 민족'의 통치라 하고 이를 불합리한 '강도정치'로 설정하여 '조선민족' 생존의 '적'이라고 선언하였다. 신채호는 비록 무정부주의적인 방식으로 직접혁명을 강조했지만, 그것이 '조선민족'의 생존을 위한 것이었고, '신조선'을 '건설'하기 위한 것이었음을 알 수 있다. 혁명의 주체는 그냥 무산민중이 아니라 '조선민중'이었고 '우리 민족'이라고 하였다. 민족주의자 신채호의 기본적인 사고가 완전히 민족을 부정하는 것으로까지 바뀐 것은 아니었다고 하겠다.

신채호는 의열단 선언을 통하여 조선민족, '우리 민족','조선 민중'이 주체적으로 '혁명'을 해야 한다고 선언하였다. 이 혁명은 무정부주의와 같은 방식인 폭력과 테러를 통해 이루어지는 것이었다. 신채호는 국민대표회의가 지난하게 진행 중이던 때 〈조선혁명선언〉을 작성하였다. 여기서 그의 독립운동 방법에 대한 생각이 바뀌고 있었다는 것을 알 수 있다. 이러한 변화가 국민대표회의가 최종적으로 결렬된 이후 독립운동의 방법과 정치적인 이념이나 정부적 조직 등 총체적으로 민족독립운동에 대하여 회의하면서 실의에 빠져 방황하다가 ²²² 무정부주의로 이어진 것으로 보인다.

사실 신민회에서 대한민국임시정부에 이르기까지 신채호가 추구한 '새로운 국가'와 그 주체인 '새로워진 민중(新民)' 곧 남녀노소·계급과 계층의 차별이 없는 평등한 신민이 주인이 되는 민주공화제에 대한 이상이나 민중 직접혁명 방법은 무정부주의보다 러시아혁명 이후 세계 사조(思潮)의 하나로 급격히 전파되고 있던 공산주의와 친화력이 있다고 할 수 있다. 그런데 신채호는 공산주의와 현실의 공산주의 국가에 대하여 부정적이었다.

신채호는 1917년 러시아혁명이 성공하자 앞으로 마르크스이론이 전 세계로 끝없이 전파될 것으로 보았다. 그리고 1919년 볼셰비키정부가 추진한 제3 인터내셔널을 통한 공산주의운동과 아시아 식민지 민족해방운동의 연계를 긍정적으로 보았다.[223] 약육강식의 시대가 끝나 인심이 아픈 대중을 생각하고 세상의 흐름이 인간을 생각하는 근본으로 돌아가는 새로운 시대가 올 것이라고 생각하였다.[224] 그러나 1920년 중국 동북 삼성 지역으로 출병한 일본군 때문에 시베리아로 후퇴한 독립군과 독립운동단체들이 겪은 1921년 6월 자유시참변은 신채호가 소비에트 러시아와 공산주의에 대하여 긍정적으로 생각하던 것을 바꿔놓았다.

자유시사변은 1921년 북로군정서와 대한독립군 등 독립군 부대들이 대한독립군단을 조직하고 국경 부근 자유시에 들어가서 소비에트 적군과 상호 원조 협정을 맺고 소련 적군과 합작으로 대규모 독립전쟁을 준비하다가 갑자기 소련군이 무장 해제를 통보하여 발생한 사건이었다. 일본과의 관계를 생각하여 한인 독립군에게 소비에트정부가 무장 해제를 통보하였다. 이에 응할 수 없었던 독립군 부대들이 소련군과 충돌하여 막대한 희생을 내고 무장을 해제당하였다. 소비에트 러시아 정부는 세계 무산계급의 프롤레타리아혁명을 주창하면서 코민테른을 결성하고 식민지·약소민족의 민족해방운동을 지원한다고 선전했지만 실상은 자국의 이익과 혁명정부의 안정화를 우선시하였다. 자국 영토에서 펼쳐지는 식민지 민족해방운동을 인정하지 않았을 뿐만 그들을 무장해제시키기 위하여 살상하는 교전을 감행하였다. 그 배경에는 러일 외교관계가 있었다. 같은 해에 일본은 소비에트 러시아와 어업조약을 체결하면서 소련 영토 내에서 일본에 유해한 한인 혁명단체가 육되는 것은 양국 관계에 큰 지장이 있다고 하여 해산을 주장했었다.[225]

또한 이와 마찬가지로 소비에트 러시아 정부는 1923년 국민대표회의가 결렬된 후 창조파가 러시아령으로 이동하여 독립운동 기관을 만들려고 하자 일본과의 관계를 의식하여 허용하지 않았다. 이에 그치지 않고 1925년 1월 공산주의 소련은 제국주의 일본과 일소 기본조약을 체결하여 국교를 정상화하였다. 자국의 이익에 충실한 소비에트 러시아 정부의 한인 독립운동단체와 독립군에 대한 태도와 정책은 공산주의와 무산계급의 연대가 아닌 소비에트 러시아 정부의 체제 안정을 최우선시한 것이었다. 공산주의혁명의 관념적인 이념이나 소비에트 러시아 정부가 주창한 '민족자결', '국제평화' 등 궁극적으로 '공산(共産)'이라는 것도 파리강화회의의 민족자결이나 평화와 마찬가지로 '명분과 실제가 불일치'하였다. 그 결과 소비에트 러시아 영내에서 활동하던 한인 독립운동단체와 독립군은 러시아로 국적을 바꾸지 않으면 생활하기 어렵게 되었다. 뿐만 아니라 귀화 한인과 비귀화 한인을 차별하는 소련 정부에 의해 소비에트 러시아 영내에 있는 한인들 간에 갈등이 고조되고 분열되었다.

이러한 소련정부의 행보는 신채호의 공산주의에 대한 호감을 변화시켰다. 현실의 공산주의체제가 외친 반제국주의·계급타파·공산(共

產) 혁명을 통한 자유와 평등한 사회 건설이라는 '공산주의' 이념이나 공산주의 소비에트 러시아정부는 제국주의로 전개된 자유주의 이념이나 자유주의 국가와 다를바 없었다. 현실에서는 자국의 이해관계가 우선되었다. 신채호는 공산주의를 제국주의와 다름없다고 생각하게 된 것으로 보인다.

1925년 신채호는 공산주의에 비판적인 입장을 드러내며 코민테른을 따르는 사람들을 무사상·무이념적이라고 비판하고 그들이 사대주의적이라고 비판하였다.

"오호라! 북구대국의 기초가 이미 정해져 노농주의(勞農主義) 사조가 더욱 번성하니 장차 조선의 애국지사들도 옛 가옥을 허물고 신식 비행기에 타 망막한 천공을 높이 날며 세계는 하나라고 노래를 고창할지 또 알 수 없다."[226]

신채호는 '노농주의(勞農主義)', 공산주의 사조가 러시아혁명의 영향으로 번성하니 이른바 '조선의 애국지사들'이 그에 편승한다고 비난하였다. 신채호가 노농주의 사조라고 한 러시아혁명은 자본주의의 발달에 따른 경제적 격차와 그로 인한 계급갈등의 문제를 적시하여 사유재산제도를 부정하면서 반자본주의·반제국주의·공산주의를 주창하였다. 그리하여 인구의 대다수를 차지하는 노동자와 농민을 중추로 하여 일으킨 혁명이 러시아혁명이었다. 그런데 이 혁명의 결과 수립된 소비에트러시아조차 기성의 제국주의 국가와 다를 바 없었다. 신채호의 국가 조직과 정치 지도 세력에 대한 회의는 공산주의

혁명을 성공시킨 소비에트 러시아정부에서 새로운 대안의 가능성을 찾을 수 없었다.

그리하여 그 대안을 의열단 선언문을 작성하면서 공감하게 된 무정부주의에서 찾게 된 것으로 보인다. 신채호는 "아아, 크로포트킨의 '청춘에게 고하노라'란 논문의 세례를 받자. 이 글이 가장 병에 맞는 藥方이 될까 한다"라고 하였다.[227] 그는 크로포트킨의 사상이 실질적으로 가장 적합한 사상이라고 생각하였다.

그리고 신채호는 1926년 재중국 조선무정부주의자연맹에 가입하여 무정부주의자가 되었다. 이후 북경에서 동방무정부주의자연맹이 조직되자 재중국조선무정부주의자연맹의 조선 대표로 참가하여 활동하였다. 1928년 4월 무정부주의동방연맹 북경회의를 개최하고 무정부주의동방연맹의 〈선언〉을 발표함으로써 무정부주의 혁명을 선언하였다. 〈선언〉에서 신채호는 "세계 무산대중의 생존"과 "東方 각 식민지 무산대중"의 "생존"을 선언하였다. "무산계급의 진정한 해방"을 선언하였다.

신채호는 〈선언〉을 통하여 재래의 정치와 정부 조직을 비롯해서 일체의 기성 지배체제를 파괴하는 혁명을 선언하였다.

"우리 民衆도 참다 못하여 견디다 못하여 저 野獸들을 退治하려는 撲滅하려는 在來의 政治며 法律이며 道德이며 倫理며 其他 一切 文具를 否認하자는 軍隊며 警察이며 皇室이며 政府며 銀行이며 會社며 기타 모든 세력을 破壞하자는 憤怒的 絶叫 〈革命〉이라는 소리가 대지상 일반의 耳膜을 울리었다."[228]

신채호는 우리 민중이 더는 참고 견디지 못하고 재래의 정치, 법률, 도덕, 윤리 등 일체를 부인하고 타파하는 분노의 절규가 바로 '혁명'이라고 하였다. 이 〈선언〉으로 신채호는 '정치'란 민중을 죽음보다 못한 처지에 이르게 한 약탈행위를 대낮에 공공연히 조직적으로 행하는 것이라고 규정하였다. 또한 '정부'는 정치 행위를 통해 약탈한 것을 지배 세력인 소위 정치 지도자들끼리 분배하는 기구 곧 정치지배 세력의 기구라고 하였다. 그러한 약탈행위를 수행하는 조직이 곧 군대와 경찰과 같은 무기를 소지한 괴물이라고 비판하였다. 그리하여 신채호는 〈선언〉을 통하여 최종적으로 정치와 국가적인 정부적 조직 및 군대와 경찰과 같은 국가 무장 기구를 포함한 기성 지배체제의 모든 지배적인 것을 부정하였다. 그는 다음과 같이 말하였다.

"民衆은 죽음보다 더 음산한 생존 아닌 생존을 계속하고 있다. … 무슨 까닭일까… 이 怪物들은 그 掠奪行爲를 組織的으로 白晝에 行하는 所謂 政治를 만들며 掠奪의 所得을 分配하려는 곧 '人肉分臟所'인 所謂 政府를 두며 영원 무궁히 그 지위를 누리려 반항하는 民衆을 制裁하는 所謂 法律 刑法 등 부어터진 조문을 制定하며 民衆의 奴隸的 服從을 시키려는 所謂 各分 倫理 등 道德律을 造作하였다."[229]

민중은 죽음보다 못한 삶을 계속하고 있는데 군대·경찰·정부와 같은 억압 기구의 괴물들은 소위 정치를 한다면서 민중의 피와 살을 빼먹는 정부를 두고 이를 법으로 재단하면서 약탈을 자행하고 있다는 것이다. 그리하여 민중을 노예적으로 굴복시킨다고 비난하였다.

그러니 이제 민중이 스스로 살아남기 위하여 '적'을 없애버리고 기성의 억압 기제를 모두 파괴하여 해방되어야 한다고 하였다.

"우리의 생존을 빼앗는 우리의 敵을 없애버리는 데서 찾을 것을 알았다. 一切의 政治는 곧 우리의 생존을 빼앗는 우리의 敵이니 第一步에 一切의 政治를 부인하는 것… 彼等의 존재를 잃는 날이 곧 우리 民衆이 열망하는 自由 平等의 生存을 얻어 無産階級의 眞正한 解放을 이루는 날이다… 우리 無産民衆 最後 勝利는 確定必然한 事實이지만 다만 東方 各 植民地 半植民地 無産民衆은… 우리 東方民衆의 革命이 만일 急速度로 進行되지 않으면 동방민중은 그 존재를 잃어버릴 것이다."[230]

신채호는 일체의 정치는 바로 무산계급 민중의 적이라고 단언하였다. 그러니 정치를 부인하는 것이 민중 직접혁명의 첫걸음이라고 하였다. 그리고 무산계급이 직접혁명을 이루는 날이 곧 민중이 열망하던 자유와 평등한 존재가 되어 해방되는 날이라고 하였다. 이와 같이 신채호는 〈선언〉에서 무산계급의 혁명을 선언하였다. 그리고 정치와 정치를 행하는 지배 세력 및 지배 세력의 억압 기구, 그리고 그들로 구성된 정치를 행하는 조직이 정부라고 하여 그 일체를 부인하였다. 민중을 억압하고 약탈하여 민중의 생존 자체를 위협하는 것은 모두 '적'이라고 규정하였다. 그 귀결이 일체의 정치와 정치를 행하는 지배 세력 및 지배 세력의 억압 기구를 파괴하는 '무산계급의 혁명'을 선언한 것이었다. '무산계급의 혁명'이 이루어져서 재래의 지배체제와 지배 세력 일체를 없애는 날이 무산계급인 민중이 진정한 해방을 이루어서 자유롭고 평등하게 살아갈 수 있는 날이 된다고 하였다.

신채호는 〈선언〉에서 '국가'라는 용어를 거의 사용하지 않았다. 그 대신에 '민중', '무산민중', '세계 무산대중', '동방 각 식민지 무산대중'이 혁명의 주체이자 해방의 주체이며 목적으로서 자리하였다. 국가라는 용어는 "자본주의 强盜帝國 야수", "資本帝國"과 같이 타도의 대상인 약탈적 제국주의 국가를 지적할 때만 사용하였다. 무정부주의자가 된 신채호에게 국가는 이제 더는 민족의 독립을 통하여 주권을 회복해야 할 '민족 생존을 위한 집'이 아니었다. 무정부주의자가 된 신채호는 정치를 민중의 생존을 위협하는 약탈행위로 규정하고 정부를 그 약탈의 성과를 축적하여 정치지배 세력들끼리 나누어 갖는 기구로 규정하였다. 그에게 국가와 같은 정부적 조직은 더 이상 민족을 통합하여 다른 민족의 지배를 받지 않으며 평등하고 자유롭게 살아갈 수 있는 공동체를 위한 기구 형태가 아니었다.

무정부주의자 신채호에게 무산계급 민중의 생존은 민중 개개인이 평등하고 자유롭게 살아갈 수 있게 하는 것이었다. 이것은 더 이상 민중을 대표하는 정치 지도자들로 이루어진 국가적 조직인 정부나 정부 기구를 통한 정치로 이루어질 수 있는 것이 아니었다. 민중 개개인이 자신을 억압하는 일체의 지배체제와 기구를 개별적인 폭력 테러를 통하여 직접 없애버리는 행위를 통해 이루어내야 할 것이었다. 민중은 이제 테러와 같은 폭력으로 직접혁명에 나서야 할 것이었다.

제2절 포기할 수 없었던 민족과 민족의 해방

신채호는 〈선언〉을 통하여 무산민중의 직접혁명, 무정부주의혁명을 선언하였다. 그런데 신채호는 '세계 무산대중'의 생존을 주장하면서도 특히 '동방'의 '각 식민지 무산민중'의 생존을 더욱 강조하였다.

"우리의 세계 무산대중 더욱 우리 東方 각 植民地 無産民衆의 血·皮·肉·骨을 빨고, 짜고, 씹고, 물고, 깨물어 먹어 온 資本主義의 强盜 帝國 野獸群들은 지금에 그 창자가 꿰어지려 한다. 배가 터지려 한다. … 아 世界無産民衆의 生存 東方無産民衆의 生存"[231]

신채호는 세계 무산대중 중 특히 '우리 동방 각 식민지의 무산민중'을 강조하였다. 자본주의 강도 제국주의 국가들과 대비하여 '동방 무산민중의 생존'을 역설하였다.

이것은 동방의 각 식민지·반식민지 무산민중이 직접혁명을 급속히 진행해야 한다고 한 것이라고 할 수 있다. 그렇지 않으면 특히 동아시아의 식민지·반식민지 민중은 결국 혁명적 시도도 해보지 못하고 제국주의 지배체제에 예속되고 만다고 하였다. 자본주의가 발전하여 제국주의로 그리고 그에 대한 대항 이념으로 공산주의가 등장한 서양의 무산민중과는 달리 동방의 민중은 아직 전근대적인 기성 지배체제에 대한 비판의식과 주체의식이 덜 발달했다고 하였다. 그렇기 때문에 제국주의와 기성 질서의 문제를 인식하고 바로 행동에 나서지 않으면 그에 휩쓸리고 말아 주체적인 존재의 가능성을 상실하고 말 것이라고 경고하였다.

"東方 各 植民地 半植民地의 無産民衆은 自來로 곰팡내 나는 道德의 毒 안에 빠지며 帝王 酋長 등이 건설한 비린내 나는 정치의 그물 속에 걸리어 수천 년 헤매다가 一朝에 英, 法, 日 등 資本帝國 經濟的 野獸들의 經濟的 搾取와 政治的 壓力이 全速力으로 前進하여 우리 민중을 맷돌의 한 돌림에 다 갈아 죽이려는 판인즉 우리 東方民衆의 革命이 萬一 急速度로 進行되지 않으면 동방민중은 그 존재를 잃어버릴 것이다."[232]

신채호는 동아시아의 식민지·반식민지 무산민중은 전통적인 정치체제의 위계질서 속에 속박되어 있다가 하루아침에 갑자기 제국주의 국가들의 식민지·반식민지의 무산민중이 되었기 때문에, 전속력으로 전개되고 있는 자본주의적 제국주의에 대응할 수 없다고 하였다. 따라서 즉각적으로 그에 대한 직접 혁명을 급속하게 진행해야 한다고 하였다. 그렇지 않으면 결국 제국주의에 말려들어가 예속되고 말 것이라고 경고했다고 할 수 있다.

신채호는 이 〈선언〉과 같은 해에 작성된 것으로 알려진 「용과 용의 대격전」에서도 "과거의 사회제도를 일절 부인하고 지상의 만물을 萬衆의 共有임을 宣言"한다고 하여 무산민중의 혁명을 선언하였다.[233] 그러나 신채호는 민중을 두 부분으로 나눌 수 있다고 하여 강한 국가의 민중과 식민지의 민중을 구별하였다.

"地上의 民衆을 대개 두 부분으로 나눌 수 있으니 一은 强國의 民衆

이오, 또 一은 植民地의 民衆이올시다. 강국의 민중은 아주 그 階力的의 愛國心을 가진 동시에 國을 支配階級의 國으로 오인하여 지배계급의 세력을 확장·증진케 하는 일을 애국으로 誤信하여 그 애국심이 僞愛國心이 되고 말았습니다. 그런즉 強國의 民衆에게는 普通選擧의 權利 같은 것 勞動賃金의 增加 같은 것이나 許하여 주고 一面으로 그 애국심을 장려하여 弱小國의 民衆을 征服케 하며 植民地의 民衆을 壓迫케 하여 支配階級-資本主義-의 先鋒이 되게 하면 彼等의 고픈 배가 다시 이 利益 없는 虛榮에 불려져 우리가 비록 몇십 년 동안 저들의 피를 빨아 먹어도 아픈지를 모를 것이오."[234]

　　신채호는 강한 국가의 민중이나 식민지의 민중이 모두 지배계급에 대하여 상대적 약자라는 사실을 적시하였다. 그러나 세계의 민중은 크게 강국의 민중과 식민지 민중으로 두 부분으로 나눌 수 있다고 하였다. 강국의 민중은 지배계급의 국가를 자신의 국가로 오인하여 지배계급의 세력을 키우는 일을 애국으로 오인하고 그에 추수하는 허위의 애국심을 갖게 되었다고 하였다. 자본주의가 발달된 강한 국가의 민중은 당장 그들의 권리나 이익을 증진해 주는 보통선거제를 실시한다거나 노동임금을 증가시켜주면 이른바 애국심을 발휘하여 약소국의 민중을 정복하여 압박하는 자본주의 지배계급의 선봉에 서서 정작 자신들이 자국 지배 세력에게 피빨리는 지배를 받고 있는 줄 모른다고 하였다. 따라서 강한 국가 무산민중의 애국심은 스스로 주체가 되어 국가를 위하는 애국심이 아니라 지배계급에게 이용당하는 가짜 애국심이라고 힐난하였다. 때문에 강국의 지배 세력과 민중의 관계는 변하지 않는다고 하였다.

그는 다음과 같이 말하였다.

"植民地의 民衆은 그 苦痛의 程度가 다른 民衆보다 만배나 되지만… 反抗할 경우에도 반항을 잘 못합니다. 그런즉 植民地의 民衆처럼 속이기 쉬운 민중이 없습니다. 鐵道 鑛山 漁場 森林 沃畓 商業 工業… 모든 權利와 利益을 다 빼앗으며, 稅納과 賭租를 자꾸 더 받아 몸서리나는 착취를 행하면서도 겉으로 '너희들의 생존영안을 보장하여 주노라'고 떠들면 속습니다. … 한두 新聞社의 設立이나 허가하고 '文化政治의 惠澤을 받으라'고 소리하면 속습니다. 學校를 制限하여 그 知識을 없도록 하면서도 國語와 國文을 禁止하여 그 愛國心을 못나도록 하면서도 彼 國의 人民을 移植하여 그 本土의 民衆을 살 곳이 없도록 하면서도 惡刑과 虐殺을 行하여 그 種族을 滅亡토록 하면서도 부어터질 同種同文의 情緖를 말하면 속습니다. 建國, 革命, 獨立, 自由 등은 그 명사까지 잊어 버리라고 一切 口頭 筆頭에 오르지도 못하게 하지만 음 올라갈 自治 參政權 등을 주마하면 속습니다."[235]

신채호는 식민지 민중도 지배계급의 사탕발림에 휘둘린다는 점에서는 다를 바 없다고 비난하였다. 식민지 민중의 고통은 강대국 민중이 받는 고통보다 만 배나 더 크지만 저항을 잘하지는 못한다고 하였다. 지배계급이 모든 권리와 이익을 다 빼앗으며 착취하면서도 겉으로는 생존과 안녕을 보장해 준다고 하면서 '문화정치의 혜택을 받으라'고 하면 속는다고 지적하였다. 자치나 참정권을 준다고 하면 그에 속고 만다는 것이다. 그 결과 식민지 민중은 '건국'이나 '혁명', '독립'이나 '자유'와 같은 단어조차 잊어버리고 그 용어를 꺼내지도 못하게 하는데도 반항도 잘하지 못한다는 것이다.

신채호가 이와 같이 세계의 민중을 둘로 나눈 것은 민중은 모두 지배계급에 의해 착취당하고 있는데 강국의 민중이 일상의 이익에 매몰되어 그 사실을 적시하지 못하여 식민지 민중을 핍박하고 착취하는 제국주의 지배계급 일원이 되어서 그 앞잡이 노릇을 한다고 지적한 것이다. 결과적으로 강국의 민중은 식민지 민중에게는 제국주의 지배계급과 똑같다고 강조한 것이다. 자본주의 지배계급이 무산민중 일반을 착취하는 것은 같은데, 강대국의 지배계급과 무산계급은 같은 '국가·같은 민족'이라는 것을 이유로 지배계급이 무산계급에게 당근을 주면 이용당하고 만다는 것이다. 그리하여 지배계급이 애국심을 고취시키면 무산계급은 지배계급의 이익에 봉사하는 선봉에 서서 같은 처지에 있는 식민지 피압박 민중을 착취하는 일익을 담당한다고 하였다.

마찬가지로, 식민지 약소국가의 무산계급은 제국주의 국가가 국권을 박탈하고 민족을 착취하면서 이른바 '동종동문'이나 '참정과 자치'를 운운하고 소위 '문화정치'라는 당근을 제공하는 데 현혹되고 만다고 하였다. 그리하여 민족적 '독립'이나 '자유', '건국'이나 '혁명' 등은 생각지도 않고 저항도 제대로 하지 못한다고 비난하였다.

이러한 신채호의 민중론은 "과거의 사회제도를 일절 부인하고 지상의 만물을 萬衆의 共有임을 宣言"했지만, 무산계급·무산민중이라고 해서 모두 같지 않다는 사실을 직시한 것이었다. 때문에 '세

계 무산대중의 생존'을 선언하면서도 특별히 '동방 무산민중의 생존'
을 강조하고 서양 제국주의에 의해 식민지·반식민지 상태에 처하게
된 동아시아 동방 무산민중의 급속한 혁명을 주창한 것이다. 동방
의 무산민중이 서양 강국의 무산민중과 같이 자본주의 지배계급의
일원으로 착각하여 식민지의 약소민족을 착취하고 약탈하는 선봉에
서게 되기 전에 직접 혁명을 진행해야 한다는 것이었다. 그러한 이
유로, 세계의 모든 무산민중을 똑같이 여겨서 식민지 민중이 강국의
민중과 연대해서는 안 된다고 하였다.

신채호의 무정부주의는 세계 무산민중의 생존과 혁명을 선언하
면서 특히 동방 무산민중의 생존을 역설하고 강국과 식민지의 무산
민중을 구분하였다. 그리하여 제국주의와 식민지 무산민중의 연대
를 부인하였다. 신채호는 일본이나 대한과 같은 국가나 민족을 언급
하지 않으며 무정부주의 혁명을 선언하였다. 그렇지만 그의 무산민
중과 동방의 무산민중에 대한 구분과 구별은 항일 독립운동가 신채
호의 독립운동 방안을 연상시킨다. 그가 무산민중을 구분하고 동방
민중을 별도로 구별한 것에서 자본주의 지배계급과 식민지 민중 대
신에 제국주의 일본과 식민지 조선을 그대로 대입하면 그대로 무정
부주의 선언을 하기 이전의 항일 독립운동가 신채호의 독립운동 방
안과 일치한다고 해도 과언이 아니다.

신채호는 무정부주의 '선언'을 하기 이전에도 항일운동을 민족이
아니라 자산의 유·무로 구분해야 한다는 의견에 반대했었다.

"有産階級의 朝鮮人이 日本人과 같다 함은 우리도 承認하는 바이거

니와, 無産階級의 日本人을 朝鮮人으로 본다 함은 沒常識한 言論인가 하니 日本人이 아무리 無産者일지라도 그래도 그 뒤에 日本帝國이 있어 危險이 있을까 保護하며 災害에 걸리면 補助하며 子女가 나면 敎育으로 知識을 주도록 하여 朝鮮의 有産者보다 豪强한 生活을 누릴뿐더러 하물며 朝鮮에 移植한 者는 朝鮮人의 生活을 威嚇하는 植民의 先鋒이니 無産者의 日人을 歡迎함이 곧 植民의 先鋒을 歡迎함이 아니냐."[236]

신채호는 유산계급인 조선인이 일본인과 같다는 것에는 동의하지만 무산계급인 일본인을 조선인 무산계급과 같이 보는 것은 말이 안 된다고 하였다. 아무리 무산자더라도 일본인은 일본제국주의 국가가 자국의 국민으로서 기본적으로 생활할 수 있는 여건을 마련해 주고 보호하고 있기 때문에 조선으로 이주한 일본인은 특히 식민지 조선인을 착취하고 핍박하는 일본 지배체제의 선봉에 서 있다는 사실을 적시하였다. 따라서 결코 무산자라고 해서 다 같을 수는 없다고 하였다.

이러한 신채호의 일본인과 조선인, 특히 일본인 무산자와 조선인 무산자에 대한 생각은 그의 무정부주의 선언의 민중에 대한 인식에서 전혀 달라진 것이 없었다. 무정무의자 신채호에게 일본제국주의와 식민지 조선민족에 대한 생각과 마음은 항일 민족주의자 신채호의 그것과 다름이 없었다고 할 수 있다. 때문에 그는 "東方民衆의 革命이 萬一 急速度로 進行"되지 않으면 안 된다고 했던 것이다. 그는 비록 무정부주의자가 되었다고 선언했지만 일본제국주의 치하에서 핍박받는 한민족과 한민족의 해방에 대한 기대를 저버릴 수 없었던 것이다.

맺음말

　　신채호의 민족주의는 기본적으로 다른 민족, 다른 민족국가의 간섭을 받지 않는 것 곧 민족의 정치생활 공동체인 국가의 독립을 공고히 하는 것을 의미하는 것이었다. 이러한 민족주의에서 파생되는 신채호의 민족은 종래 중화체제하에서 소중화의식을 가진 지배 세력을 중심으로 서술된 한국 역사에 대신하여 한민족이 한국 역사 서술의 주체가 되어 한반도를 터전으로 하여 생활하면서 국가를 이루고 진화해 온 역사를 기록하는 주체로 상정된 존재였다. 이것이 각 민족 구성원이 한반도를 바탕으로 공동체적인 생활을 영유해 온 역사에 대한 인식에 기초하여 민족적 정체성과 민족적 자긍심을 공고히 해야 하는 이유였다. 신채호는 한민족이 한반도를 터전으로 하여 일구고 가꾸어온 한민족의 국가공동체를 분명하게 인식하여 한민족의 국가를 수호해야 한다고 하였다. 민족은 민족을 위한 독립국가를 이루기 위하여 애국심을 떨쳐 일으키는 주체이자 독립 민족국가의 주체라고 하였다. 그러므로 민족을 이루는 구성원 개개인이 국가의 주권을 확립하는 자주적인 존재로서 자유롭고 평등한 권리를 가져야 한다고 하였다.

신채호의 민족주의는 주권이 인민에게 있는 근대 민족국가를 전제로 설정된 것이었다. 여기서 각 민족 구성원은 자유롭고 평등한 존재이자 자율적인 존재로서 민족 공동체로서의 국가를 형성하고 발전시키는 존재가 되는 것이다. 이러한 신채호의 민족에 대한 기본적인 인식은 그가 무정부주의혁명을 선언하고 무정부주의자가 되었을 때에도 변함없이 견지되어 자유롭고 평등한 각 민족 구성원의 진정한 해방을 위한 실천 운동으로서 무정부주의운동을 하였다고 할 수 있다.

이와 같이 신채호는 민족을 역사의 주체로 상정하고 국권 회복으로 나아가는 주체적인 역할을 강조하였다. 또한 그는 국민주권론을 지향하고 실현하고자 한 것은 공산주의운동과는 다른 의미에서 당시로서는 혁명적인 인식 체계를 보여준 것이었다. 신채호의 민족과 민족주의에 대한 인식 체계는 국권을 회복하는 데 그치지 않고 국권 회복 이후를 상정한 독립 민족국가관과 직결된 것이었다. 그것은 민족 절대 독립이라는 관점에서 궁극적으로 국가의 주권을 회복하는 데 실질적인 추동력이 인민이 되어야 한다는 것이었다. 인민의 주체성과 인민의 주체적인 자각을 요하는 것이었다. 인민 개개인이 역사적으로 한반도에서 하나의 공동체를 이루며 생활해 온 생활공동체 의식을 하나의 민족으로서 결집해내야 하는 것이었다. 그리하여 민족의식을 갖고 이를 바탕으로 구축된 국가를 '우리 국가'로 자각하여서 스스로 국가의 주인으로 인식해야 한다는 것이었다. 그럼으로써 '나의 국가', '우리 국가'를 보전하기 위한 애국심을 발휘하고 민족을 위한 민족국가, 새로운 근대 민족국가를 만들어야 한다고 역설하였다. 이러한 민족국가관을 신채호는 변함없이 견지하였다.

따라서 신채호는 무정부주의가 되어 무산민중의 직접혁명을 선언했을 때에도 역사 주체로서의 민족과 그 민족정신의 중요성은 물론, 각 민족 구성원의 자유와 평등을 역설하고 확장해갔다고 할 수 있다. 신채호는 무정부주의자동방연맹사건에 대한 사실심리가 진행되었을 때 "우리 同胞가 나라를 찾기 위하여 취하는 수단은 모두 정당한 것이므로 詐欺가 아니며 良心에 부끄러움이나 거리낌이 없다"라고 하였다.[237] 신채호는 무산민중의 직접혁명을 선언하면서 동아시아 식민지 민중혁명의 긴박함을 역설하였다. 그리고 강대국과 식민지의 무산민중을 구별하여 그 차이를 식민지 지배체제의 지배와 피지배 관계와 직결시켰다. 이러한 신채호에게 민족의 독립과 각 민족 구성원의 해방은 공고하게 그의 사고와 인식 체계에 내재되어 있었다고 하지 않을 수 없다.

이와 같이 신채호의 민족주의는 역사 주체로서의 민족에 대한 인식에 의거하여 정립되었다. 이 점에서 신채호의 민족주의는 근대 민족국가의 민족주의와 공통된 진보성과 보편성을 갖는다. 신채호도 적시하였듯이 18세기 후반 서유럽에서 등장하여 근대 민족국가체제를 이룬 민족주의는 근대 산업사회로 이행하던 시대적 변화의 역사적 산물이다. 민족주의(내셔널리즘)는 신채호의 언설에도 나와 있는 것처럼 프랑스혁명과 나폴레옹 전쟁을 통해 그리고 20세기의 반제국주의운동으로서 세계사적인 보편적 현상으로서 추동되었다. 신채호는 보호국화로 인한 국가적 존망의 위기에 직면했던 시기에 '민족'이라는 하나의 역사·문화적 공동체를 의미하는 용어와 관념을 한반도에서 살아온 한국인의 역사에 대한 연구를 통하여 정립하고자 하였다. 이를 통해 국가 공동체의 각 구성원이 공통적인 공동체적 일체감과 정체성을 갖고 민족국가에 대한 인식을 확립하기를 기대하였다.

신채호가 행한 이러한 노력은 서양 근대 국가들이 민족주의 이념을 정립하여 국민적 일체감을 공고히 한 것과 같은 방식을 차용한 것이었다. 그는 한반도를 터전으로 역사적 공동체를 이루며 생활해 온 한민족에 대한 의식을 하나의 민족 정체성으로 하여 한민족의 민족주의를 정립하는 실천 활동을 끊임없이 전개하였다. 신채호는 한민족의 역사를 중화사상의 영향을 받지 않은 고대사에서부터 통사적으로 정리하여 역사적으로 형성된 민족적 정체성을 공고히 하고 민족주의 체계를 정립하고자 하였다. 그것은 각 민족 구성원이 공통된 역사와 문화를 공유하여 스스로 속하고 인정할 수밖에 없는 하나의 조국에 귀속된 존재라는 것을 인식하게 하려는 것이었다. 그리하여 민족구성원들이 조국의 독립과 공동체적인 해방을 위하여 시민(新民)적인 기여를 해야 한다고 생각하였다.

신채호는 자본주의의 발달이 가져온 제국주의의 세계화로 '망국'의 위기에 처한 현실을 직시하였다. 그리고 근대적인 세계적 변화를 현실적으로 고찰하고 그에 대한 위기 극복의 방안을 모색하였다. 그는 서양 근대 국가의 힘의 원천을 그들의 근대적인 학문뿐만 아니라 민족국가를 형성한 민족주의와 민족이라는 새로운 개념에서 찾았다. 그는 민족주의에 내재된 일반 인민이 주권을 행사해야 한다는 국민주권론, 곧 인민의 평등과 자유에 대한 권리에 주목하였다. 그 결과 신채호는 서양 근대 민족국가와 그 국민의 역할에 주목하였다. 근대 민족국가의 국민은 국가의 정치에 관심을 갖고 필요할 때 자발적으로 자신을 보호해 주는 국가를 위하여 애국심을 발휘하는 존재로서 국가를 지키고 발전시키는 존재라고 보았다. 이러한 생각이 신채호의 '신민'과 '신국가' 건설로 구현되었다고 할 수 있다.

이러한 신채호의 민족과 민족주의에 대한 인식은 국망의 위기에 처한 국가의 주권을 회복하고 한반도를 바탕으로 역사적으로 국가공동체를 이루며 생활해 온 한국인의 민족과 민족주의, 독립 민족국가를 모색하는 기초가 되었다. 그리하여 신채호는 20세기 근대적 전환기에 전근대적인 기성 질서에 대하여 근대적인 변혁을 요구하는 '혁명의 정치 원리', '변혁의 이념'이 라고 할 수 있는 근대 민족주의를 항일 민족독립운동을 위한 한민족의 이념체계로 정립하고자 하였다. 한국인, 한민족 구성원이 민족의 주체이자 민족국가의 주체로서 정치에 관심을 갖고 애국심을 발휘하는 민족주의와 이에 기초한 항일 민족독립운동을 주창하였다.

이러한 신채호의 민족과 민족주의는 3·1운동을 통해 민중을 재인식하게 되면서 민중을 민족주의의 근대적 주체로 설정하였다. 3·1운동은 일제의 무단통치 아래 있던 민중이 거족적으로 항일 저항과 민족 독립의 의지를 불출시킨 것이었다. 3·1운동은 민족이 국가의 주체이자 국가 주권 회복의 주체라는 인식을 각성하게 한 역사적인 사건이었다. 신채호는 3·1운동을 통해서 민중이 '신민'으로 새롭게 거듭났다고 평가하였다. 그리하여 '신민'으로, 근대적 주체로 거듭난 민중이 제국주의 식민지 지배체제인 일본에 대해서, 그리고 식민지가 된 조선의 전근대적인 지배 세력에 대하여도 억압적인 전근대적 지배체제와 지배 세력에 대한 변혁을 동시에 행해야 한다고 하였다. 신민으로 거듭난 민중이 새로운 국가(신국)의 국민으로서 인민 개개인이 주체가 되어 자유와 평등한 권리를 구현하는 민주공화국을 수립해야 한다고 하였다. 이와 같은 신채호의 민족주의는 새로워진 민중의 시민적 혁명의 정치원리였다고 할 수 있다. 이는 3·1운동을 통하여 수립된 대한민국임시정부의 민주공화제로 정립된 민주공화주의로 구현되었다고 할 수 있다.

신채호의 민족주의와 민족국가는 각 민족 구성원의 대내적인 평등을 확립하는 인민주권의 실현을 의미하는 것이었다. 이러한 의미에서 그의 민족주의 이념은 주권의 실체인 민족의 안전한 자유와 독립을 제도적으로 보장해 주는 민주공화제 국가와 그 국가의 민주공화주의 이념으로 정립되는 것이었다. 신채호의 민족주의는 민족을 전통사회의 억압에 대한 민중의 저항 의지로 응결시켜서 근대적인 인민주권과 평등권을 구현하는 민족의 정치공동체로 현재화되는 것이라고 할 수 있다. 근대적인 인민주권과 평등권이 구현되는 민족의 정치공동체인 민주공화국, 이것이 바로 민족주의자 신채호가 지향한 이상적인 민족국가의 상이었다. 이는 신채호가 한민족에 대한 역사 연구를 통해 정립하고자 한 한국 역사를 기본으로 하여 정립되는 것이었다. 신채호의 역사 연구가 갖는 의미는 여기에 있었다.

신채호에게는 주권이 인민에게 있다는 것, 인민 개개인이 근본적으로 평등한 주권을 갖고 향유할 수 있게 하는 것이 근대 민족 개념의 본질이며 민족주의와 민족주의에 기초한 민주공화제의 기본 원리였다고 할 수 있다. 이런 의미에서 신채호의 민족주의는 민주공화제를 통해 구현된 민주공화주의라는 민주주의 대한민국 국가 건설의 바탕을 제공했다고 할 수 있다.

신채호는 민족 중심의 정치와 각 민족 구성원의 인간주의적 가치의 실현을 논했던 사상가이자 민족주의자였다. 그는 억압받던 민족이 해방되어 인간적인 자유와 평등이 구현될 수 있는 민족주의 정치질서의 실현을 지향하였다. 이런 의미에서 신채호의 민족주의는 근대 민족국가체제를 이룬 진보적 민족주의와 보편적인 특성을 공유한다. 신채호의 역사 주체로서의 민족에 대한 인식과 그에 기초한 민족주의에 대한 지향은 세계사적인 근대 민족주의와 그 지향점을 같이한다. 신채호의 민족주의는 민족주의의 세계사적인 진보성과 보편성을 공유하는 것이었다.

신채호가 3·1운동을 통해 조선 민중을 민족의 주체로 거듭난 새로운 인민으로 재인식하며 적극적으로 참여했던 대한민국임시정부는 그의 민족국가의 상이 민주공화국으로 그리고 그의 민족주의가 민주공화주의로 정립되는 데 큰 의미가 있었다. 그렇지만, 결과적으로, 국민을 대표하는 정치 지도자들과 그들로 이루어진 국가적 기구인 정부 조직에 대하여 회의하게 하였다. 그리하여 신채호가 무정부주의로 전향하는 동인이 되었다.

신채호는 미국 정부에 한민족에 대한 국제연맹의 위임통치를 요청한 이승만이나 그런 이승만을 대한민국임시정부의 수반으로 선출한 대한민국임시정부의정원의 정치 지도자들을 이해할 수도 용납할 수도 없었다. 그들의 행위와 대한민국임시정부를 둘러싼 파벌 다툼은 신채호가 정치 지도 세력과 국가적 정부 기구에 대하여 회의하게 하였다. 그리하여 그가 무정부주의로 경도되는 데 영향을 미쳤다.

한편 신채호는 러시아혁명이 주창한 공산주의에 호감을 가졌었다. 코민테른의 반제국주의와 식민지 약소민족의 해방운동을 지원하는 데 호감을 가졌지만 공산주의로 경도하지는 않았다. 당시 제국주의로 전개된 자본주의 체제와 자유주의에 대한 반동으로 세계적으로 확산되고 있던 공산주의도 신채호를 실망시켰기 때문이다. 러시아혁명정부의 공산주의는 신채호에게 새로운 대안이 될 수 없었다. 신채호는 자국의 이익을 위하여 러시아혁명정부가 스스로 표방한 반제국주의 민족해방운동에 대한 지원을 인정하지 않는 것에 실망하였다. '공산'을 표방하면서 자국의 이익에 따라서 반제국주의 민족해방운동에 대한 태도가 변하는 소비에트 러시아와 그 이념을 신뢰할 수 없게 되었다. 공산주의 소비에트 러시아는 세계 무산계급의 혁명을 주창하고 반제국주의 민족해방운동을 지원한다고 했지만 결국 제국주의 국가와 마찬가지로 자국의 이익을 우선하였다. 소비에트 러시아의 정치와 정치 지도자들은 신채호가 국가적 정부 형태에 대하여 회의하는 데 일조한 또 하나의 요인이었다고 할 수 있다.

그러므로 신채호는 한 곳에 정주하지 못하고 노령과 중국 지역을 전전하였다. 신채호의 국가 잃은 분노와 민족의 해방을 향한 열정은 그가 국가적 정치기구와 정치 세력에 실망하여 무정부주의, 무산민중의 직접혁명으로 경도하게 하였다. 무정부주의자가 된 신채호는 세계 무산민중의 직접 혁명을 선언하였다. 그런데 무정부주의를 선언한 신채호는 동방, 동아시아의 식민 무산민중의 직접혁명을 특별히 강조하였다. 제국주의 강국과 식민지 약소민족의 무산민중을 구별하였다. 양자가 처한 조건과 상황이 다르기 때문에 상호 인식이 같지 않다고 하였다. 그렇기 때문에 결코 함께할 수 없다고 역설하였다. 신채호는 식민지 약소민족의 무산민중에게 제국주의 강국의 국민은 모두 타파해야 할 정치와 정치체제의 일원이라는 점을 강조하면서 동방 무산민중의 신속한 직접 혁명을 주창하였다.

신채호는 급변하는 현실을 직시하면서 그에 대한 대안을 현실적인 방식으로 모색하였다. 그는 지배·피지배 관계가 갖는 역학관계의 불평등과 그로 인한 피지배 세력의 지배 세력에 대한 상대적인 예속적 성격을 정확하게 파악하였다. 결과적으로 식민지 무산민중을 착취하고 억압하는 제국주의 강국의 무산민중은 같은 무산민중이라고 하더라도 자본주의 유산계급과 똑같이 때로는 그들보다 더 앞장서서 식민지 무산민중을 착취하고 억압한다는 사실을 간과하지 않았다. 따라서 신채호는 식민지 무산민중이 직접혁명을 할 때 자본주의 강국의 무산민중과 연대해서는 안 된다고 단언하였다.

이와 같이 신채호는 세계 무산민중의 직접혁명을 선언하면서도 동아시아의 식민지 무산민중의 혁명을 특히 강조하였다. 강국과 식민지의 무산민중을 구별하고, 동아시아의 무산민중이 '급속한' 혁명을 실천해야 한다고 역설하였다. 신채호가 동방 무산민중혁명의 급속한 진행을 강조한 것은 식민 지배가 지속될수록 식민지 무산민중이 자본주의 강국의 무산민중처럼 유산자 지배계급의 감언이설에 현혹되어 지배계급의 선봉에 서게 될 것을 경고한 것이었다. 그리하여 무산민중이 개인적이고 이기적인 생존을 위하여 무산민중 전체의 혁명이나 자유와 독립을 망각하게 될 것을 염려한 것이라고 할 수 있다.

이러한 무정부주의자 신채호의 염려와 경고는 그 대상인 동아시아 무산민중의 핵심에 한국인·한민족에 대한 애정이 뿌리 깊게 자리하고 있었다는 사실을 부인할 수 없다. 신채호는 무정부주의를 선언하면서도 전통적으로 '조선' 이라는 나라를 이루며 한반도에서 생활해 온 한민족의 정치적 독립과 각 민족 구성원의 인본주의적인 해방을 방기할 수 없었던 민족주의자였다.

단재 신채호 연보

1880년	12월 8일 충남 대덕군 산내면 어남리 출생.
1887년	조부의 서당에서 한학 교육.
1893년	사서삼경 독파.
1895년	풍양 조 씨와 결혼.
1896년	가덕 청용리의 진사 한학자 신승구에게 한학 수학.
1897년	천안 목천의 학자이자 구한말 학부대신 신기선에 사사.
1898년	가을 신기선의 주선으로 상경. 성균관에 입학.
	11월경 독립협회운동에 참여, 12월 25일 투옥.
1901년	가덕 인차리에서 신규식과 동문학원 설립, 애국계몽운동 전개
1903년	성균관에서 조소앙 등과 항일 성토문 작성.
1905년	2월 성균관 박사가 되었으나 사퇴.
	묵정에서 신백우·신규식 등과 산동학당 개설, 신교육운동 전개.
	장지연의 권유로 상경, 『황성신문』 논설위원이 됨.
	장지연의 "시일야 방성대곡"으로 『황성신문』 무기 정간,
	양기탁의 요청으로 『대한매일신보』 주필이 됨.
	12월 26일 "재시일야 우방성대곡" 논설 기고.
1907년	10월 25일 번역서 『이태리 건국 삼걸전』 발간.
	신민회 참가·취지문 기초, 국채보상운동 참여.
1908년	5월 30일 국한문판 『을지문덕』 발행.
	순 한글 잡지 『가뎡잡지』 복간 발행.
	『대한매일신보』에 논설 "일본의 3대 충노",
	"여우인절교서", "금일 대한국민의 목적지",
	"서호문답", "고 전간재 선생 족하",
	사론 "역사에 대한 관견 2측", 『독사신론』 집필.
	전기물 "수군 제1위인 이순신전" 연재.
	4월부터 『대한협회월보』에 "대한의 희망",
	"역사와 애국심의 관계", "대아와 소아", "성력과 공업"

	기고.
	8월 기호흥학회 가입,
	취지문인 "기호흥학회는 何由로 起하였는가",
	"문법을 宜統一" 등의 논설 기고.
1909년	『대한매일신보』에 "학생계의 특색",
	"한국 자치제의 약사", "국가를 멸망케 하는 학부",
	"身·家·國 3관념의 변천", "정신상 국가",
	역사전기물『동국거걸 최도통전』·시론 "천희당시화" 연재.
	8월 신민회 방계조직인 청년학우회 발기, 취지서 집필.
	아들 출생, 사망 후 이혼.
1910년	『대한매일신보』에 사론 "동국고대선교고",
	논설 "한일합병론자에게 고함", "20세기 신국민" 등 기고.
	4월 신민회 최종 회의 결의에 따라 김지간과 함께 중국으로 망명.
	중국 청도에서 신민회 동지들과 재결합하여 독립운동 논의.
	여름 노령 블라디보스톡으로 가『해조신문』복간,
	『청구신문』에 관여.
1911년	블라디보스톡에서 윤세복·이동휘·이갑 등과 광복회 조직
	(부회장).
	5월『대동공보』복간 형식으로 러시아 당국의 인가 얻어『대양보』로
	개칭, 주필이 됨.
	12월 권업회의 기관지『권업신문』부장 겸 주필이 됨.
1913년	상해로 감. 동제사에 참여. 박달학원 세워 청년 교육.
1914년	김규식·이광수에게 영어 사사. 기봉의『로마흥망사』,
	칼라일의『영웅숭배론』원어로 독파.
	윤세용·윤세복 형제의 초청으로 만주 봉천성 회인현으로 가 대종교에
	입교. 동창학교에서 교편을 잡음.
	교재『조선사(부전)』집필.
	윤세복·신백우 등과 독립군 양성 기지 시찰을 겸해 백두산에 오르고
	광개토대왕릉비 답사. 남북만 일대 고구려·발해 지역 답사.
1915년	북경에 도착,『조선사』집필 구상.
1916년	중편소설『꿈하늘』집필.

	8월 대종교의 나철이 항일 유서 남기고 자결하자 "도제사언문 (부전)" 집필.
1917년	질녀의 혼사 문제로 밀입국했다가 북경으로 망명.
1918년	북경에서 『조선사』 집필하면서 『중화보』 『북경일보』 등 중국 신문들에 논설 기고.
1919년	1월 만주 길림에서 대한의군부가 선언한 "대한독립선언서"에 민족 대표 39인 중의 한 명으로 서명.
	북경에서 한진산과 부정기 간행으로 잡지 『진광시보』와 『앞재비』 발행.
	3월 북경에서 대한독립청년단 조직, 단장이 됨.
	4월 상해임시정부 수립에 참여하여 임시의정원 의원이 됨.
	7월 임시의정원 제5회 회의에서 전원위원회 위원장 겸 의정원 위원 피임. 이승만의 국무총리 및 대통령 선임에 적극적으로 반대, 임시의정원 의원 사임.
	10월 28일 『신대한』 창간, 주필이 됨.
	11월 '신대한사건' 유발, 신대한동맹단 부단주로 추대.
	대동청년당 재건, 단장에 추대.
1920년	북경으로 가 제2회 보합단 조직에 참여 군자금 모집, 보합단 내임장에 추대.
	이회영 부인의 소개로 재혼.
	9월 만주 무장독립단체들의 통합을 위한 군사통일주비회 조직.
1921년	북경에서 순한문 잡지인 『천고』 창간.
	4월 19일 연서로 이승만·정한경 등의 위임통치 청원을 규탄하는 성토문 기초.
	북경에서 통일책진회 발기, 발기 취지서 작성.
1922년	가족을 한국시킴.
	"조선혁명선언"(의열단 선언) 집필.
	상해에서 개최된 국민대표회의 참여 창조파로 활약.
1924년	1월 1일 『동아일보』에 논문 "조선 고래의 문자와 시가의 변천" 기고.
	3월 생활고 해결과 집필을 위해 북경대학 이석증의 소개로 입산.
	북경 관음사에서 승려생활. 독립운동단체 다물단 취지문 집필.
1925년	『동아일보』에 "낭객의 신년만필" 등 기고.
1927년	홍명희의 요청으로 신간회 발기인 중의 한 명으로 참여.
1928년	9월 동방무정부주의연맹에 가입.

	『조선일보』 신년호에 "예언가가 본 무진-새해에 대한 측면관" 기고.
	『용과 용의 대격전』 소설 집필.
	4월 북경 천진에서 개최된 무정부주의동방연맹대회 참가.
	선언문 집필. 대회 결의에 따라 실천운동에 나섰다가 체포됨.
1930년	7월 9일 투옥 2년 2개월 만에 대련 법정의 언도공관에서 중죄의 사상범으로 10년형 복역 확정.
1931년	안재홍과 신백우의 주선으로 『조선일보』 학예란에 『조선사』와 『조선상고문화사』 연재
1935년	건강 악화로 병보석 통고받음. 홍명희에게 유서 보냄.
1936년	2월 18일 여순 감옥에서 서울 가족에 "신채호 뇌일혈 생명 위독 의식불명" 전보
	2월 21일 옥중 순국.

신채호 연보 **349**

참고 문헌

1. 1차 사료

『가정잡지』
『공립신보』
『공수학보』
『대동학회월보』
『대한매일신보』
『대한유학생회학보』
『대한자강회월보』
『대동학회월보』
『대한협회회보』
『대한흥학보』
『동아일보』
『법정학계』
『삼천리』
『서북학회월보』
『신동방』
『야뢰』
『조선일보』
『천고』
『친목』
『태극학보』
『황성신문』
『호남학보』

2. 국내 단행본

강만길 편, 『신채호』, 고려대학교 출판부, 1990.
국사편찬위원회 편, 『한국독립운동사 자료』 2, 국사편찬위원회, 1968.
＿＿＿, 『한국독립운동사 3』, 정음사, 1968.

김희곤, 『대한민국임시정부 I 상해 시기』, 한국독립운동사편찬위원회, 2008.

나진, 김상연 역술, 『국가학』, 민족문화, 1986, 영인.

野澤豊 외, 박영민 역, 『아시아 민족운동사』, 백산서당, 1988.

단재 신채호 선생 기념사업회 편, 『단재 신채호 전집(별집)』, 형설출판사, 1977.

단재 신채호 선생 탄생 100주년 기념사업회, 『단재 신채호와 민족사관』, 형설출판사, 1980.

단재 신채호 선생 기념사업회, 『단재 신채호와 민족사관: (단재) 신채호 선생 탄신 100주년 기념논집』, 형설출판사, 1986.

단재 신채호 전집 편찬위원회, 『단재 신채호 전집』 5-8, 독립기념관 한국독립운동사연구소, 2008.

대전대학교 지역협력연구원 엮음, 『단재 신채호의 현대적 조명』, 다운샘, 2003.

박태원, 『약산과 의열단』, 백양당, 1947.

삐에르 르누뱅, 김용자 역, 『제1차 세계대전』, 탐구당, 1985.

신용하, 『신채호의 사회사상 연구』, 한길사, 1984.

신우철, 『비교헌법사』, 법문사, 2008.

신일철, 『신채호의 역사 사상 연구』, 고려대학교출판부, 1981.

오장환, 『한국 아나키즘운동사 연구』, 국학자료원, 1998.

윤경로, 『105인사건과 신민회 연구 개정증보판』, 한성대학교출판부, 2012.

윤대원, 『상해시기 대한민국임시정부 연구』, 서울대학교 출판부, 2006.

이만열, 『단재 신채호의 역사학 연구』, 문학과지성사, 1990.

임중빈, 『단재 신채호 전기』, 단재신채호선생추모사업회, 1980.

이호룡, 『한국의 아나키즘: 사상 편』, 지식산업사, 2001.

_____, 『한국의 아나키즘: 운동 편』, 지식산업사, 2005.

임중빈, 『단재 신채호 전기』, 단재신채호선생추모사업회, 1980.

전상숙, 『일제 시기 한국 사회주의 지식인 연구』, 지식산업사, 2004.

_____, 『조선총독정치 연구』, 지식산업사, 2012.

_____, 『한국인의 근대 국가관, '민주공화국' 재고: 식민지 시기 국가의 이중성과 민족 문제의 상관관계를 중심으로』, 선인, 2017.

_____, 『한국 근대 민족주의와 변혁 이념, 민주공화주의』, 신서원, 2018.

진덕규, 『현대민족주의의 이론구조』, 지식산업사, 1983.

최홍규, 『단재 신채호』, 태극출판사, 1979.

크로포트킨 저, 성인기 역, 『상호부조론(Mutual Aid: A Factor in Evolution)』, 대성출판사, 1948.

_____, 이을규 역, 『현대과학과 아나키즘』, 창문사, 1973.

3. 국내 학술논문

김경용, "경장기 조선, 관리 등용 제도 개혁과 성균관 경학과", 『한국교육사학』 31-2, 2009.

김용달, "한국독립운동사에서 의열단과 의열 투쟁의 의의", 『한국독립운동사 연구』 49, 2014.

김용섭, "우리나라 근대 역사학의 성립", 『지성』 5, 1972. 3.

김윤희, "동양 담론 그리고 주권-정부-인민 관계의 균열과 전복: '정합방' 청원에 대한 찬반 논쟁을 중심으로", 『대동문화 연구』 68, 2009.

김희곤, "동제사의 결성과 활동", 『한국사 연구』 48, 1985.

박상섭, "민족의식 정립을 위한 이론적 모색: 민족주의와 국제 커뮤니케이션의 갈등을 중심으로", 『세계정치』 9-1, 1985.

_____, "한국 국가 개념의 전통 연구", 『개념과소통』 창간호, 2008.

백동현, "대한협회 계열의 보호국 체제에 대한 인식과 정당정치론", 『한국사상사학』 30, 2008.

성경숙, "갑오개혁 이후(1894~1899) 성균관의 근대적 재편", 『한국 근현대사 연구』 39, 2006.

신용하, "신채호의 애국계몽 사상(상)", 『한국학보』 19, 일지사, 1980.

신재홍, "자유시참변에 대하여", 『백산학보』 18, 1975.

R. Koselleck, 한철 옮김, 『지나간 미래』, 문학동네, 1998.

유영렬, "대한자강회의 애국계몽 사상과 운동", 『대한제국기의 민족운동』, 일조각, 1997.

이삼성, "'제국' 개념과 19세기 일본", 『국제정치논총』 51-1, 2012.

이정규, "우당 이회영 선생 약전", 『우관문존』, 삼화인쇄출판부, 1974.

이현종, "대한협회에 관한 연구", 『아세아 연구』 13-3, 1970.

이현희, "대한민국임시정부와 신채호의 위치", 『한민족운동사 연구』 10, 1994.

전상숙, "파리강화회의와 약소민족의 독립 문제", 『한국 근현대사 연구』 50, 2009.

_____, "국권 상실과 일본의 한반도 정책", 『동아 연구』 59, 2010.

_____, "한말 '민권' 인식을 통해 본 한국 사회의 '개인'과 '사회' 인식에 대한 원형적 고찰: 한말 사회과학적 언설에 나타난 '인민'관과 '민권' 인식을 중심으로", 『한국정치외교사논총』 33-2, 2012.

_____, "근대 '사회과학'의 동아시아 수용과 메이지 일본 '사회과학'의 특질", 『이화 사학 연구』 44, 2012.

_____, "근대적 전환기 일본의 '아시아연대론'에 대한 한국의 인지적 대응: 국권 인식을 중심으로", 『동아 연구』 33-2, 2014.

_____, "식민지 시기 정치와 정치학", 『사회와 역사』 110, 2016.

정준영, "1910년대 조선총독부의 식민지교육정책과 미션스쿨: 중·고등교육의 경우", 『사회와 역사』 72, 2006.

조세현, "동아시아 삼국(한·중·일)에서 크로포트킨 사상의 수용: 『상호부조론』을 중심으로", 『중국사 연구』 39, 중국사학회, 2005.

진덕규, "민족주의의 전개와 한계", 진덕규 편, 『한국의 민족주의』, 현대사상사, 1976.

최갑수, "서구에서 근대 국민국가의 형성과 민족주의", 한국사연구회 편, 『근대 국민국가와 민족 문제』, 지식산업사, 1995.

4. 해외 논저

吉村忠典, 『古代ロマ帝國の硏究』, 岩派書店, 2003.

金正明 編, 『朝鮮獨立運動 II』, 願書房, 1967.

安川壽之輔, 『福澤諭吉のアジア認識』, 高文硏, 2000.

Greenfeld, Liah, "Nationalism: five roads to modernity", Harvard University Press, 1992.

Hayes, Carlton J.H., Essays on Nationalism, New York: The Macmillan Co., 1926.

Hunt, Lynn. Politics, Culture, and Class in The French Revolution, Berkeley: University of California Press, 2004.

Kedourie, Elie, Nationalism, London: Hutchinson, 1978.

Shafer, Boyd C., Nationalism: Myth and Reality, Harcourt Brace & World, 1972.

Sills, David L. and Robert K. Merton eds., International Encyclopedia of the Social Sciences, The Macmillan Company and The Free Press, 1968, p. 8.

Smith, Anthony D., Nationalism in the Twentieth Century, London: Martin Robertson, 1978.

Skinner, Q., "The State", Terence Ball, James Farr and Russell L. Hanson (eds.), Political Innovation and Conceptual Change, Cambridge : Cambridge Univ. Press, 1989.

주석

1. 김용섭, "우리나라 근대 역사학의 성립", 『지성』 5, 1972. 3; 한영우, "한말에 있어서의 신채호의 역사 인식", 단재 신채호 선생 탄생 100주년 기념사업회, 『단재 신채호와 민족사관』(형설출판사, 1980); 신용하, "신채호의 '독사신론'의 비교 분석", 단재 신채호 선생 탄생 100주년 기념사업회 (1980).
2. 우남숙, "신채호의 국가론 연구", 『한국정치학회보』 32-4, 1999; 장공자, "신채호의 국가 사상에 관한 연구", 『민족 사상』 5-2, 2011; 정경환, "신채호의 국가론에 관한 연구", 『민족 사상』 7-3, 2013.
3. 김용섭, "우리나라 근대역사학의 성립", 『지성』 5, 1972. 3; 강만길 편, 『신채호』, 고려대학교출판부, 1990; 이만열, 『단재 신채호의 역사학 연구』, 문학과지성사, 1990; 박찬승, "신채호", 조동걸 편, 『한국의 역사가와 역사학 하』, 창작과비평사, 1994.
4. 대전대학교 지역협력연구원 엮음, 『단재 신채호의 현대적 조명』, 다운샘, 2003.
5. 최기영, 『단재 신채호 전집 제9권 단재로, 연보』, 독립기념관 한국독립운동사연구소, 2008.
6. 전상숙, 『한국 근대 민족주의와 변혁이념, 민주공화주의』, 신서원, 2018, p. 49.
7. 윤경로, 『105인사건과 신민회연구 개정증보판』, 한성대학교 출판부, 2012 참조.
8. 전상숙, 『한국인의 근대 국가관, '민주공화국' 재고: 식민지 시기 국가의 이중성과 민족 문제의 상관관계를 중심으로』, 선인, 2017 참조.
9. 倉知鐵吉, 『倉知鐵吉氏述 韓國倂合ノ經緯』, 外務省調査部四課. 1939, pp. 11~12.
10. 전상숙, 『한국 근대 민족주의와 변혁이념, 민주공화주의』, 서울: 신서원, 2018, p. 28. 그러한 의미에서 이 글에서는 일본제국주의의 식민 지배와 직접 연관된 부분이나 병합 이전 조선왕조를 가르키는 경우에만 조선이라는 용어를 사용한다. 그 밖의 부분에서는 개항 이후 느리게나마 점진적으로 추진된 자주적 근대화의 흐름 속에서 보호국화를 전후하여 대자적으로 각성되기 시작한 근대적인 민족의식과 함께 본격적으로 사용되기 시작해 현재에 이르고 있는 '한국'이라는 용어를 사용한다.
11. 전상숙, 『조선총독정치연구』, 지식산업사, 2012, 2장 참조.
12. 김희곤, 『대한민국임시정부 I 상해 시기』, 한국독립운동사편찬위원회, 2008, pp. 97~137.
13. 김용달, "한국독립운동사에서 의열단과 의열 투쟁의 의의", 『한국독립운동사 연구』 49, 독립기념관 한국독립운동사연구소, 2014 참조.
14. 신일철, 『신채호의 역사 사상 연구』, 고려대학교 출판부, 1981 참조.
15. "保護國論", 『太極學報』 21, 1908. 5.
16. "本會趣旨", 『대한자강회월보』 1, 1906. 7.
17. 『황성신문』, 1907. 5. 6 10, 9. 18.
18. "別報: 保護國硏究論", 『황성신문』, 1906. 3. 13; "論說: 論保護國硏究問題", 『황성신문』, 1906년 3. 15; 有賀長雄, 『保護國論』(早稻田大學出版部, 1906); 日本法學博士 有賀長雄 原著 金志侃 譯述, "保護國論", 『太極學報』 21, 1908. 5; 李沂, "國家學設", 『湖南學報』 1, 1908. 6.
19. "論說: 又一警告政府", 『황성신문』, 1906. 3. 24.
20. 김성희, "論 外交上 經驗의 歷史", 『대한협회회보』 8, 1908. 11. 25.
21. "現在의 情形", 『대한자강회월보』 12, 1907. 6.
22. "보종보국론", 『대한매일신보』, 1907. 11. 19.
23. "대한의 희망", 『대한협회회보』 1, 1908. 4. 25.
24. "이십 세기 신국민", 『대한매일신보』, 1910. 2. 23.
25. "제국주의와 민족주의", 『대한매일신보』, 1909. 5. 28.
26. "이십 세기 신국민", 『대한매일신보』, 1910. 2. 23.
27. 신채호, "韓日倂合論者에게 告함", 단재 신채호 선생 기념사업회, 『개정판 단재 신채호 전집 하권』, 형설출판사, 1982, p. 207.
28. 전상숙(2017), pp. 50~52.

29. 이삼성, "'제국' 개념과 19세기 일본", 『국제정치논총』 51-1, 2011, pp. 73~76.
30. 전상숙, "국권 상실과 일본의 한반도 정책", 『동아연구』 59, 2010, pp. 8~15.
31. "이십 세기 신국민", 『대한매일신보』, 1910. 2. 23.
32. "제국주의와 민족주의", 『대한매일신보』, 1909. 5. 28.
33. 신용하, "신채호의 애국계몽사상 (상)", 『한국학보』 19, 1980, p. 10.
34. "제국주의와 민족주의", 『대한매일신보』, 1909. 5. 28.
35. 신채호, "대한의 희망", 『대한협회회보』 1, 1908. 4. 25.
36. 신채호, "今日大韓國民의 目的地", 단재 신채호 선생 기념사업회(1982), p. 177.
37. "이십 세기 신국민", 『대한매일신보』, 1910. 2. 23.
38. 전상숙(2018), pp. 54~56.
39. 전상숙(2018), 제1부 2장 참조.
40. 전상숙((2018), pp. 65~66.
41. "국수보전설", 『대한매일신보』, 1908. 8. 12.
42. "신교육(情育)과 애국".
43. "독사신론", 『대한매일신보』, 1908. 4. 12.
44. 『대한매일신보』, 1908. 1. 4, 1909. 2. 9., 4. 9, 6. 15, 6. 26, 1910. 2. 2, 7. 24.
45. 『대한매일신보』, 1910. 5. 11.
46. "韓人의 當守할 國家的 主義", 『대한매일신보』, 1909. 6. 18.
47. "정신상 국가", 『대한매일신보』, 1909. 4. 29.
48. "동양주의에 대한 비판", 『대한매일신보』, 1909. 8. 8, 8. 10.
49. 김윤희, "동양 담론 그리고 주권-정부-인민 관계의 균열과 전복: '정합방' 청원에 대한 찬반 논쟁을 중심으로", 『대동문화 연구』 68, 2009 참조.
50. "독사신론", 『대한매일신보』, 1908. 4. 12.
51. 전상숙(2017) 3장 1절 참조.
52. 야마무로 신이치(山室信一), "일본의 아시아주의와 아시아 學知", 『대동문화 연구』 50, 2005, pp. 68~70.
53. "독사신론", 『대한매일신보』, 1908. 4. 12.
54. "허다고인지죄악심판", 『대한매일신보』, 1908. 8. 8.
55. "역사와 애국심의 관계", 『대한협회회보』 2, 1908. 5. 25.
56. "역사와 애국심의 관계", 『대한협회회보』 2, 1908. 5. 25.
57. "역사와 애국심의 관계", 『대한협회회보』 2, 1908. 5. 25.
58. "역사와 애국심의 관계", 『대한협회회보』 2, 1908. 5. 25.
59. "구서 수집의 필요", 『대한매일신보』, 1908. 6. 14.
60. "동양 이태리", 『대한매일신보』, 1909. 1. 28.
61. "국가는 즉 일가족", 『대한매일신보』, 1908. 7. 31.
62. "동양 이태리", 『대한매일신보』, 1909. 1. 28.
63. "국한문의 경중", 『대한매일신보』, 1908. 3. 19.
64. "독사신론", 『대한매일신보』, 1908. 4. 12.
65. "독사신론", 『대한매일신보』, 1908. 4. 12.
66. "專制國民無愛國思想論", 『대한자강회 월보』 5, 1906. 11.
67. "국민의 정치 사상", 『대한자강회 월보』 6, 1906. 12.; "잡보: 愛國性質", 『대한매일신보』, 1905. 10. 18.
68. "인민 자유의 한계", 『서우학회 월보』 2, 1907. 1.; "애국론", 『대한구락』 1, 1907. 4.; "동포의 취급무", 『낙동친목회학보』 3, 1907. 12.
69. "국가는 즉 일가족", 『대한매일신보』, 1908. 7. 31.
70. "이십 세기 신국민", 『대한매일신보』, 1910. 2. 22.
71. "사상 변천의 계급", 『대한매일신보』, 1909. 9. 18.

72. "국가는 즉 일가족", 『대한매일신보』, 1908. 7. 31.
73. "이십 세기 신국민", 『대한매일신보』, 1910. 2. 22.
74. "이십 세기 신국민", 『대한매일신보』, 1910. 2. 22.
75. 박상섭, "한국 국가 개념의 전통 연구", 『개념과소통』 창간호, 2008, p. 164.
76. 전상숙, "근대 '사회과학'의 동아시아 수용과 메이지 일본 '사회과학'의 특질", 『이화 사학 연구』 44, 2012 참조.
77. 전상숙(2018), pp. 87~88.
78. "所懷一幅으로 普告同胞", 『대한매일신보』, 1908. 8. 21.
79. "이십 세기 신국민", 『대한매일신보』, 1910. 2. 22.
80. "이십 세기 신국민", 『대한매일신보』, 1910. 2. 22.
81. "이십 세기 신국민", 『대한매일신보』, 1910. 2. 22.
82. "이십 세기 신국민", 『대한매일신보』, 1910. 2. 22.
83. 정일균, "일제의 무단통치와 경학원", 『사회와 역사』 76, 2007, pp. 20 21; 전상숙·노상균, "병합 이전 한국 정부의 근대적 교육체제 개혁과 관학", 『동양 정치 사상사』 12-1, 2013, p. 99.
84. 전상숙·노상균(2013), pp. 99~103.
85. 郭漢倬 譯, "憲法", 『태극학보』 6, 1907. 1. pp. 27~28; 蔡基斗, "淸國의 覺醒과 韓國", 『대한학회월보』 9, 1908. 11. p. 4; 김진성, "입헌세계", 『대한흥학보』 4, 1909. 6. pp. 22~23; 소앙생, "甲辰以後 列國 大勢의 變動을 論함", 『대한흥학보』 10, 1910. 2, pp. 7~14; "헌법정치연구회의 필요", 『대한매일신보』, 1910. 3. 19.
86. 이각종, "국가학", 『소년한반도』 5호, 1907. 3.
87. 윤효정, "專制國民無愛國思想論", 『대한자강회 월보』 5호, 1906. 11.; 원영의, "정치의 진화", 『대한협회 회보』 7호, 1908. 1.; 안국선, "학해집성-고대의 정치학", 『기호흥학회 월보』 4호, 1908. 11.; 최석하, "정부론", 『태극학보』 3호, 1906. 1.; 안국선, "정부의 성질", 『대한협회 회보』 7호, 1908. 1.; 김성희, "정치부: 정당의 사업은 국민의 책임", 『대한협회 회보』 1호, 1908. 4.; "政體의 구별", 『대동학회 월보』 8호, 1908. 9.; 박두화, "전제정치의 이해", 『법정학계』 16호, 1908. 9.; 조성구, "국가의 정치는 입헌정체가 好아 전제정체가 好아", 『법학협회 회보』 1호, 1908. 11.; "국가론 개요", 『서북학회 월보』 12호, 1909. 5.; 김진성, "연단 입헌세계", 『대한흥학보』 4호, 1909. 6. 등.
88. 안명선, "정도론", 『친목회 회보』 5호, 1897. 9.
89. 안국선, "興學講究 - 정치학 연구의 필요", 『기호흥학회 월보』 2호, 1908. 9.; 윤효정(1906. 11.).
90. 이윤주, "애국의 의무, 『태극학보』 5호, 1906. 12.
91. 전상숙, 『한국인의 근대 국가관, '민주공화국' 재고』, 선인, 2017, 2장 2절 2항 보호국화 이후 입헌군주제로 표상된 근대 국가 구상과 국가 주권 참고.
92. 국사편찬위원회 편, 『한국독립운동사 1 자료 편』, 국사편찬위원회, 1965, p. 1028.
93. "보종보국론", 『대한매일신보』, 1907. 11. 19.
94. 신채호, "제국주의와 민족주의", 『대한매일신보』, 1909. 5. 28.
95. "제국주의와 민족주의", 『대한매일신보』, 1909. 5. 28.
96. "이십 세기 신국민", 『대한매일신보』, 1910. 2. 22.
97. "논설", 『대한매일신보』, 1910. 5. 11.
98. "영웅과 세계", 『대한매일신보』, 1908. 1. 4 5.
99. "이십 세기 신국민 續", 『대한매일신보』, 1910. 2. 23.
100. "금일 대한국민의 목적지", 『대한매일신보』, 1908. 5. 24.
101. "금일 대한국민의 목적지 속", 『대한매일신보』, 1908. 5. 25.
102. "이십 세기 신국민 續", 『대한매일신보』, 1910. 2. 23.
103. "이십 세기 신동국지영웅", 『대한매일신보』, 1909. 8. 17.
104. "이십 세기 신동국지영웅", 『대한매일신보』, 1909. 8. 20.
105. "신국가 관념의 변천", 『대한매일신보』, 1909. 7. 15 17.
106. "이십 세기 신국민", 『대한매일신보』, 1910. 2. 22.

107. "이십 세기 신국민 續", 『대한매일신보』, 1910. 2. 23.
108. "소회일폭으로 보고동포:, 『대한매일신보』, 1908. 8. 21.
109. "이십 세기 신국민", 『대한매일신보』, 1910. 2. 22.
110. "이십 세기 신국민", 『대한매일신보』, 1910. 3. 2.
111. "이십 세기 신국민", 『대한매일신보』, 1910. 2. 24, 27.
112. 倉知鐵吉, 『倉知鐵吉氏述 韓國倂合ノ經緯』, 外務省 調査部 四課, 1939, pp. 11~12.
113. 전상숙, "제1차 세계대전 이후 국제 질서의 재편과 민족 지도자들의 대외 인식", 『한국정치외교사논총』 26-1, 2004b, pp. 313~341.
114. 정연태·이지원·이윤상, "3·1운동의 전개 양상과 참가 계층", 『3·1민족해방운동 연구』, 한국 역사 연구회·역사문제연구소 엮음, 1989, pp. 232~233.
115. 국가보훈처 편, 『3·1운동 독립선언서와 격문』, 국가보훈처, 2002, p. 37; 전상숙, "'평화'의 적극적 의미와 소극적 의미: 3·1운동기 심문조서에 드러난 '민족 대표'의 딜레마", 『개념과소통』 4, 2009.
116. 지수걸, "총론", 한국 역사 연구회·역사문제연구소 엮음(1989), p. 27.
117. 대궁, "제3회 3·1절을 동포에게 널리 알린다.", 『천고』 제3호, 단재 신채호 전집 편찬위원회, 『단재 신채호 전집』6, 독립기념관 한국독립운동사연구소, 2008, p. 484.
118. 대궁(2008), pp. 486~487.
119. 대궁(2008), p. 488.
120. "조선혁명선언"
121. 「대한민국임시의정원기사록」, 단재신채호전집편찬위원회, 『단재신채호전집』8, 독립기념관 한국 독립운동사연구소, 2008, pp. 540~543.
122. 대궁(2008), p. 489.
123. 金正明 編, 『朝鮮獨立運動 II』, 原書房, 1967, pp. 407~408.
124. 신용하, "신민회의 창건과 그 국권회복운동 상 하", 『한국학보』 8 9, 1977; 윤경로, 『105인사건과 신민회 연구』, 일지사, 1990; 박환, 『만주한인 민족운동사 연구』, 일조각, 1991.
125. 국사편찬위원회, 『한국독립운동사 자료』 2, pp. 585~654.
126. 단재 신채호 선생 기념사업회 편, 『단재 신채호 전집, 별집, 사론 논설 문예 기타』, 형설출판사, 1977, p. 39.
127. 단재 신채호 선생 기념사업회(1977), p. 40.
128. 박태원, 『약산과 의열단』, 백양당, 1947, p. 27.
129. 이하 유자명에 대한 내용은 다음 글들을 참조하였다. 유자명, 『한 혁명자의 회억록: 유자명 수기』, 독립기념관 한국독립운동사연구소, 1999; 국가보훈처, 『독립유공자공훈록』5, 국가보훈처, 1988; 유자명, 『회억』, 1987; 박태원, 『약산과 의열단』, 백양당, 1947.
130. 단재 신채호 선생 기념사업회(1977), p. 41.
131. 단재 신채호 선생 기념사업회(1977), pp. 40~41.
132. 이호룡, "한국인의 아나키즘 수용과 전개", 서울대 대학원 박사학위논문, 2000, p. 19.
133. 오장환, 『한국 아나키즘운동사 연구』, 국학자료원, 1998, p. 136.
134. 남명, "크로포트킨의 죽음에 대한 감상", 『천고』 제2권 제2호, 단재 신채호 전집 편찬위원회, 『단재 신채호 전집』5, 독립기념관 한국독립운동사연구소, 2008, p. 414.
135. 남명(2008), p. 416.
136. 신채호, "낭객의 신년만필", 『동아일보』, 1925. 1. 2.
137. 크로포트킨 저, 성인기 역, 『상호부조론(Mutual Aid: A Factor in Evolution)』, 1948, pp. 225 227; 신용하, "신채호의 무정부주의 독립 사상", 강만길 편, 『신채호』, 고려대학교 출판부, 1990, pp. 99~101.
138. 이호룡(2001), pp. 160-165.
139. 조세현, "동아시아 삼국(한·중·일)에서 크로포트킨 사상의 수용: 『상호부조론』을 중심으로", 『중국사 연구』 39, 2005, p. 254.
140. 크로포트킨 저, 이을규 역, 『현대과학과 아나키즘』, 창문사, 1973, p. 139.

141. 남명(2008), pp. 412~413.
142. 남명(2008), p. 413.
143. 남명(2008), p. 416.
144. 남명(2008), p. 413.
145. 신채호, "문제 없는 논문", 『동아일보』, 1924. 10. 3.
146. 朝鮮總督府 警察局, 『最近に於ける朝鮮治安狀況』, 1933, p. 276.
147. 남명(2008), pp. 415~416.
148. "제4회 공판 기사", 『동아일보』, 1929. 10. 7.
149. "제1회 공판 기사", 『조선일보』, 1928. 12. 28.
150. 무정부주의운동사 편찬위원회, 『한국아나키즘운동사』, 형설출판사, 1978.
151. 신채호, 『용과 용의 대격전』, 1928, p. 289.
152. 신채호(1928), p. 286.
153. "제3회 공판 기사", 『동아일보』, 1929. 4. 8.
154. 『용과 용의 대격전』, p. 279.
155. 신채호, "낭객의 신년만필", 『동아일보』, 1925. 1. 2.
156. Boyd C. Shafer, *Nationalism: Myth and Reality*, Harcourt Brace & World, 1972.
157. David L. Sills and Robert K. Merton eds., *International Encyclopedia of the Social Sciences*, The Macmillan Company and The Free Press, 1968, p. 8.
158. Anthony D. Smith, *Nationalism in the Twentieth Century*, London: Martin Robertson, 1978. p. 1.
159. Lynn Hunt, *Politics, Culture, and Class in The French Revolution*, Berkeley: University of California Press, 2004.
160. 진덕규, 『현대민족주의의 이론 구조』, 지식산업사, 1983, pp. 147~148.
161. 전상숙, 『한국 근대 민족주의와 변혁 이념, 민주공화주의』, 신서원, 2018, pp. 16 17.
162. Q. Skinner(1989), "The State", Terence Ball, James Farr and Russell L. Hanson (eds.), *Political Innovation and Conceptual Change*, Cambridge : Cambridge Univ. Press, pp. 90~131; R. Koselleck, 한철 옮김(1998), 『지나간 미래』, 문학동네, pp. 2~3.
163. 박상섭, "민족의식 정립을 위한 이론적 모색: 민족주의와 국제 커뮤니케이션의 갈등을 중심으로", 『세계정치』 9-1, 1985, pp. 22 27.
164. 박상섭(1985), p. 27.
165. 野澤豊 외, 『아시아 민족운동사』, 박영민 역, 백산서당, 1988, pp. 19~20.
166. 삐에르 르누뱅, 『제1차 세계대전』, 김용자 역, 탐구당, 1985, p. 152.
167. 전상숙, 『일제 시기 한국 사회주의 지식인 연구』, 지식산업사, 2004, pp. 55~57.
168. Carlton J.H. Hayes, Essays on Nationalism, New York: The Macmillan Co., 1926.
169. David L. Sills and Robert K. Merton eds., *International Encyclopedia of the Social Sciences*, The Macmillan Company and The Free Press, 1968, p. 8; 전상숙, 『한국 근대 민족주의와 변혁 이념, 민주공화주의』, 신서원, 2018, p.15.
170. 진덕규, "민족주의의 전개와 한계", 진덕규 편, 『한국의 민족주의』, 현대사상사, 1976, p. 58.
171. 전상숙(2018), p. 25.
172. 최갑수, "서구에서 근대 국민국가의 형성과 민족주의", 한국사연구회 편, 『근대 국민국가와 민족 문제』, 지식산업사, 1995, pp. 27~28.
173. Greenfeld, Liah, *Nationalism: Five Roads to Modernity*, Harvard University Press, 1992, p. 10.
174. Elie Kedourie, *Nationalism*, London: Hutchinson, 1978, p. 9.
175. 진덕규(1983), pp. 120 121; 전상숙(2018), pp. 34~35.
176. "姑息政府", 『황성신문』, 1906. 4. 12.
177. "是日에 又放聲大哭", 『대한매일시보』, 1905. 12. 28.
178. "警告 儒林同胞", 『대한매일신보』, 1908. 6.

179. "警告 儒林同胞", 『대한매일신보』, 1908. 6.
180. "儒敎擴張에 대한 論", 『대한매일신보』, 1909. 6. 16.
181. "同化의 悲觀", 1909. 150
182. "國家는 卽一家族", 『대한매일신보』, 1908. 7. 31.
183. "讀史新論", 1908. 8.
184. "論忠臣", 1909. 8. 13.
185. 전상숙, 『한국인의 근대 국가관, '민주공화국' 재고: 식민지 시기 국가의 이중성과 민족 문제의 상관관계를 중심으로』, 선인, 2017, 2장 참조.
186. "독립전쟁 시작하세", 『공립신보』, 1907. 8. 9.
187. "대한신민회 취지서", 단재 신채호 선생 기념사업회 편, 『단재신채호전집(별집)』, 형설출판사, 1977, pp. 84~86.
188. "이십 세기 신국민", 『대한매일신보』, 1910. 2. 22.
189. 『대한매일신보』, 1907. 11. 19.
190. 『대한매일신보』, 1907. 12. 3.
191. "이십 세기 신국민", 『대한매일신보』, 1910. 3. 3.
192. "이십 세기 신국민", 『대한매일신보』, 1910. 3. 3.
193. 김희곤, "동제사의 결성과 활동", 『한국사 연구』 48, 1985, pp. 180~183.
194. 「대동단결 선언」, p. 8.
195. 「대동단결 선언」, p. 4(『한국학논총』 9, 1987 수록).
196. 윤대원, 『상해 시기 대한민국임시정부 연구』, 서울대학교출판부, 2006, p. 35.
197. 「대한민국 임시헌장」, 국사편찬위원회 편, 『한국독립운동사 3』, 정음사, 1968, pp. 326~327.
198. 「대동단결 선언」, pp. 11~12.
199. 신우철, 『비교헌법사』, 법문사, 2008, p. 300.
200. 「대한민국임시의정원 기사록 제1회」, 1919. 4, 『단재 신채호 전집』 8, pp. 540~543.
201. 「대한민국임시의정원 기사록 제6회」, 1919. 8, 『단재 신채호 전집』 8, pp. 577~589.
202. 이현희, "대한민국임시정부와 신채호의 위치", 『한민족운동사 연구』 10, 1994, p. 243.
203. 윤병석, "천고 해제", 『단재 신채호 전집』 8, vii viii.
204. "北京における第二回普合團組織の件", 金正明 編, 『朝鮮獨立運動 II』 願書房, 1967, pp. 407 408.
205. 이현희(1994), pp. 244~250.
206. "국민대표회의 결렬", 국사편찬위원회 편, 『한국독립운동사 자료』 2, 국사편찬위원회, 1968, pp. 651, 654.
207. "성토문", 『단재 신채호 전집』 8, p. 755.
208. "신대한 창간사", 『신대한』 1, 1919. 10. 28, 『단재 신채호 전집』 5, p. 4; 전상숙, "파리강화회의와 약소민족의 독립 문제", 『한국 근현대사 연구』 50, 2009 참조.
209. "국제연맹에 대한 감상", 『신대한』 1, 1919. 10. 28, 『단재 신채호 전집』 5, p. 10.
210. "신대한 창간사", 『신대한』 1, 1919. 10. 28, 『단재 신채호 전집』 5, p. 4.
211. 박태원, 『약산과 의열단』, 백양당, 1947, p. 104.
212. 단재 신채호 선생 기념사업회 편, 『단재 신채호 전집, 별집, 사론 논설 문예 기타』, 형설출판사, 1977, p. 35.
213. 단재 신채호 선생 기념사업회(1977), p. 40.
214. 단재 신채호 선생 기념사업회(1977), p. 41.
215. 단재 신채호 선생 기념사업회(1977), pp. 43~44.
216. 단재 신채호 선생 기념사업회(1977), pp. 45~46.
217. 단재 신채호 선생 기념사업회(1977), p. 42.
218. 단재 신채호 선생 기념사업회(1977), p. 42.
219. 단재 신채호 선생 기념사업회(1977), pp. 42~43.
220. 단재 신채호 선생 기념사업회(1977), p. 39.

221. 단재 신채호 선생 기념사업회(1977), pp. 36~37.
222. 이정규, "우당 이회영 선생 략전", 『우관문존』, 삼화인쇄 출판부, 1974, p. 48.
223. "신대한 창간사", 『신대한』1, 1919. 10. 28, 단재 신채호 전집 편찬위원회(2008) 5, p. 4; "對於古魯特金之死之感想", 『천고』2-2, 1921, 단재 신채호 전집 편찬위원회(2008)5, p. 414.
224. "제3회 3·1절 普告同胞", 『천고』3, 1921, 단재 신채호 전집 편찬위원회(2008) 5, p. 489.
225. 신재홍, "자유시참변에 대하여", 『백산학보』18, 1975 참조.
226. "낭만의 신년만필", 『동아일보』, 1925. 1. 2.
227. "낭만의 신년만필", 『동아일보』, 1925. 1. 2.
228. "선언", 단재 신채호 선생 기념사업회(1977), pp. 48~49.
229. "선언", 단재 신채호 선생 기념사업회(1977), pp. 47~48.
230. "선언", 단재 신채호 선생 기념사업회(1977), pp. 49~50.
231. "선언문", 단재 신채호 선생 기념사업회(1977), p. 47.
232. "선언", 단재 신채호 선생 기념사업회(1977), p. 50.
233. "용과 용의 대격전", 단재 신채호 선생 기념사업회(1977), p. 286.
234. "용과 용의 대격전", 단재 신채호 선생 기념사업회(1977), p. 279.
235. "용과 용의 대격전", 단재 신채호 선생 기념사업회(1977), pp. 279~280.
236. 신채호, "낭객의 신년만필", 『동아일보』, 1925. 1. 2.
237. 『동아일보』, 1929. 2. 12.

찾아보기

0~9
3.1운동 005, 133, 195, 201, 287, 337, 340
한국어

가
강화도조약 020, 030, 031, 032, 035, 088, 089, 106, 140, 147, 151, 152
개국 028, 029, 030, 036, 055, 060, 069, 140, 152, 156, 180, 239, 263
공산주의 045, 144, 145, 214, 215, 223, 235, 236, 237, 238, 239, 243, 245, 257, 322, 323, 324, 329, 337, 343
공화국 004, 005, 042, 161, 165, 167, 169, 170, 171, 174, 175, 176, 177, 184, 194, 199, 200, 201, 204, 207, 215, 235, 285, 287, 298, 310, 341, 342, 351, 354, 356, 359, 364
공화정 041, 144, 165, 166, 167, 168, 169, 184, 285, 287, 292
공화주의 174, 195, 201, 299, 310, 311, 341, 342, 351, 354, 358, 364
국가 건설론 005, 016, 018, 021, 022, 251, 263
국권 004, 005, 008, 009, 010, 011, 012, 013, 014, 015, 016, 018, 019, 020, 021, 022, 032, 033, 035, 039, 041, 042, 044, 045, 047, 052, 054, 056, 057, 058, 059, 060, 063, 065, 073, 076, 080, 083, 088, 094, 101, 104, 106, 111, 114, 116, 117, 118, 123, 125, 128, 129, 132, 133, 140, 159, 164, 166, 167, 168, 169, 170, 171, 173, 174, 175, 176, 177, 179, 180, 181, 183, 184, 185, 188, 193, 199, 200, 201, 212, 213, 215, 217, 220, 234, 243, 264, 279, 280, 281, 282, 283, 284, 286, 288, 289, 292, 293, 294, 296, 298, 305, 310, 320, 333, 337, 352, 355, 357
국민대표회의 005, 214, 215, 216, 237, 302, 303, 311, 312, 313, 317, 321, 323, 348, 359
국민주권론 005, 133, 195, 201, 287, 337, 340
국수 005, 133, 195, 201, 287, 337, 340
국제법 005, 133, 195, 201, 287, 337, 340
국제법체제 005, 133, 195, 201, 287, 337, 340
군국주의 005, 133, 195, 201, 287, 337, 340
근대적 변환 005, 133, 195, 201, 287, 337, 340
근대화 005, 133, 195, 201, 287, 337, 340
김원봉 005, 133, 195, 201, 287, 337, 340

다
대동단결선언 005, 133, 195, 201, 287, 337, 340
대종교 005, 133, 195, 201, 287, 337, 340
대한민국임시정부 005, 133, 195, 201, 287, 337, 340
독립전쟁론 005, 133, 195, 201, 287, 337, 340

라
러시아혁명 005, 133, 195, 201, 287, 337, 340

마

무정부주의 005, 133, 195, 201, 287, 337, 340
민족국가 005, 133, 195, 201, 287, 337, 340
민족사 005, 133, 195, 201, 287, 337, 340
민족적 정체성 005, 133, 195, 201, 287, 337, 340
민족주의 005, 133, 195, 201, 287, 337, 340
민족 해방 005, 133, 195, 201, 287, 337, 340
민주공화국 005, 133, 195, 201, 287, 337, 340
민주공화주의 005, 133, 195, 201, 287, 337, 340

바

병합 005, 133, 195, 201, 287, 337, 340
보국 005, 133, 195, 201, 287, 337, 340
보종 005, 133, 195, 201, 287, 337, 340
보호국 005, 133, 195, 201, 287, 337, 340

사

사회혁명 005, 133, 195, 201, 287, 337, 340
삼국간섭 005, 133, 195, 201, 287, 337, 340
성균관 005, 133, 195, 201, 287, 337, 340
신국민 005, 133, 195, 201, 287, 337, 340
신민회 005, 133, 195, 201, 287, 337, 340
실천적 지식인 005, 133, 195, 201, 287, 337, 340

아

아편전쟁 005, 133, 195, 201, 287, 337, 340
영웅 005, 133, 195, 201, 287, 337, 340
운요호사건 005, 133, 195, 201, 287, 337, 340
위임통치 005, 133, 195, 201, 287, 337, 340
유자명 005, 133, 195, 201, 287, 337, 340
의열단 005, 133, 195, 201, 287, 337, 340
의열단선언 005, 133, 195, 201, 287, 337, 340
이승만 005, 133, 195, 201, 287, 337, 340
인권 005, 133, 195, 201, 287, 337, 340

자

정치혁명 005, 133, 195, 201, 287, 337, 340
제국주의 005, 133, 195, 201, 287, 337, 340
조선상고사 005, 133, 195, 201, 287, 337, 340
준비론 005, 133, 195, 201, 287, 337, 340
중화질서 005, 133, 195, 201, 287, 337, 340
중화체제 005, 133, 195, 201, 287, 337, 340

하

혁명 005, 133, 195, 201, 287, 337, 340

수록된 자료에 도움 주신 분들(가나다 순)

독립기념관
박정규((사) 단재신채호선생기념사업회 고문, 전 청주대 교수)
(사) 단재신채호선생기념사업회
심상철(청주시 문화관광해설사)
유리헌(柳李軒) 아카이브
조선일보 DB
청주시 문화체육관광국 문화예술과

전상숙(田上俶, Jeon Sang Sook)

이화여자대학교 정치외교학과를 졸업하고 동대학원에서 "식민지시대 국내 좌파 지식인에 관한 연구: 사회주의 당조직 활동을 중심으로"로 박사학위를 받았다. 주요 논저로『사상통제정책의 역사성: 반공과 전향』,『일제시기 한국 사회주의 지식인 연구』,『조선총독정치 연구』,『한국인의 근대 국가관, '민주공화국' 재고』,『한국 근대 민족주의와 변혁이념, 민주공화주의』 등이 있다. 현재 광운대학교 동아시아연구소 연구교수로 있다.

단재 신채호 평전: 민족정신을 정립한 역사가

발행일	2021년 11월 30일 초판 1쇄
지은이	전상숙
펴낸이	이종진
펴낸곳	도서출판 이조
등록일자	2009년 3월 10일
등록번호	서울 제2017-000232호
주소	(06762) 서울특별시 서초구 바우뫼로7길 8, 306
전화	02-888-9285 / 070-7799-9285
팩스	070-4228-9285
편집	박기원
디자인	정다운
제작	디자인엘앤제이
홈페이지	www.ljbooks.co.kr
페이스북	www.facebook.com/ljbooks.korea
이메일	ljbooks@naver.com

도서출판 이조

ISBN 979-11-87607-59-5 (94340)
ISBN 979-11-87607-55-7 (94340) (세트)

ⓒ 전상숙, 도서출판 이조. 2021.
정가 : 20,000원

잘못 만들어진 책은 구매처에서 바꾸어 드립니다.
사전 동의 없는 무단 전재 및 복제를 금합니다.